KB157623

다양한 키워드로 살펴보는 중국문화 이야기

중국문화 301테마

❶

중국문화 301테마 ①

1판 1쇄 발행_2024년 04월 30일
1판 2쇄 발행_2024년 07월 10일

지은이_심헌섭
펴낸이_홍정표
펴낸곳_글로벌콘텐츠
등록_제25100-2008-000024호

공급처_(주)글로벌콘텐츠출판그룹
대표_홍정표 이사_김미미 편집_임세원 강민욱 홍명지 남혜인 권군오 기획·마케팅_이종훈 홍민지
주소_서울특별시 강동구 풍성로 87-6
전화_02) 488-3280 팩스_02) 488-3281
홈페이지_http://www.gcbook.co.kr
이메일_edit@gcbook.co.kr

값 22,000원
ISBN 979-11-5852-408-1 03910

다양한 키워드로 살펴보는
중국문화 이야기

중국문화 301테마 1

심헌섭 지음

글로벌콘텐츠

머리말

20세기 후반에 시작된 중국의 굴기(崛起)는 21세기에 들어와 그 기세가 드높다. 2001년 세계무역기구에 가입하더니 2008년에는 올림픽을 개최하였다. 교역규모와 외환보유고는 세계 1위이고 GDP는 독일과 일본을 제치고 세계 2위이며 미국을 3:2 수준으로 따라잡았다.

중국은 전통적으로 원교근공(遠交近攻)을 중요한 외교 전술의 하나로 구사하고 있다. 먼 곳에 있는 나라와는 사이좋게 지내고, 가까이 있는 나라는 자신의 영역으로 편입하는 것이다. 역사적으로 한반도는 중국이 혼란스러웠을 때에는 편안했지만 중국이 통일 국가를 이루고 난 다음에는 어김 없이 자신의 영역 속으로 편입하려고 해왔다. 이렇게 중국은 우리에게 위협이 되는 큰 나라이지만 또 한편으로는 한자, 유교, 불교 등의 선진 문물을 전파해 준 고마운 이웃이다. 1992년 한중 수교 이후에는 한때 하루에 1,000~2,000억 원을 벌었던 커다란 시장이며 지금도 원자재와 부품을 경쟁력 있는 가격으로 조달할 수 있는 가장 중요한 공급처이기도 하다.

하지만 2016년에 사드(THAAD) 사태가 불거지더니 최근에는 미·중 갈등의 불똥이 튀어 중국과의 심리적인 거리가 자꾸 멀어지는 듯한 느낌이다. 한류의 열풍도 어느덧 식어 버리고 여행객의 발길도 뜸해졌다. 설상가상으로 초강대국 미국은 중국을 향해 날카로운 칼날을 겨누고 사안마다 우방국인 한국에게도 선택을 강요하고 있다. 한국의 선택은 매우 제한적이고 양면적일 수 밖에 없으며 두 나라의 관계는 더욱 서먹해지고 있다. 경제적으로도 두 나라의 관계는 이전에 볼 수 없었던 상황이다. 2023년에는 수교 이래 한 번도 볼 수 없었던 180억 달러의 무역 적자를 보이고 있다.

지금 한국 사회는 반중(反中) 분위기가 심화되고 있다. 젊은이들 사이에서 특히 그러한 것 같다. 기회의 땅이었던 중국이 오히려 피하고 싶은 대상이 되어버린 느낌이다. 그렇지만 한반도는 이사 갈 수 없다. 서로 어깨를 맞대고 영원히 함께해야 할 이웃이다. 서로를 알아야 하고 이해해야 한다. 반중(反中)을 넘어 극중(克中)하려면 먼저 지중(知中)해야 한다.

나는 중국에서 10년을 살았다. 1995년에는 회사의 배려로 연수를 갔고 2005년부터 2010년에는 주재원 생활을 했으며 2016년부터 2018년에는 북경 지사장을 역임했다. 새로이 부임해 오는 후배들에게 중국을 알려주기 위해 조금씩 자료도 만들고 글도 쓰곤 했었다. 최근 한·중 관계가 악화되면서 이런 때일수록 중국을 더 잘 알아야 한다는 생각에 출판을 결심하게 되었다. 회사원 출신이 책을 쓴다는 것이 내키지 않아 주저하기도 했지만, 중국을 알고자 하는 사람들에게 나의 경험과 지식을 공유하고 싶다는 욕심이 들어 많은 망설임 끝에 용기를 내었다.

이 책은 학술적인 깊이를 가지고 있는 전문서도 아니고 나의 개인적인 소감문이나 수필집도 아니다. 중국을 알고 싶고 공부하고 싶은 사람들에게 도움을 줄 수 있는 중국문화 입문서 혹은 중국 관련 인문교양서라고 이름 붙이고 싶다. 전체적인 구성은 '상징과 정치, 외교, 사회', '경제와 비즈니스', '역사와 인물', '예술', '삶과 여행'의 5개 영역으로 구성되어 있다. 또한 부록으로 중국인들이 많이 쓰는 사자성어를 정리하였고 주재 생활에 필요하다고 생각되는 중국어 단어도 별도로 모아 보았다.

능력이 닿는 한 최대한 여러 분야를 망라하고자 하였으며 내용의 수준은 너무 깊게는 들어가지 말되, 기본적인 지식은 포함하는 선에서 정리하였다. 이해를 돕기 위하여 사진 등의 시각적인 자료는 최대한 많이 수록하려고 했다.

35년에 걸친 직장생활이 성공적으로 마무리 될 수 있도록 배려해 준 삼성그룹의 여러 선후배들에게 마음 깊이 감사드린다. 책이 출간되기까지 물심양면으로 지원해 주신 (주)글로벌콘텐츠출판그룹과 지난 2년간의 집필 기간 동안 묵묵히 지켜봐 주고 건전한 비판과 아이디어를 내어 준 동반자 전명화 여사에게 특별한 고마움을 표시하고 싶다.

중국어의 한글 표기는 지명이든 인명이든 가급적 우리 발음을 고수하였고 괄호 안에 한자어를 병기하였다. 다만 우리에게 이미 익숙해진 말들은 관례에 따른 표기나 중국식 발음을 괄호 속에 병기하였다. 즉 '노이합적(奴爾哈赤: 누르하치)', '유오이족(維吾爾族: 위구르족)'이라는 식으로 표기하였다. 또한 대륙에서는 간체자(簡體字)를 쓰지만 번체자에 익숙한 한국 독자들의 편의를 위해 한자는 번체자(繁體字)로 표시했다.

"현지음대로 쓰고 읽는다"는 표기 원칙 대신에 이렇게 한 것은 몇 가지 이유가 있다.

첫째, 한자를 어려워하는 독자들에게 한자를 학습하는 기회가 될 수 있다는 생각에서 '베이징', '덩샤오핑' 대신 북경(北京), 등소평(鄧小平)이라고 표기하였다.

둘째, 현행의 표기 방식은 현지 발음에 잘 부합되지 않는다. 사실 '베이징'보다는 '뻬이징'이, '덩샤오핑'보다는 '떵씨아오핑'이 현지 발음에 더 가깝다.

셋째, 우리의 조상들은 오랜 기간 한자문화권에서 살아오면서 한 글자의 한자(漢字)에 맞는 한 음절의 우리말을 고생스럽게 만들어 주셨고 그 원칙은 지금도 지켜지고 있다. 즉 '北京'을 '베이징'이 아니라 '북경'으로 오랫동안 써온 것이다.

한자어가 우리말의 60% 이상을 차지하는 현실에서, 한자를 우리 식으로 읽고 필요할 때 한자를 병기하는 것은 말의 의미를 더욱 명확하게 전달할 수 있다.

목차

Ⅰ. 상징과 정치, 외교, 사회

1_ 상징

2_ 정치

3_ 외교

4_ 사회

Ⅱ. 경제와 비즈니스

1_ 중국경제의 발전

2_ 경제발전의 그늘

3_ 인터넷과 모바일 경제

4_ 중국의 상인

Ⅲ. 역사와 인물

1_ 중국의 성립

삼황오제~춘추전국시대

진·한 시대

2_ 분열과 통일

위진남북조의 분열

통일제국 수·당

3_ 중화의 품으로

문화선진국 송

몽골의 지배

명의 중원 회복

만주족이 중국을 넓히다

4_ 격동의 시대

제국주의의 침략과 저항

혁명과 내전

5_ 중화인민공화국

건국

혼란과 극복

개혁개방 그리고 중국몽

부록

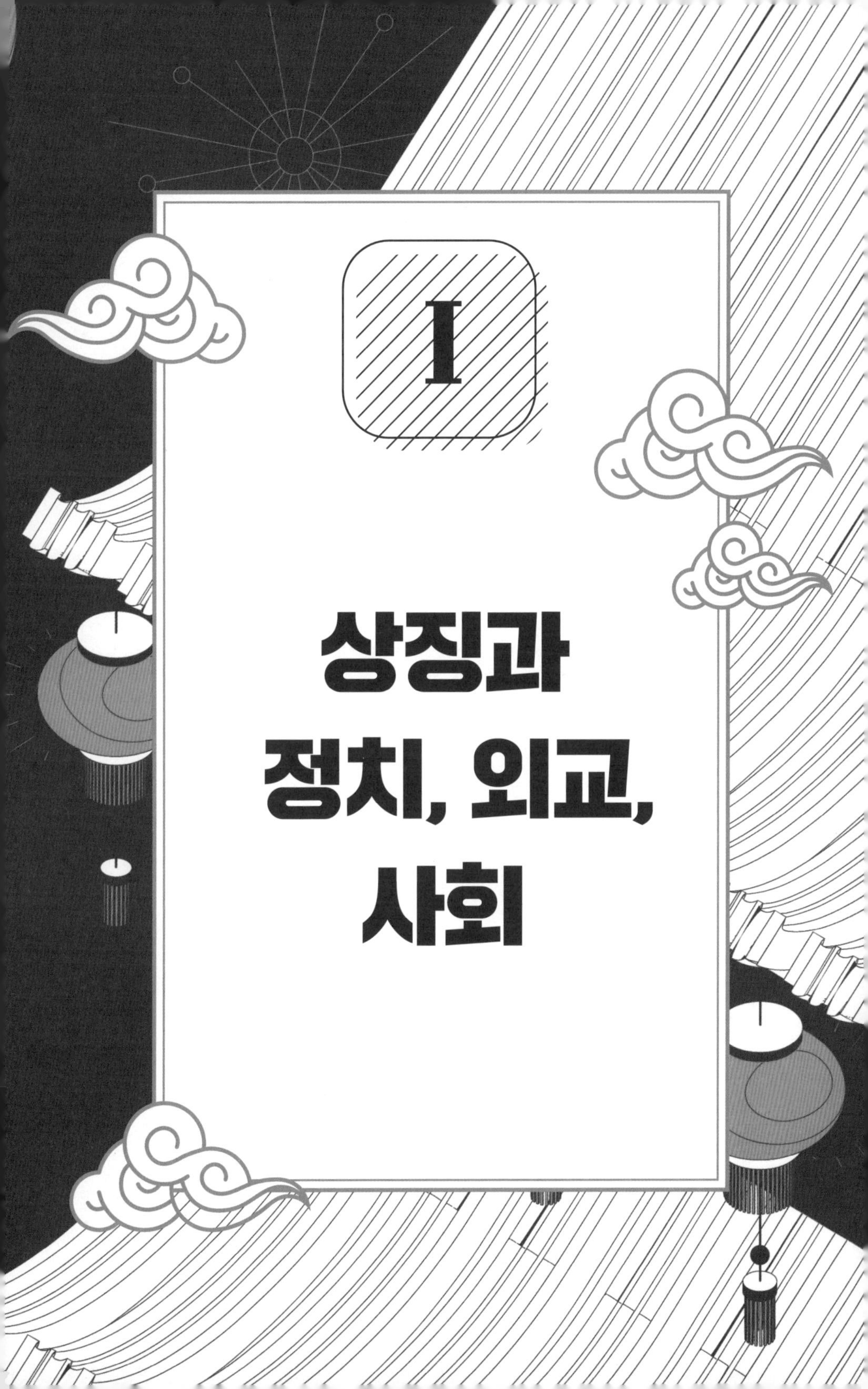

I

상징과 정치, 외교, 사회

상징

세계의 강대국으로 굴기(崛起)한 중국의 상징을 살펴보는 것은 중국을 이해하는 첫 걸음이 될 것이다. 넓은 국토와 다양한 민족, 14억의 인구를 보유한 이 나라의 상징들을 살펴본다.

국가 개황

일반

국　명: 중화인민공화국(中華人民共和國, People's Republic of China: PRC)

건국일: 1949년 10월 1일(유엔가입일은 1971년 10월)

수　도: 북경

면　적: 960만㎢(한반도의 약 44배)

인　구: 14억 1,175만 명(2022년 기준, 홍콩/마카오/대만 제외)

농촌인구는 4.91억 명(34.78%), 도시인구는 9.21억 명(65.22%)

민　족: 한족과 55개 소수민족(한족 91.2%, 소수민족 8.8%)

조선족은 약 170만 명으로 소수민족 중에서 15위

표준어: 보통화(북경어에 기초)

국　기: 오성홍기

국　가: 의용군행진곡

정치

정치체제: 노농(勞農)연맹에 기초한 인민민주주의 사회주의국가

행정구역: 23개 성(대만 포함), 4개 직할시, 5개 자치구, 2개 특별행정구

권력형태: 공산당 일당 독재(형식상 8개 정당 존재)

국방

국방예산 약 2,240억 달러

정규군 총 203.5만 명(무장경찰 약 50만 명 별도): 육군 96.5, 해군 26, 공군 39.5, 로켓군 12, 전략지원 14.5, 기타 15

경제

화폐 단위: 인민폐/위안(元) (1$ = 7.0827위안, 인민은행 2023.12.29)

국내총생산(GDP): 17조 9,632억 달러(World Bank)

1인당 GDP: 12,720달러(World Bank)

GDP성장률: 3.0%(국가통계국)

대외무역: 무역수지 흑자 8,776억 달러, 수출 3조 5,936억 달러, 수입 2조 7,160억 달러

외환보유: 3조 1,277억 달러(국가통계국)

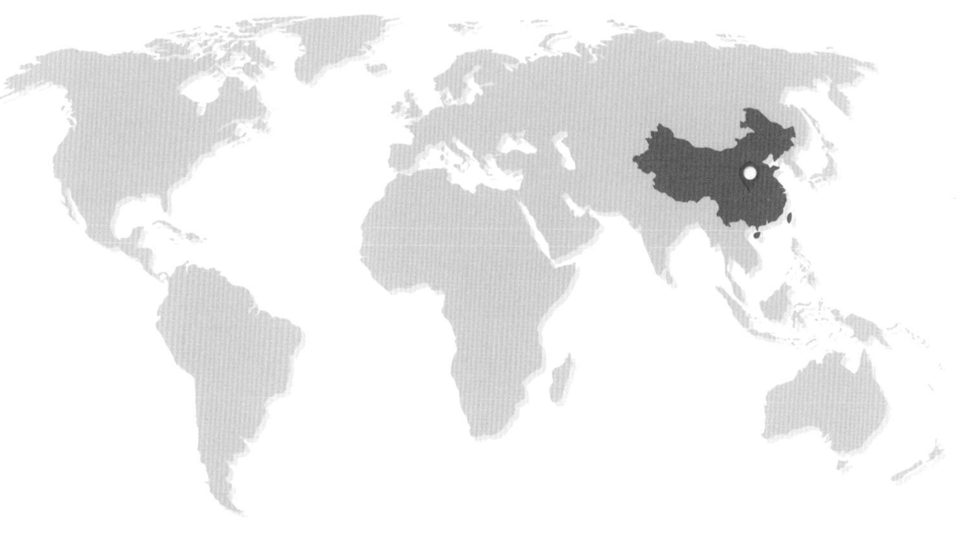

국토

중국의 국토 면적은 960만㎢로 세계 4위에 해당하고 유럽의 면적과 비슷하며 한반도 22만㎢의 44배, 남한 10만㎢의 96배에 달한다. 참고로 세계 1위는 러시아로 1,710만㎢, 2위는 캐나다로 998만㎢, 3위는 미국이며 983만㎢의 면적이다.

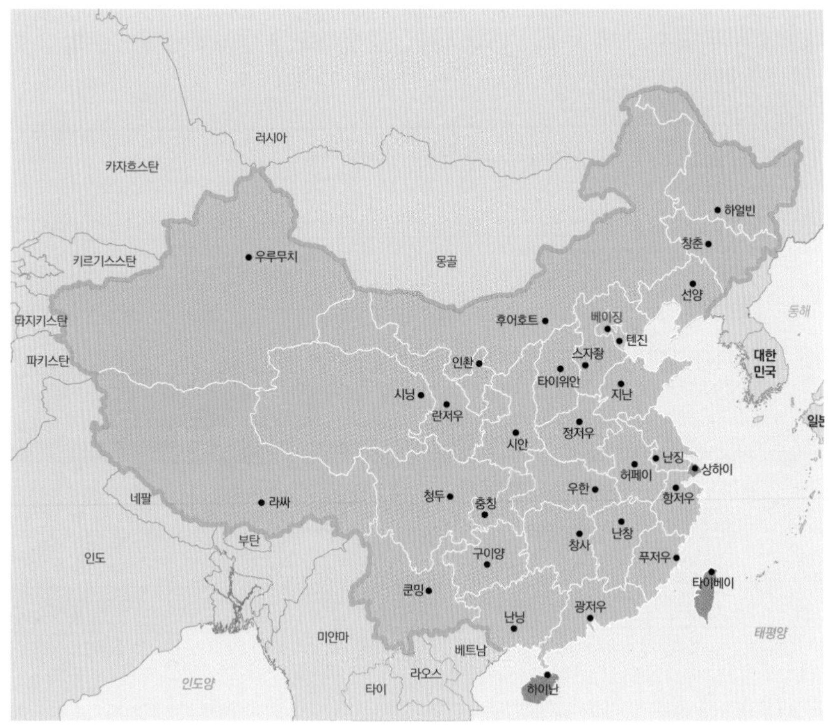

서쪽 끝은 신강(新疆)의 파미르고원(帕米尔高原)이며 동쪽 끝은 흑룡강과 오소리강(烏蘇里江)이 합류하는 지점으로 동서 길이가 5,200㎞에 달한다. 북쪽 끝은 막하(漠河) 이북의 흑룡강이고 남쪽 끝은 남사군도(南沙群島) 남단의 증모암사(曾母暗沙)로 남북 길이는 5,500㎞이다.

육지 국경선의 총 길이는 22,800㎞이며 14개 국가와 국경을 접하고 있다. 동북쪽은 북한, 북쪽은 러시아, 몽골, 북서쪽은 카자흐스탄, 키르기스스탄, 타지키스탄, 서쪽은 아프가니스탄, 파키스탄, 남서쪽은 인도, 네팔, 부탄, 남쪽은 미얀마, 라오스, 베트남과 국경선을 공유하고 있다.

중국의 바다는 크게 4개다. 발해(渤海)는 요동반도와 산동반도가 둘러싸고 있으며, 황해(黃海)는 요동반도부터 장강(長江)이 바다로 흘러드는 지역에 이른다. 동해(東海)는 장강이 흘러드는 곳에서 대만해협에 이르며 남해(南海)는 대만해협 이남의 바다를 뜻한다. 육지에 연접한 해안선은 발해, 황해, 동해, 남해에 걸쳐 18,000㎞에 달하며 해상으로 인접한 국가로는 한국, 일본, 필리핀, 말레이시아, 싱가포르, 인도네시아, 태국, 방글라데시 등이 있다.

중국 국토의 지형은 서고동저(西高東低)로 표현된다. 서쪽에서 동쪽으로 오면서 차례차례 낮아지는 지형으로 강과 하천은 대부분 서에서 동으로 흐른다. 주요 하천으로는 장강(長江)과 황하(黃河)가 서에서 동으로 길게 국토를 횡단하고 있으며, 북쪽은 흑룡강(黑龍江), 중부는 회하(淮河), 남부는 주강(珠江)이 유유히 흐르고 있다.

민족과 인구

중국의 공식적인 민족 수는 한족(漢族)을 포함하여 56개 민족이다. 이 중에서 한족이 차지하는 비중이 90% 이상이고 소수민족은 10% 미만이다. 2020년 기준으로 인구가 많은 소수민족 몇몇을 살펴보면, 장족(壯族) 1,957만 명, 유오이족(維吾爾族: 위구르족) 1,177만 명, 회족(回族) 1,138만 명, 묘족(苗族) 1,107만 명, 만주족(滿洲族) 1,042만 명이며 조선족(朝鮮族)은 170만 명으로 15번째로 조사되었다.

한편『2023 중국통계연감』에 의하면, 2022년말 중국대륙의 총인구는 14억 1,175만 명이며 남자가 51.15%, 여자는 48.85%이다. 연령별 인구 구성은 14세 이하가 16.9%, 15~64세 68.2%, 65세 이상이 14.9%이다. 40년 전 1982년의 비율이 33.6%, 61.5%, 4.9%였던 것과 비교하면 노령화가 꾸준히 진행되고 있음을 알 수 있다.

급속한 도시화로 도시인구 비중도 빠르게 증가하고 있다. 도시인구 비율은 1949년 10.64%이었고 1979년에도 18.96%에 불과했으나 2012년에는 50%를 넘긴 53.1%였고 2022년에는 65.22%를 기록하고 있다.

인구가 많은 행정구역은 광동성이 1억 2천 657만, 산동성은 1억 163만, 하남성 9천 872만, 강소성 8천 515만, 사천성 8천 374만의 순서였고 인구가 제일 적은 행정구역은 오문특별행정구(澳門特別行政區: 마카오)로 68만 명이었다.

국호, 국기, 국휘

중국의 국호(國號)는 중화인민공화국(中華人民共和國)이며 영어는 People's Republic of China이고 약자는 PRC이다. 중화(中華)는 중국을 의미하고, 인민(人民)은 사회주의에 기반한 인민 전체를, 공화(共和)는 공동으로 함께 권력을 행사한다는 의미이다.

중국의 국기(國旗)는 오성홍기(五星紅旗)이다. 붉은색은 혁명(革命)을, 노란색은 광명(光明)을 상징한다. 큰 별은 중국공산당을 의미하며, 작은 별들은 노동자(工人階級), 농민(農民階級), 도시소자산가(城市小資産階級), 민족자산가(民族資産階級)를 각각 상징한다. 국기의 크기는 가로 세로 비율이 3:2이다.

국휘(國徽)는 국가의 권위를 상징하는 휘장(徽章)이다. 공산당과 인민을 상징하는 오성(五星) 아래 천안문(天安門)은 중국의 상징이며 톱니바퀴(齒輪: 치륜)는 노동자를, 보리와 벼이삭(麥稻穗: 맥도수)은 농민을 상징한다.

국가

중국의 국가(國歌)는 〈의용군행진곡(義勇軍進行曲)〉이다. 원래 이 노래는 1935년 상영된 항일 영화 〈풍운아녀(風雲兒女)〉의 주제곡이었다. 작사자는 전한(田漢: 티앤한)이고 작곡가는 섭이(聶耳: 니에얼)이다. 전한이 국민당 정부에 체포되어 남경(南京: 난징)의 감옥에 수감되어 있을 때 담뱃갑 은박지에 써준 것을 섭이가 작곡한 것이다.

의용군행진곡(義勇軍進行曲)

起來!	일어나라!
不願做奴隸的人們!	노예가 되기를 원치 않는 사람들아!
把我們的血肉,	우리의 피와 살로,
築成我們新的長城!	우리의 새로운 장성을 건설하자!
中華民族到了最危險的時候,	중화민족에게 닥친 가장 위험한 때,
每個人被迫着發出最後的吼聲。	억압받는 모든 사람들의 최후의 함성.
起來! 起來! 起來!	일어나라! 일어나라! 일어나라!
我們萬衆一心,	우리 모두 한 마음으로,
冒着敵人的砲火	적의 포화를 뚫고
前進!	전진!
冒着敵人的砲火	적의 포화를 뚫고
前進! 前進! 前進! 進!	전진! 전진! 전진! 진!

국조와 국화

결론부터 얘기하면, 중국에는 공식적인 국조(國鳥)와 국화(國花)가 없다. 수차례 사회적 합의점을 찾기 위한 토론과 시도가 있었으나 결론에 이르지 못하고 있는 상황이다.

국조로는 봉황(鳳凰), 학(鶴), 금계(錦鷄) 등이 후보로 많이 논의된다. 봉황은 상서로움, 아름다움, 선함을 상징하지만 전설의 새라는 점이 한계이다. 학은 상서로운 존재이며 장수를 상징하는 의미에서 자주 후보로 오른다. 금계는 중국 남서부 지대에 분포하며 빛깔, 모양, 크기가 꿩과 비슷하지만 머리와 허리의 깃털이 황금색이다.

중국 국조로 논의되는 학

국화(國花)에 대해서는 백년지쟁(百年之爭)이라는 말이 있을 정도로 오래도록 다퉈진 논쟁이다. 그동안 일국일화(一國一花), 일국사화(一國四花), 쌍국화(雙國花) 등 다양한 의견이 표출되기도 하였다. 하지만 최근의 사회적인 분위기가 일국일화(一國一花)로 의견이 모아지면서 부귀영화의 상징인 모란(牡丹)을 국화로 하자는 의견이 압도적으로 많은 것으로 나타나고 있다. 2019년에 중국화훼협회가 주관한 '내 마음 속의 국화'라는 인터넷 투표 결과, 모란 79.71%, 매화 12.30%, 난초 2.48%, 연꽃 1.89% 순으로 인기 순위가 집계되었다.

측천무후(則天武后)가 모란을 사랑하여 궁중에 심은 이래로 당나라 사람들은 모란을 매우 좋아했으며 현재의 중국인들도 모란을 사랑한다는 사실이 나타나고 있는 것이다.

매화 모란

2 정치

중국은 철저히 당(黨)이 우선하는 국가이다. 당이 군대를 만들고 그 힘으로 국가를 건설했다는 관점에서 이해해야 할 부분이 많다. 다른 나라에는 없는 중국인민정치협상회의 등 중국 특유의 정치제도에 대한 이해가 중요하다.

중국공산당의 역사

중국은 철저히 당(黨)이 우선하는 국가이다. 당이 군대를 만들고 그 힘으로 국가를 건설했다는 관점에서 이해해야 할 부분이 많다. 다른 나라에는 없는 중국인민정치협상회의 등 중국 특유의 정치제도에 대한 이해가 중요하다.

중국공산당의 역사는 개괄적으로 4개의 시기로 나누어 볼 수 있겠다. 1기(1921.7~1949.10)는 공산당의 창립에서 건국까지이다. 항일투쟁, 국공합작(國共合作, 1924, 1937), 대장정(大長征, 1934~1935), 모택동의 지도체제 확립(1935), 국공내전(國共內戰, 1946~1949) 등 역사의 소용돌이에 있던 기간이다.

2기(1949.10~1978.12)는 건국 후 대약진운동과 문화대혁명을 거쳐 사인방을 숙청하기까지의 사회주의 건설과 시련의 기간이다. 건국(1949), 대약진운동(大躍進運動, 1958~1960), 문화대혁명(文化大革命, 1966~1976), 유엔가입(1971), 사인방 숙청(四人幇肅淸, 1976.10)의 희망과 혼란, 도전과 응전의 시기이다.

모택동

3기(1978.12~2012.11)는 개혁개방과 건설의 시기이다. 등소평의 개혁개방정책에 따라 중국경제와 국민들의 삶이 비약적으로 발전된 시기이며 등소평(鄧小平)

의 실사구시(實事求是), 강택민(江澤民)의 삼개대표사상(三個代表思想), 호금도(胡錦濤)의 과학적 발전관(科學的發展觀)이 제창되었다.

4기(2012.11~)는 '신시대 중국특색의 사회주의'가 전개되는 시기이다. 제18차 공산당 전국대표대회에서 습근평(習近平)이 총서기로 선출된 이후 중국몽(中國夢)을 실현하기 위하여 노력하고 있는 시기이다.

건국 후 중국공산당의 주석 및 총서기

시기	성명	비고
1945~1976	모택동(毛澤東)	주석
1976~1981	화국봉(華國鋒)	주석
1980~1987	호요방(胡耀邦)	총서기
1987~1989	조자양(趙紫陽)	총서기
1989~2002	강택민(江澤民)	총서기
2002~2012	호금도(胡錦濤)	총서기
2012~현재	습근평(習近平)	총서기

* 호요방은 1981~1982년에 주석도 겸임하였으나 이후에는 주석직을 폐지하고 총서기로 단일화하였음

공산주의청년단

중국공산주의청년단(中國共産主義靑年團: 共靑團)은 청년 대중 조직이며 차세대 지도자를 양성한다. 낙후한 지역의 평범한 출신들이 많고 행정경험이 있으며 균형 발전, 사회정의, 정치적 제도화 등에 관심이 많다. 호요방(胡耀邦), 호금도(胡錦濤), 온가보(溫家寶), 이극강(李克强), 왕양(王洋), 호춘화(胡春華) 등이 공청단 출신이나 2022년의 당 대회에서는 정치국상무위원에 진출하지 못하는 등 세력을 많이 잃은 모습이다.

중국공산당의 구성

중국공산당의 구성은 완벽한 피라미드 구조이다. 2021년말 현재 공산당원은 약 9,671만 명으로 알려졌는데 이는 중국인 15명 중 1명이 당원임을 의미한다. 당대회인 중국공산당 전국대표대회는 5년 주기로 열리며 2022년 10월에 열린 20차 전국대표대회에 참가한 대표는 2,296명이었다.

2022년 10월 23일에 '중국공산당 제20기 중앙위원회 제1차 전체회의'가 개최되었다. 대외적으로 당을 대표하고 당의 활동을 지도하는 중앙위원회(中央委員會)는 매년 1회 이상 개최되는데 총 376명이며 중앙위원 205명, 후보위원 171명으로 구성되어 있다. 중앙위원회내에 중앙정치국(中央政治局)이 있으며 24명의 중앙정치국위원(中央政治局委員)이 있다. 이들이 중국을 통치하는 리더들이며 경쟁 속에서 후계 수업을 받고 있다.

지도자에 대한 호칭

지도자에 대한 호칭은 당(黨), 군대(軍隊), 국가(國家)를 대표하는 순서인데 그 의미는 공산당을 창당(創黨)한 다음 인민해방군을 창군(創軍)하였으며 그 바탕 위에서 건국(建國)을 하였다는 뜻을 내포하고 있다. 호칭을 살펴보면 "중국공산당 중앙위원회 총서기이고, 중국공산당 중앙군사위원회 주석이며, 중화 인민공화국 주석인 습근평 동지(中國共産黨中央委員會總書記, 中共中央軍事委員會主席, 中華人民共和國主席, 習近平同志)"이다.

중앙정치국 상무위원회(常務委員會)는 7명으로 구성되며 이들은 국가와 당에 관련된 정책을 최종 결정한다. 명단은 서열 순으로 습근평(習近平), 이강(李强), 조락제(趙樂際), 왕호녕(王滬寧), 채기(蔡奇), 정설상(丁薛祥), 이희(李希)이다.

권력의 최고 정점인 중국공산당 중앙위원회 총서기(總書記)는 중앙정치국 상무위원 중에서 선출하게 되어 있으며 중앙서기처(中央書記處)의 업무를 관장하므로 당 운영의 핵심이다. 습근평이 2012년부터 총서기를 맡고 있다.

중국공산당 권력구조

전국인민대표대회

헌법상의 국가 최고권력기관은 전국인민대표대회(全國人民代表大會: 人大)이다. 중국의 입법기관은 전국인민대표대회, 사법은 최고인민법원(最高人民法院), 행정은 국무원(國務院)으로 대별된다.

전국인민대표대회의 대표는 3,000명을 초과할 수 없으며 임기는 5년이고 1년에 한 번씩 회의를 연다. 성, 자치구, 직할시, 특별행정구, 인민해방군에서 선출되는 대표들로 구성된다. 전국, 성급(省級: 성, 자치구, 직할시, 특별행정구), 지급(地級: 시, 구, 주, 맹)의 인민대표는 각각의 하급 인민대표대회를 통하여 간접적으로 선출되나 현급(縣級), 향급(鄕級) 인민대표는 직접선거로 선출된다.

인민대회당

인민대표대회의 권한과 기능은 크다. 입법권, 예산 의결권, 국가기구임면권을 가진다. 헌법과 법률을 제정 및 개정하며 국가예산과 예산집행 상황에 대한 보고를 심의하고 비준한다. 국가주석 및 부주석을 선출하며 국가주석의 제청에 따라 국무원 총리, 부총리, 국무위원, 각부의 부장, 위원회의 주임 등을 결정한다. 국가감찰위원회 주임, 최고인민법원장, 최고인민검찰원장을 선출하기도 한다.

중국의 역대 국가주석(主席)

이름	재임기간
모택동	1949 ~ 1959
유소기	1959 ~ 1966
이선념	1983 ~ 1988
양상곤	1988 ~ 1993
강택민	1993 ~ 2003
호금도	2003 ~ 2013
습근평	2013 ~

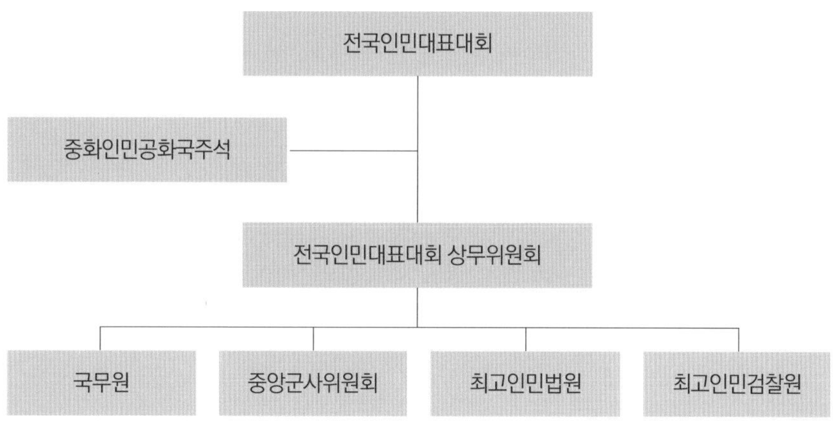

중국인민정치협상회의

통일전선전술에 의거하여 노동자뿐만 아니라 다른 계급과 사회단체 등을 포함한 기구이다. 1949년 9월에 '인민통일전선' 조직으로 설립되었으며 임시 헌법에 해당하는 정협공동강령(政協共同綱領)을 제정하는 등 의회 역할을 담당하였다. 1954년 전국인민대표대회가 개최되어 중화인민공화국 헌법이 제정됨으로써 의회기구로서의 기능은 사라졌으나 정책을 자문하고 공산당 및 정부의 시책을 선전하며 대외교류 업무를 수행하는 조직으로 기능하고 있다.

정치협상회의(政治協商會議: 政協) 전국위원회는 공산당과 8개의 민주당파로 구성되는데 중국국민당혁명위원회, 중국민주동맹, 중국민주건국회, 중국민주촉진회, 중국농공민주당, 중국치공당(中國致公黨), 구삼학사(九三學社), 대만민주자치동맹이 그것이다. 또한 중국공산주의청년단, 중화전국부녀연합회, 중화전국총공회 등의 인민단체와 소수민족 대표, 사회각계 대표, 홍콩과 마카오 초청인사 등 약 2,000명으로 구성된다. 성급, 지급, 현급에는 지방위원회가 있다. 정협위원의 임기는 5년이며 매년 1차례의 회의가 개최되고 있다.

정협의 주석은 중국공산당 중앙위원회 정치국 상무위원으로서 공산당 총서기, 국무원 총리, 전국인민대표대회 상무위원장 다음의 당 서열 4위가 맡고 있다.

국무원

국무원(國務院)은 전국인민대표대회의 결정에 대한 집행기관이자 행정기관이다. 즉, 행정 법규와 명령을 제정하고 공표하며 경제개발과 사회발전에 대한 계획을 수립하고 이에 필요한 예산을 편성하고 집행하는 업무를 수행한다.

2023년 국무원의 구성은 26개의 부와 위원회(외교부, 국방부, 국가발전개혁위원회, 교육부, 과학기술부, 공안부, 중국인민은행, 심계서 등), 1개의 직속특설기구(국유자산감독관리위원회), 14개의 직속기구(해관총서, 세무총국, 시장감독관리총국, 금융감독관리총국, 증권감독관리총국, 광파전시총국, 체육총국, 신방국, 통계국, 지식산권국, 국제발전합작서, 의료보장국, 국무원참사실, 국가기관사무관리국), 7개의 직속사업단위[신화통신사, 과학원, 사회과학원, 공정원, 국무원발전연구중심, 중앙광파전시총대(CCTV), 기상국]가 있다.

국무원 산하의 26개 부서

외교부, 국방부, 국가발전 및 개혁위원회(發改委), 교육부, 과학기술부, 공업 및 신식화부(信息化: 정보화), 국가민족사무위원회, 공안부, 국가안전부, 민정부(民政部), 사법부(司法府: 법무부), 재정부, 인력자원 및 사회보장부, 자연자원부, 생태환경부, 주방(住房)및 성향(城鄕)건설부, 교통운수부, 수리부(水利部), 농업농촌부, 상무부(商務部), 문화 및 여유부(旅遊部: 관광부), 국가위생건강위원회, 퇴역군인사무부, 응급관리부, 중국인민은행, 심계서(審計署: 회계감사부)

법원과 검찰

중국의 인민법원은 인민대표대회에서 선출되며 업무를 보고하여야 한다. 국무원, 인민검찰원과는 동격이지만 전국인민대표대회보다는 하위의 국가 기관이다.

인민법원은 4단계 체계로 구성되어 있다. 최고재판기구인 최고인민법원 아래에 지역에 따라 성급(省級)에는 고급인민법원, 지급(地級)에는 중급인민법원, 현급(縣級)에는 기층인민법원이 있고 군사(軍事), 해사(海事), 철도, 산림, 석유 등 전문법원(專門法院)이 별도로 있다. 한국이 지방법원, 고등법원, 대법원의 삼심(三審)제도인데 비하여 중국은 기본적으로 이심(二審)제도이다. 하급법원의 재판에 불복할 경우에는 상급법원에서 다시 심판하고 종결한다. 법률에 별도의 규정이 있는 경우를 제외하고는 기층인민법원이 1심 사건을 관할한다.

인민검찰원(人民檢察院)은 우리의 검찰에 해당하는 조직으로 법원과 동일하게 4단계로 구성되어 있다. 한국의 검찰은 법무부 산하이지만 중국 검찰은 국무원, 인민법원과 동급으로 구성된다. 중국의 검찰은 법원의 판결에 대하여 불복할 경우 상급 법원에 항소할 수 있고, 적법 여부를 감독할 수도 있다.

중국인민해방군

중국인민해방군(中國人民解放軍)의 모태는 1927년 8월 1일 발생한 남창기의(南昌起義)를 준비하며 만든 중국공농홍군(中國工農紅軍: 紅軍)이다. 1921년 공산당 창당, 1927년 홍군 건군의 바탕 위에 1949년에 건국을 하였으므로 태생적으로 공산당의 군대이다.

공산당 중앙군사위원회(中央軍事委員會)가 실질적으로 군을 통솔한다. 전국인민대표대회 산하에 국가중앙군사위원회를 별도로 두어 당뿐만 아니라 인민의 군대임을 강조하고 있으나, 공산당 중앙군사위원회를 맡고 있는 공산당 총서기가 국가중앙군사위원회 주석도 겸하고 있으며 구성원이 동일하다.

군종(軍種)은 육군, 해군, 공군, 로켓군이 있으며 이외에도 우주, 사이버, 전자를 담당하는 전략지원과 군수지원을 담당하는 연근보장(聯勤保障)이 있다. 작전 부대인 전구(戰區)에는 동부, 서부, 남부, 북부, 중부의 5대 전구가 있다. 작전 지휘, 즉 군령(軍令)은 중앙군사위원회에서 전구를 통하여 일선 부대로 하달되고, 행정관리, 즉 군정(軍政)은 군종별로 부대를 관리하는 이원체제이다.

인민해방군 병력은 2022년 기준으로 총 203.5만 명에 달하는데 육군 96.5만, 해군 26만, 공군 39.5만, 로켓군 12만, 전략지원부대

14.5만, 기타 15만이다. 국방예산은 2023년 기준 2,240억 달러에 달하고 있으며 GDP의 1.2% 수준이다.

중국은 병역법에서 징병제를 명시하고 있으나 병역의무 수행을 희망하는 자가 넘치는 실정이어서 실제는 지원병제라고 할 수 있다. 남자는 18~24세, 여자는 18~22세 사이에 입대하며 현역병 복무기간은 2년이다.

인민해방군의 계급은 장군(上將, 中將, 少將), 영관(大校, 上校, 中校, 少校), 위관(上尉, 中尉, 少尉)이 있으며 부사관은 고급 사관(1級軍士長, 2級軍士長, 3級軍士長), 중급 사관(4級軍士長, 上士), 초급 사관(中士, 下士)으로 나누어진다. 사병은 2년 차인 상등병(上等兵)과 1년 차인 열병(列兵)으로 구분된다.

행정 구획

2022년 말 기준으로 중국의 행정 구획은 다음과 같다.

구분	설명	개수
성급(省級)	성, 자치구, 직할시, 특별행정구	34개
지급(地級)	지구, 지급시, 자치주, 맹(盟)	333개
현급(縣級)	현, 현급시, 자치현, 시할구, 기(旗)	2,843개
향진급(鄕鎭級)	향, 진, 가도판사처(街道辦事處), 민족향	38,602개

* 성급: 23개 성, 5개 자치구, 4개 직할시, 2개 특별행정구

중국 행정 구획

중국 6대 권역

권역	설명
동북(東北)	요령성(遼寧省), 길림성(吉林省), 흑룡강성(黑龍江省)
화북(華北)	북경직할시(北京直轄市), 천진직할시(天津直轄市), 하북성(河北省), 산서성(山西省), 내몽골자치구(內蒙古自治區)
화동(華東)	산동성(山東省), 상해직할시(上海直轄市), 강소성(江蘇省), 절강성(浙江省), 안휘성(安徽省), 복건성(福建省), 강서성(江西省)
중남(中南)	하남성(河南省), 호북성(湖北省), 호남성(湖南省), 광동성(廣東省), 광서장족자치구(廣西壯族自治區), 해남성(海南省)
서남(西南)	중경직할시(重慶直轄市), 사천성(四川省), 귀주성(貴州省), 운남성(雲南省), 서장장족자치구(西藏藏族自治區)
서북(西北)	섬서성(陝西省), 감숙성(甘肅省), 청해성(青海省), 영하회족자치구(寧夏回族自治區), 신강유오이족자치구(新疆維吾爾族自治區)

기업에서는 중남을 화중(하남, 호북, 호남)과 화남(광동, 광서, 해남)으로 구분하고 홍콩, 마카오, 대만은 별도로 관리하는 것이 일반적이다.

한편, 최근에는 이렇게 지리적 요인만 고려하던 분류에서 벗어나 경제발전 정도, 자연환경, 문화적 요인을 함께 고려한 8대 종합경제구라는 분류법을 많이 쓴다. 지역적 특성이 잘 반영된 상당히 합리적인 분류 방식이라 생각된다.

중국 8대 종합경제구

권역	설명
동북	요령성(遼寧省), 길림성(吉林省), 흑룡강성(黑龍江省)
황하중류	하남성(河南省), 산서성(山西省), 섬서성(陝西省), 내몽골자치구(內蒙古自治區)
북부연해	북경직할시(北京直轄市), 천진직할시(天津直轄市), 하북성(河北省), 산동성(山東省)
동부연해	상해직할시(上海直轄市), 강소성(江蘇省), 절강성(浙江省)
남부연해	복건성(福建省), 광동성(廣東省), 해남성(海南省), 대만성(臺灣省), 향항특별행정구(香港特別行政區), 오문특별행정구(澳門特別行政區)
장강중류	안휘성(安徽省), 호북성(湖北省), 호남성(湖南省), 강서성(江西省)
서남	중경직할시(重慶直轄市), 사천성(四川省), 운남성(雲南省), 광서장족자치구(廣西壯族自治區), 귀주성(貴州省)
서북	영하회족자치구(寧夏回族自治區), 감숙성(甘肅省), 청해성(靑海省), 신강유오얼족자치구(新疆維吾爾族自治區), 서장장족자치구(西藏藏族自治區)

성 이름과 약칭

천진(天津)이라는 지명의 유래는 명나라 영락제 때 비롯되었다. 그는 북경 지역의 연왕(燕王)이었는데 병사를 일으켜 남경으로 진격하여 건문제(建文帝)를 죽이고 황제가 되었다. 등극 후에 천자가 지나간 항구라는 의미로 천진이라고 칭하였다. 중경(重慶)은 송나라 광종(光宗)의 고사에서 유래하였다. 광종은 1189년에 공주(恭州)지역의 공왕(恭王)이 되었다. 곧이어 제위(帝位)에 올라 겹(重) 경사(慶)가 났다는 의미에서 유래하였다.

하북(河北)과 하남(河南)은 황하의 북쪽과 남쪽, 산동(山東)과 산서(山西)는 태행산(太行山)의 동쪽과 서쪽, 호북(湖北)과 호남(湖南)은 동정호(洞庭湖)의 북쪽과 남쪽을 의미한다. 강서(江西)는 당 현종 때인 733년 강남서도(江南西道)를 만들면서 유래하였고, 광동(廣東)과 광서(廣西)는 광신현(廣信縣)의 동쪽과 서쪽이라는 뜻이다. 운남(雲南)은 운산[雲山: 현재의 계족산(鷄足山)]의 남쪽이라는 의미이며 사천(四川)은 북송 시대인 1001년 이곳 일대의 천협로(川峽路)를 네 갈래로 나누어 각각 이름을 지었는데, 천협사로(川峽四路) 혹은 사천로(四川路)로 불렸다고 한다. 섬서(陝西)는 섬원(陝原)의 서쪽이라는 의미이다.

주은래(周恩來) 총리는 생전에 31개 행정구역을 일목요연하게 표현하는 칠언시(七言詩)를 지었다. 그의 사후에 반환된 홍콩 및 마카오와 사천성에서 독립하여 1997년에 별도의 직할시가 된 중경직할시를 더하면 현재의 34개 행정구역이 된다.

• 양호양광양하산(兩湖兩廣兩河山) 湖南, 湖北, 廣東, 廣西, 河南, 河北, 山東, 山西
• 오강운귀복길안(五江雲貴福吉安) 江蘇, 浙江, 江西, 黑龍江, 新疆, 雲南, 貴州, 福建, 吉林, 安徽
• 사서이녕청감섬(四西二寧青甘陝) 四川, 西藏, 寧夏, 遼寧, 青海, 甘肅, 陝西
• 유해내대북상천(有海內臺北上天) 海南, 內蒙古, 臺灣, 北京, 上海, 天津

중국의 각 성(省)은 한 글자로 줄여서 부르는 약칭이 있다. 그 유래는 역사상의 제후국(諸侯國) 혹은 관할지역의 명칭이거나 강, 호수, 산 이름에서 유래하는 것이 대부분이고 성의 명칭 중에서 한 글자를 따서 지은 것도 있다. 차 번호판의 앞 자리를 표시하는 등 공식적으로 사용되고 있다.

역사적 사실에서 유래한 경우

중국 성의 약칭과 역사적 사실

성	약칭	유래
북경(北京)	경(京)	수도
천진(天津)	진(津)	명나라 영락제, 천진위(天津衛) 설치
하북(河北)	기(冀)	일부 지역이 기주(冀州)에 속했음
하남(河南)	예(豫)	예주(豫州)가 있던 지역
산동(山東)	노(魯)	춘추시대 노(魯)나라의 관할구역
산서(山西)	진(晉)	춘추시대 대부분이 진(晉)의 영역
호북(湖北)	악(鄂)	일부 지역이 악주(鄂州) 관할
광동(廣東)	월(粤)	남월(南粤)의 관할구역
광서(廣西)	계(桂)	진(秦)나라 계림주(桂林州) 관할구역
해남(海南)	경(琼: 瓊)	명나라 초기 경주부(瓊州府) 설치

운남(雲南)	운(云: 雲)/전(滇)	동부가 전국시대 전(滇)의 관할구역
귀주(貴州)	귀(贵: 貴)/검(黔)	진(秦)의 검중주(黔中州)
중경(重慶)	유(渝)	수문제(隋文帝) 때 유주(渝州)로 개칭
사천(四川)	천(川)/촉(蜀)	삼국시대 촉(蜀)의 영역
섬서(陝西)	섬(陝)/진(秦)	전국시대 진(秦)의 영역
감숙(甘肅)	감(甘)/농(隴)	농서주(隴西州)의 관할구역

* 복수로 표시된 것 중에서 뒤의 것은 전통적으로 쓰이던 별칭이고 공식 문서에는 앞에 있는 별칭이 표시됨

강, 호수, 산의 명칭에서 유래한 경우

중국 성의 약칭과 강, 호수, 산의 명칭

성	약칭	유래
상해(上海)	호(沪: 滬)	소주하(蘇州河)의 하류가 호독(滬瀆)
안휘(安徽)	환(皖)	서부의 곽산(霍山)을 환산(皖山)이라함
호남(湖南)	상(湘)	성 내에 큰 강인 상강(湘江)이 있음
복건(福建)	민(閩)	민강(閩江)이 복건성의 가장 큰 하천
강서(江西)	감(贛)	지역 내의 감강(贛江)이 최대의 하천

성 이름의 한 글자를 따서 약칭으로 한 경우

흑룡강(黑龍江: 黑), 길림(吉林: 吉), 요녕(遼寧: 遼), 내몽골(內蒙古: 蒙), 강소(江蘇: 蘇), 절강(浙江: 浙), 영하(寧夏: 寧), 청해(青海: 青), 신강(新疆: 新), 서장(西藏: 藏), 향항(香港: 港), 오문(澳門: 澳), 대만(臺灣: 臺)

중국행정구획표(中國行政區劃表, 2022)

명칭	약칭	성도(중심도시)	면적(만㎢)	인구(만 명)
北京市	京	北京	1.641	2,184
上海市	沪	上海	0.634	2,475
天津市	津	天津	1.197	1,363
重庆市	渝	重庆	8.240	3,213
辽宁省	辽	沈阳	14.800	4,197
吉林省	吉	长春	18.740	2,348
黑龙江省	黑	哈尔滨	47.300	3,099
河北省	冀	石家庄	18.880	7,420
河南省	豫	郑州	16.570	9,872
山东省	鲁	济南	15.580	10,163
山西省	晋	太原	15.670	3,481
陕西省	陕/秦	西安	20.562	3,956
甘肃省	甘/陇	兰州	42.580	2,492
青海省	青	西宁	72.230	595
安徽省	皖	合肥	14.010	6,127
江苏省	苏	南京	10.720	8,515
浙江省	浙	杭州	10.550	6,577
江西省	赣	南昌	16.690	4,528
湖北省	鄂	武汉	18.590	5,844
湖南省	湘	长沙	21.180	6,604
四川省	川/蜀	成都	48.600	8,374
贵州省	贵/黔	贵阳	17.617	3,856
云南省	云/滇	昆明	39.410	4,693
广东省	粤	广州	17.973	12,657
海南省	琼	海口	3.540	1,027
福建省	闽	福州	12.400	4,188
台湾省	台	台北	3.601	2,326
广西壮族自治区	桂	南宁	23.760	5,047
内蒙古自治区	蒙	呼和浩特	118.3	2,401
宁夏回族自治区	宁	银川	6.640	728
西藏自治区	藏	拉萨	120.28	364
新疆维吾尔自治区	新	乌鲁木齐	166	2,587
香港特别行政区	港	香港	0.111	735
澳门特别行政区	澳	澳门	0.003	68

3 외교

중국은 국토가 넓고 인구가 많은 대국이다. 자연스럽게 외교상의 이슈 또한 많은 나라다. 인접한 국가와의 국경 분쟁, 대만과의 양안 문제, 홍콩 자치 등에 관한 이슈도 그 중의 하나다. 한국과는 1992년 수교한 이래 비약적으로 교류의 폭을 넓혀왔다. 최근 미국과의 패권 다툼으로 양국 관계가 일시적으로 소원해 보이지만 결국은 서로의 노력으로 풀어내야 할 숙제다.

국경 분쟁

중국은 육지 국경선 길이가 총 22,800㎞에 달하고 태평양에 속하는 해상 영토도 넓어서 인접국과의 분쟁 가능성도 그만큼 크다. 국경 분쟁의 당사국은 러시아, 인도, 일본, 베트남, 말레이시아, 필리핀, 브루나이 등이다.

1969년 중소국경분쟁이 발생한 진보도

러시아와의 국경 분쟁은 옛 소련 시절인 1969년으로 거슬러 올라간다. 오소리강(烏蘇里江) 중류에 있는 진보도(珍寶島)의 영유권 싸움에서 비롯되어 흑룡강, 신강(新疆)까지 전투가 벌어지면서 전 국경선에서 긴장이 고조되었고 수십만의 군대가 대치하는 상황에 이르렀다. 소련의 위협 속에서 중국은 미국에 손을 내밀어 1972년 2월에는 미국의 닉슨 대통령이 북경을 방문하여 모택동과 회담을 하였고 1979년에는 수교를 하기에 이르렀다. 구 소련의 고르바초프 서기장이 취임한 후 유연한 자세를 보이면서 분쟁은 해결의 길로 들어서기 시작하였으며 수십 년에 걸친 협상의 결과 2004년에 「중러국경협정」이 체결되면서 분쟁이 해결되었다.

인도와의 국경 분쟁은 두 나라가 국경선을 서로 다르게 인식하고 있다는 것에서 출발한다. 인도는 영국의 식민지 시절인 1914년에 영국-인도-티베트 협약을 통하여 히말라야 산맥에 설정한 국경선(당시 영국측 수석대표 헨리 맥마흔의 이름을 따서 맥마흔 라인이라고 함)을 주장한다. 반면에 중국은 이 라인은 불평등조약에 의한 것이므로 인정할 수 없으며 영국이 진출하기 전인 청나라 시절 경계선을 국경선으로 해야 한다고 주장한다. 1959년에 최초의 분쟁이 발생하였으며 1962년에는 대규모 군사 충돌까지 발생하였다. 1995년에는 양국의 국경 병력이 철수하기로 합의하고 1996년에는 강택민 주석이 인도를 최초로 방문하는 등 수 차례의 협상이 진행되었으나 가시적인 성과는 없었다. 2017년, 2020년, 2021년에도 병사들간의 난투극, 몽둥이 충돌, 총기 사용 등의 무력 충돌이 생기는 등 긴장관계가 계속되고 있다.

일본과의 분쟁은 조어도(釣魚島: 일본에서는 尖角列島, 즉 센카쿠열도라 함)를 둘러싼 싸움이다. 이곳은 동중국해(東中國海)에 있는 8개의 무인도이다. 청일전쟁 후 일본으로 귀속되었고 일본이 실효적으로 지배하고 있으나, 중국은 1951년의 샌프란시스코 평화 조약으로 대만과 함께 중국에 반환되었다는 주장이다. 중국 및 대만의 어부들과 일본 어부들 사이에 고기잡이가 발단이 되어 서로 영유권을 주장하면서 분쟁이 격화되고 있다. 2010년에는 일본 순시선과 중국 어선이 충돌한 사

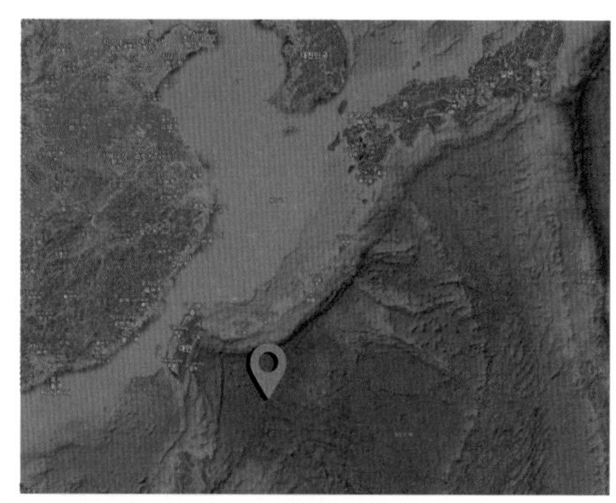
중일 영토분쟁 지역인 조어도(센카쿠열도)

건도 있었다. 어업권 이외에도 군사 전략적으로 중요하고 해저자원도 풍부하여 이해관계가 첨예하게 부딪히는 곳이다.

남사군도(南沙群島)는 남중국해의 30여 개의 작은 섬과 40여 개의 암초로 이루어진 군도이다. 동쪽에는 필리핀, 서쪽에는 베트남, 남쪽에는 말레이시아와 브루나이가 있으며 북쪽은 중국 및 대만과 마주하고 있다. 이 지역은 수산자원 이외에도 석유, 천연가스, 광물자원이 풍부하다. 해상교통로의 요충지에 위치하고 있으며 분쟁 당사국들이 각국의 점령 도서에 군 병력과 장비를 배치하고 있어서 무력충돌의 가능성이 높다. 중국은 인공섬과 군사기지를 건설하고 있는 등 미국과 중국 간 패권 경쟁의 현장이 되고 있다.

서사군도(西沙群島)는 해남도 남쪽, 베트남 동쪽에 있는 군도인데 40여 개의 작은 섬과 암초 등으로 구성되어 있다. 1974년부터 중국이 실효적으로 점유하고 있다. 이곳은 열대 과일과 수산물이 풍부하며 지하수도 있어서 관광지이기도 하다. 하지만 베트남이 영유권을 주장하고 있어서 분쟁의 씨앗을 가지고 있는 곳이다.

양안관계

1949년 장개석(蔣介石)의 국민당이 대만에 들어온 이래, 1958년의 금문도 포격 등 대륙과의 긴장은 지금도 계속되고 있다. 1971년에는 중국의 UN가입과 대만의 탈퇴가 있었고 1972년의 일중 수교, 1979년의 미중 수교, 1992년의 한중 수교로 대만의 외교적 고립은 심화되었으며 미중 간의 패권 다툼으로 긴장이 고조되고 있다.

중국의 양안관계(兩岸關係) 정책은 '하나의 중국'을 강하게 고수하면서 민간의 교류는 촉진하는 것이다. 1982년, 전국인민대표대회는 '삼통정책(三通政策)'을 발표하고 우편교류(通郵), 방문교류(通航), 상업교류(通商)를 제의했다. 대만이 1987년에 이를 수용하면서 친지방문, 문화예술활동 교류가 활발해졌다. 1992년에는 한 걸음 더 나아가 민간단체들끼리 관계개선을 위한 원칙에 합의했는데, 하나의 중국을 인정하되 표기는 각자에게 맡긴다는 '일중각표(一中各表)'가 그것이다.

대만의 양안 정책은 정권교체에 따라 변화한다. 장개석은 유비는 조조와 함께하지 않았다는 뜻의 '한적불양립(漢賊不兩立)'을 내세우며 중화민국의 정통성을 강조했고, 아들 장경국은 불접촉(不接觸), 불담판(不談判), 불타협(不妥協)의 '삼불(三不) 정책'을 취했다. 하지만 뒤를 이은 이등휘(李登輝) 총통 집권기(1992~2000)에는 '일중각표' 등 양안의 해빙무드가 조성되었다.

민진당 출신으로 처음 집권한 진수편(陳水扁)은 '일변일국(一邊一國)'을 내세웠는데 이는 '하나의 중국'을 거부하고, 양안에 각각 하나의 국가가 존재한다는 뜻이다. 정권을 되찾은 국민당의 마영구(馬英九)는 '신삼불정책(新三不政策: 不統, 不獨, 不武)'을 주장했는데, 통일을 추진하지 않고, 독립을 주장하지 않으며, 무력을 쓰지 않는다는 말로 현재를 유지하며 관계를 개선하자는 말이다.

민진당의 채영문(蔡英文) 총통은 2016년에 당선된 후 미국과 일본과의 관계를 강화하면서 대만의 독립을 강하게 주장하고 있는데 여기에 미국과 중국의 패권 다툼이 더해지면서 대만해협에는 긴장이 고조되고 있다. 이러한 긴장상태는 2024년 1월 13일에 민진당의 뢰청덕(賴淸德: 라이칭더) 후보가 차기 총통으로 선출됨으로써 더욱 장기화할 전망이다.

홍콩과 홍콩인

향항(香港: 보통화로 씨앙깡, 광동어로 홍콩)은 향나무가 잘 자라는 지역이라는 뜻이다. 한적한 어촌이었던 홍콩이 역사에 등장한 것은 아편전쟁 때다. 제1차 아편전쟁(1840~1842) 및 남경조약으로 홍콩섬이 영국에 영구 할양되었고, 제2차 아편전쟁(1860)과 북경조약으로 구룡(九龍)반도가 할양되었으며, 1898년에는 신계(新界) 지역이 99년간 조차되었다. 1982년부터 시작된 영국과 중국의 협상에서 홍콩섬, 구룡반도, 신계 지역 전체를 일괄 반환하기로 합의하였고 1997년 7월 1일 155년 만에 중국으로 반환되었다.

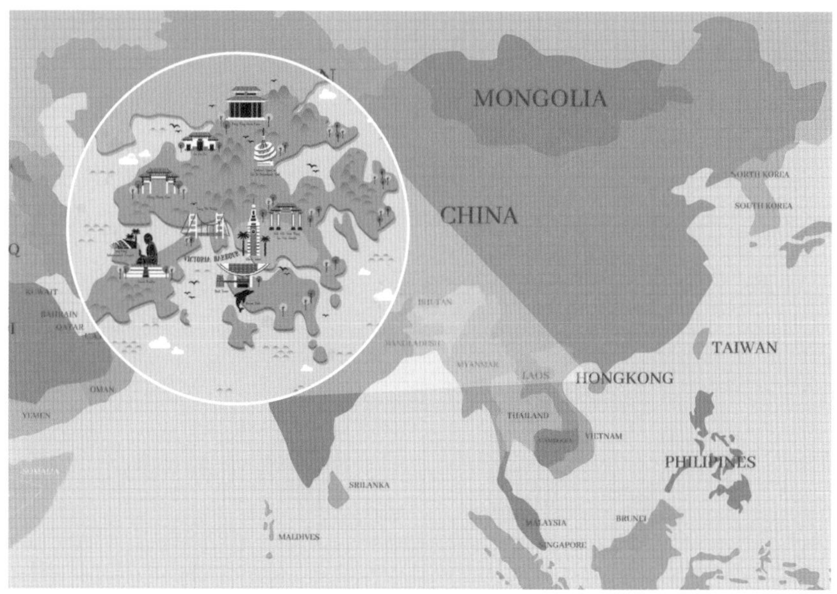

총면적은 1,114㎢로 제주도의 60% 정도이며 그 중에서 홍콩섬이 81㎢, 구룡반도는 47㎢, 신계 지역은 986㎢이다. 2022년 인구는 735만 명이었는데 2021년 741만 명, 2020년 748만 명에 비하여 점차적으로 감소하고 있다. 취업인구 361만 명 가운데 무역, 숙박, 운수, 금융, 공공서비스에 종사하는 인구가 316만 명으로 88%를 차지하고 제조 9만 명, 건축업 33만 명의 분포를 보이고 있다.

인당 국민소득은 2022년 기준으로 5만 2,600달러이다. 홍콩의 발전은 영국의 기술과 자본이 중국대륙의 저임금 노동력과 결합한 결과이다. 대륙의 개혁개방 이전에는 섬유, 전기전자 등의 경공업으로 부를 축적하였으며 1980년대부터는 금융, 무역 등의 3차 산업으로 또 다른 부를 쌓아왔다.

홍콩은 일국양제(一國兩制)가 시행되는 특별행정구로서 '고도자치(高度自治), 항인치항(港人治港: 홍콩 사람이 홍콩을 통치한다)'이 보장된다. 즉, 자본주의가 50년간 그대로 적용되며 자체적 행정, 입법, 사법권이 보장되고 홍콩인은 선거권, 피선거권을 가질 수 있다는 것을 의미한다.

하지만 홍콩의 이러한 자치는 대륙의 영향력 안에 있다. 2014년, 홍콩 행정장관 직선과 언론 및 집회결사의 자유를 요구하는 '우산혁명'이 일어났고, 2019년에는 '송환법' 제정을 반대하는 시위로 송환법이 폐기되기도 했다. 그러나 2020년, 전국인민대표대회는 '홍콩보안법'을 통과시켜 정치적 표현을 금지했다. '일국양제'라는 초유의 실험이 성공할 수 있을지 주목된다.

한중 수교와 교류

1949년에 중화인민공화국이 건국되고 곧이어 터진 한국전쟁으로 서로 총부리를 겨눈 결과 양국관계는 죽(竹)의 장막을 넘지 못한 채 30년이 지나갔다.

봄바람은 북경에서 시작되었다. 1979년에 들어서서 등소평(鄧小平)이 우호관계 조성의 가능성을 시사한 바 있었고 조선족의 귀국을 일시적으로 허용하였다. 1983년 5월 5일 중국 민항기가 춘천에 불시착 했을 때에는 중국대표단이 방한했고 정부 당국 간의 최초 접촉이 있었다. 이때 중국 측은 우리 측을 '대한민국'으로 호칭하였다. 서울에서 개최된 1986년의 아시아경기대회와 1988년의 올림픽에 중국선수단이 참가하였으며 1991년에는 주(駐) 북경 무역대표부가 설치되었다. 수년간의 실무 접촉과 외교, 경제, 체육, 과학기술 방면의 교류가 있은 다음인 1992년 8월 24일에 드디어 한중 수교 공동성명이 서명되었고 8월 27일에는 양국의 대사관이 각각 상대국에 개설되었다.

수교 이래 양국의 관계는 비약적인 발전을 이루었다. 수교 당시 63.7억 달러이던 교역액(交易額)이 2022년에는 3,104억 달러가 되어 49배가 되었다. 2015년 6월에는 한중 FTA가 체결되어 양국 간의 교역이 활성화 되는 발판을 만들었다. 2022년 기준 중국은 한국의 최대 교역국이며 한국은 중국의 제2위 교역대상국이다. 무역수지(貿易收支: 수출액-수입액)는 점차적으로 감소세이며 반도체 수출 둔화, 철강 등의 원자재 가격 상승으로 적자를 보이기도 하였다.

실제로 2023년의 대중무역적자는 180억 달러(24조 원)인데 이는 미·중 무역갈등으로 인한 공급망 대변환과 함께 중국 제조업의 경쟁력 향상이 맞물린 결과이다.

인적교류 현황을 보면 2019년에는 양국에서 1,037만 명이 서로 왕래하였는데 중국을 방문한 한국인이 435만 명, 한국을 방문한 중국인은 602만 명이었다. 중국에 거주하는 한국인도 크게 늘어났으며 2019년 기준 30만 명 이상이 중국에 거주하고 있다. 조선족 동포 중에서 한국에 거주하는 동포는 70만 명으로 집계되고 있다. 조선족이 많이 거주하는 동북삼성(東北三省)의 40만 명, 동북삼성 외 기타 중국 내의 55만 명을 훨씬 넘어선다.

한류

50년에 가까운 냉전체제가 끝나고 1992년에 이루어진 한·중 수교는 한류(韓流)의 직접적인 배경이 되었다. 한류 현상의 본격적인 시작은 1997년부터이다. 그 해에 중국 CCTV에서 방영된 〈사랑이 뭐길래(愛情是什么)〉는 4,000만 명이 시청하고 시청률 4.3%를 기록하면서 앞으로 전개될 한류의 서막을 열었다. 또한 봉황(鳳凰)TV에서 방영된 〈별은 내 가슴에(星夢情緣)〉도 큰 인기를 끌었고 2004년에는 〈풀 하우스〉가 주목 받더니 2005년에는 호남(湖南) 위성TV에서 〈대장금(大長今)〉이 방영되어 한류 드라마의 최고봉을 장식했고 2013년에는 〈별에서 온 그대(來自星星的你)〉가 뒤를 이었다.

애국 및 사회주의의 우월성을 강조하거나 고전 역사극 중심의 천편일률적인 드라마에 식상해 있던 중국 시청자들은 한국드라마에서 같은 유교문화, 가족문화에서 오는 편안함과 동질감을 느꼈고 출연자들의 생김새, 옷차림, 세련된 연기에 반했으며 그들보다 발전된 생활상을 보았다.

TV드라마에 이어 한류의 열기를 뜨겁게 만든 것은 한국의 젊은 댄스그룹이었다. 한류가 드라마 위주에서 K-pop으로 진화한 것이다. 클론이 1998년 대만에서 인기를 끈 이후 1999년에는 북경에 상륙하였다. 클론과 함께 H.O.T, NRG, 베이비복스 등이 연이어 인기를 끌면서 열기를 뜨겁게 달구었으며 빅뱅, 동방신기, 소녀시대도 크게 인기를 끌었다. 2012년에는 싸이의 〈강남스타일〉이 대륙을 휩쓸기도 하였다.

한류의 급속한 확산으로 중국에서 '혐한(嫌韓)' 바람이 불었던 것도 사실이다. 중국의 전통문화에 대한 관심이 높아졌으며 변방이라고만 생각했던 한국에 동양적 전통문화가 살아있고 역으로 중국에 들어와 각광받는 현실에 자존심이 상하기도 하였다. 2006년에는 드라마 수입을 통제하기 시작하였고, 2016에는 '사드(THAAD)' 문제로 야기된 '한한령(限韓令)'으로 양국의 우호관계가 얼어붙은 적도 있다. 일부 극단적인 의견 때문에 서로의 오해가 깊어지는 일들이 자주 일어나는데, 좀 더 열린 가슴으로 서로를 이해하려는 노력이 계속되어야 하겠다.

일대일로

일대일로(一帶一路: One belt, One road)는 중앙아시아를 거쳐 유럽으로 나가는 육상실크로드(一帶)와 동남아시아를 거쳐 유럽과 아프리카로 이어지는 해상실크로드(一路)를 합친 말인데 65개 국가를 통과한다. 인프라 구축, 통상확대, 지역개발을 아우르는 거대한 프로젝트로 2021년 기준 140여 개국이 참여하고 있다. 습근평(習近平) 주석은 2013년 9~10월 집권 2년 차를 맞아 카자흐스탄과 인도네시아를 방문한 자리에서 육상과 해상의 실크로드 경제 벨트

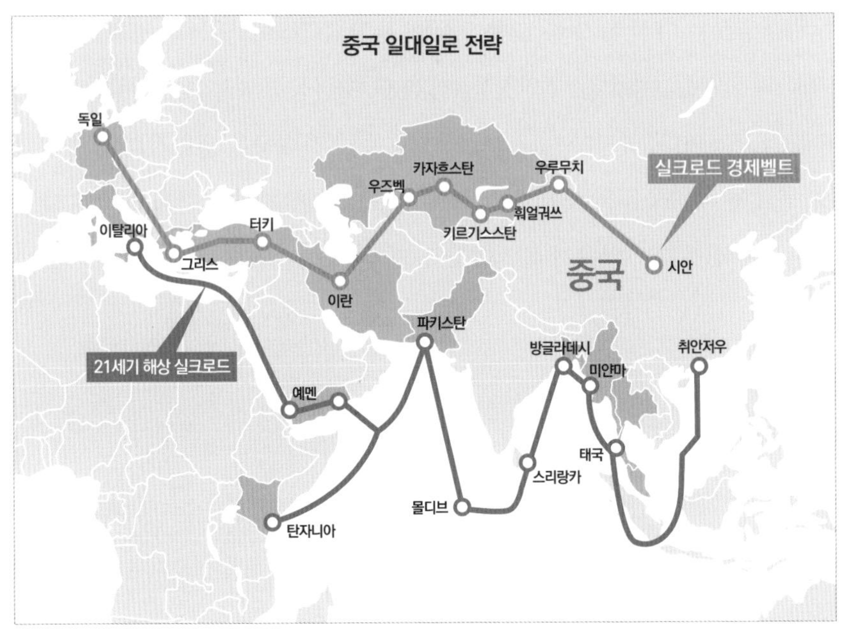

를 구축하여 공동으로 협력하고 번영하는 시대로 나아가자고 제안한 바 있다. 평소 강조하는 중국몽(中國夢)을 실현할 유력한 수단이 될 전망이다.

중국은 과거의 두 자릿수 경제성장률이 둔화하면서 7~8% 혹은 그 이하의 성장을 하는 뉴노멀(New Normal: 新常態)시대를 맞이하고 있다. 프로젝트를 추진하는 목적은 상대적으로 낙후된 주변국을 연결하는 도로, 철도, 전력망 등 인프라를 건설함으로써 주변국의 경제성장은 물론 중국의 낙후 지역도 개발하는 것이다. 또한 새로운 해외시장을 개척할 수 있어서 국내의 과잉생산능력을 해소할 수 있고 지속적인 성장을 위한 에너지원도 확보할 수 있기 때문이다. 프로젝트를 시작하면서 아시아 인프라 투자은행(AIIB: Asian Infrastructure Investment Bank)을 설립하였는데 2017년 기준 84개국이 회원으로 가입하였다. 인민폐의 힘을 기르고 기축통화 입지를 굳히기 위한 포석이라고 할 수 있다.

일대일로는 다섯 가지 통(通)을 염두에 두고 추진되고 있는데 정책소통(政策溝通), 시설연통(設施聯通), 무역창통(貿易暢通), 자금융통(資金融通), 민심상통(民心相通)이 그것이다. 하지만 미국, 일본, 인도 등의 강대국은 냉소적 태도를 보이고 있으며 주변국들은 자금, 기술, 원조 등에 대한 기대와 함께 중국에 대한 의존도가 심해지지 않을까 우려하고 있기도 하다.

4 사회

중국은 14억의 인구를 보유한 인구대국이다. 급격한 인구증가를 억제하기 위해 1가구 1자녀 정책을 강력하게 실시한 결과 인구의 폭발적인 증가는 방지할 수 있었으나 최근에는 오히려 인구가 감소하고 있기도 하다. 중화인민공화국 수립 이후 중국 정부는 농촌 인구가 급격히 도시로 유입되는 것을 방지하기 위하여 호구 정책을 강력하게 실시해 왔다. 한족을 포함한 56개 민족이 섞여서 사는 중국 사회에서 소수민족 문제는 결코 가볍게 넘길 수 없는 중요한 이슈다.

인구정책

역사적으로 중국의 인구가 원래부터 많았던 것은 아니다. 시기를 세 번으로 나누어 볼 수 있는데 첫 번째는 진(秦)~명(明) 시대이다. 이때의 인구는 시대적으로 격변들이 있었지만 대략 1,000~6,000만 명 사이에서 움직였다. 두 번째는 청(淸)대이다. 1억에 미치지 못하던 인구가 '강건성세(康乾盛世: 강희, 옹정, 건륭의 전성기)'를 거치면서 계속 증가하여 4억 이상에 이르렀다. 세 번째는 1949년 건국 이후 70년 동안 5.4억에서 14억으로 증가한 것이다. 경제의 발전으로 먹는 문제가 해결되었고 의료보건 환경이 개선됨으로써 사망률이 낮아졌으며, 1970년대 이전에는 정부 주도의 인구제한 정책을 실시하지 않은 것도 인구가 급격하게 증가한 주요한 이유다.

중국의 출산 정책은 계획생육(計劃生育)이라고 하는데 이는 산아제한(産兒制限)을 의미한다. 1955년 경제학자 마인초(馬寅初) 교수는 『신인구론(新人口論)』에서 중국의 생산력 증가가 인구의 자연증가를 따라잡지 못할 것이라며 산아제한 정책의 필요성을 역설하였으나 국가적 시책으로 받아들여지지 않았다.

중국의 인구 정책은 '만혼만육(晩婚晩育)', '소생우성(少生優生)'으로 요약할 수 있다. 만혼만육은 늦게 결혼해서 늦게 출산함으로써 인구증가를 최대한 늦추어 장기적으로는 4세대가 함께 살지 않고 3세대 정도로 줄이는 것이 목표이다. 이를 위하여 결혼 가능 연령을 남자 22세, 여자 20세로 각각 2세씩 상향하였다. 소생우성은 적게 낳아서 잘 기르는 정책이다. 먼저 남아선호 사상을

완화하기 위해 혼인법에 일부일처제를 명문화하였고 영아 살해를 엄격하게 금지하고 피임과 불임수술을 권장하였다. 1979년부터는 1가구 1자녀 정책이 실시되었다. 1자녀에 한해 고교졸업까지 학비 면제 등 혜택을 주었고, 2자녀 이상 가구에는 감봉, 벌금, 승진 제한 등의 불이익이 주어졌다. 이 정책은 도시에서 집중적으로 진행되었는데 농촌은 첫 자녀가 딸인 경우는 둘째 출산이 허용되는 등 상대적으로 느슨했다. 소수민족은 남녀를 불문하고 둘째까지 낳을 수 있었다.

한 자녀 정책의 사회적 부작용은 컸다. 낙태가 증가하여 남녀 성 비율이 119:100까지 상승하였고 출생 후에 호적에 올리지 않은 아이, 즉 흑해자(黑孩子)는 교육과 사회적 혜택에서 소외되었다. 반면에 부모, 조부모, 외조부모 어른 여섯 명이 한 명의 아이를 돌보다 보니 소황제(小皇帝)가 출현하였다. 유아

독존의 이기적 성격이 되기 쉽고 장성한 이후에는 여섯 명을 부양해야 하는 책임이 따른다.

1998년 이후 인구증가율이 1% 미만에 이르고 출산율 저하, 노인인구 증가, 노동력 감소 등 인구 문제가 새로운 양상으로 변해가자 중국 정부는 출산 정책을 과감하게 개혁하고 있다. 부부 둘 다 외동일 경우에 둘째 출산을 허용하는 '쌍독이태(雙獨二胎)'가 1990년대 후반부터 부분적으로 시행되어 오다가 2011년에는 전국적으로 실시되었고, 2013년 12월에는 부부 중 한 명이 외동이라도 둘째 출산을 허용하는 '단독이태(單獨二胎)'가 결정되었다. 2016년부터는 두 자녀 출산을 전면 허용하는 '전면이태(全面二胎)'가 실시되었으며, 2021년 6월에는 부부가 3자녀를 출산하는 정책을 결정하였다.

하지만 양육비 및 교육비에 대한 부담으로 출산을 자발적으로 기피하는 사회현상이 만연한 현실에서, 중국의 인구는 감소하고 있다. 2022년에는 전년도 대비 85만 명이 감소하였으며, 연간 결혼 건수도 최근 10년 새 1,350만 건에서 2022년 680만 건으로 거의 50%가 감소하였다.

모택동의 인수론(人手論)

모택동은 맬더스(Malthus)의 인구관을 비판하며 생산의 관점에서 인구 문제를 봐야 한다고 말하였다. "밥 먹는 입은 하나이지만 일하는 손은 두 개이므로 인구의 증가는 인류의 생산력 발전에 도움이 된다"는 주장이다. 맬더스의 인구론에 입각해 인구 증가에 대하여 심각성을 경고한 경제학자 마인초도 비판을 벗어날 수 없었다.

호구제도

중국의 호구제도(戶口制度), 호적제도는 우리의 주민등록제도, 본적제도와 비슷하게 신분과 거주지를 증명하는 제도이다. 하지만 한국은 거주이전의 자유가 있는 데 반하여 중국은 엄밀한 의미에서 그렇지 못하다. 호구제도(戶口登記條例)는 1958년부터 실시되고 있다. 출생과 함께 출생지에 따라, 부모의 호구에 의해서 본인 호구가 정해지며 크게 농업호구(農業戶口)와 비농업호구(非農業戶口)로 나누어진다. 건국 초기 중공업 발전을 위해서는 도시의 안정이 필수적이었고, 도시 인구를 적절히 통제함으로써 배급, 직장배치 등의 계획경제를 효율적으로 운용할 수 있었다. 이러한 목적을 달성하기 위해서는 농촌 인구의 도시 전입을 막아야 했으며 거주이전의 자유를 제한해 왔다.

중국 거민호구부

농업호구를 가진 사람이 비농업호구를 취득하고자 할 때는 많은 제약이 따른다. 공무원이 되거나 비농업호구를 가진 사람과 결혼하고 상당 시간이 경과해야 한다. 수십 년간의 제도 시행으로 도시와 농촌의 소득격차는 확대되었고 비농업호구 획득을 위해 공무원에게 뇌물을 주는 등 불법 사항이 발생하기도 한다. 도시노동자가 된 농민공(農民工), 불평등한 교육 및 의료혜택도 문제다. 산아제한으로 인해 출생부터 호구가 없는 소위 흑호구(黑戶口)는 범죄자 같은 취급을 받는다. 거주지와 호구지가 다른 인호분리인구(人戶分離人口)만 하더라도 5억 명에 육박하고 그 중에서 농민공이 3억 명에 달하는 것으로 추산되고 있다.

중국 정부는 호구제도를 점진적으로 개혁하고 있는데 2014년 7월에는 농업호구와 비농업호구의 구분을 폐지하는 호구제도 개혁안이 발표되었다. 소도시와 중소도시를 중심으로 주거, 직업 등의 일정 자격을 갖춘 사람에게 호구 신청 자격을 확대하고 있으며 일정 기간 이상의 거주 사실이 있으면 거주증(居住證)을 발부하여 차별을 상당 부분 해소하고 있다. 또 학력, 기술, 납세 등을 평가한 점수 적립제(積分制)에 따라 호구를 부여하고 있기도 하다. 하지만 북경, 상해 등의 대도시 호구 취득은 여전히 어렵다. 호구제도는 앞으로도 상당 기간 유지될 것으로 예상된다. 완전히 폐지될 경우 대도시로의 급속한 인구집중과 사회혼란이 우려되기 때문이다.

손지강(孫志剛) 사건

호북성 출신으로 무한(武漢)에서 대학을 졸업하고 광주(廣州)의 한 회사에 정식 취업한 손지강은 2003년 3월(당시 27세) 임시거류증을 휴대하지 않았다는 이유로 체포되었다. 그는 강제수용소에 구금되었다가 직원들과 다른 수용자들의 구타로 숨졌다. 《남방도시보》가 이 사건을 처음으로 보도했으며 전국적으로 파급되었다. 강제수용소는 폐지되었으며 유동인구 정책을 대폭 수정하는 계기가 되었다.

지역별 방언

방언이란 지방에서 한족들이 쓰는 언어로 소수민족이 쓰는 민족 언어와 구별되며 소통이 불가할 정도로 말이 다르다. 북방방언(北方方言: 官話), 강절화(江浙話: 吳方言), 강서화(江西話: 贛方言), 호남화(湖南話: 湘方言), 객가화(客家話: 客家方言), 광동화(廣東話: 粵方言), 민남화(閩南話: 閩方言)의 일곱 가지로 대별된다.

북방방언(北方方言)은 북경을 대표로 중국 북방의 화북 및 동북, 서북, 서남, 안휘 및 강소 일부 지역에서 통용되며 사용자는 전체 한족의 70%를 차지한다.

강절화는 과거에는 소주화(蘇州話)가 대표였으나 최근에는 상해어(上海語)가 대표적인 언어가 되었다. 강소성 남쪽, 상해 및 절강 지역에서 통용된다.

강서화는 남창어(南昌語)가 대표적이며 강서성의 대부분 지역과 복건성 서부, 호남성의 일부에서 사용된다. 지리적으로 호남어, 객가어와 연결된다.

호남화는 호남성 대부분 지역에서 통용된다. 장사(長沙)등 대도시에서 통용되는 말을 신상어(新湘語)라 하고 호남성 중부에서 쓰는 말은 노상어(老湘語)라 한다.

객가화는 광동의 매현화(梅縣話)가 대표적인데 주로 광동, 강서에서 사용되고 있으며 복건, 하남, 안휘, 광서, 호남, 사천의 일부에서도 사용한다.

광동화는 광동성 대부분, 광서 일부, 홍콩과 마카오 지역에서 통용된다. 영향력이 큰 남방위성(南方衛星) TV와 홍콩의 연예인들이 많이 사용한다.

민남화는 복주어(福州語)가 대표적인 언어이다. 복건성에서 주로 사용하고 있으며 대만에서도 민남(閩南) 방언을 사용한다.

소수민족

중국은 56개 민족으로 구성된 다민족국가로서 2022년 말 기준으로 총인구가 14억 1,175만 명에 달하고 있으며 이 중에서 55개 소수민족은 1억 2,448만 명이다. 같은 민족을 특징 짓는 기준은 공통의 지역, 언어, 경제생활, 풍속, 습관이다. 행정구획으로는 소수민족 자치구가 5개, 지급구획이 77개(자치주 30개 포함), 현급구획이 714개(자치현 120개 포함)있다.

중국은 기본적으로 소수민족에 대해 민족 융화 정책을 펴고 있다. 인구증가 억제를 위한 출산 정책도 예외를 적용하여 1가구 1자녀가 아닌 다자녀를

허용해 주었고 대학 입학시험에서 우대혜택을 주기도 한다. 하지만 분리독립을 추구하는 위구르, 티베트 등에 대해서는 강력한 탄압 정책을 실시한다.

소수민족의 인구증가율은 평균보다 높은 것으로 보인다. 『2023 중국통계연감』에 의하면, 2022년의 전국평균 자연증가율이 -0.60‰인데 반하여 소수민족 자치구들은 신강(新疆) 0.77‰, 영하(寧夏) 4.41‰, 서장(西藏) 8.76‰, 광서(廣西) 1.4‰로 전국 평균을 웃돌고 있으며 내몽골(內蒙古)만 -2.25‰이다.

소수민족은 거의 모두 자신들의 언어를 가지고 있으나 문자를 보유한 민족은 21개 민족으로 알려져 있다. 이들의 종교는 다양하며 주로 이슬람교, 라마교 및 불교를 믿고 일부 묘족(苗族)과 이족(彝族) 등은 기독교를 믿는다.

인구 1,000만 이상 소수민족은 장족(壯族, 1,957만), 유오이족(維吾爾族: 위구르족, 1,177만), 회족(回族, 1,138만), 묘족(苗族, 1,107만), 만족(滿族, 1,042만)의 5개 민족이며 조선족은 170만 명으로 15위를 차지하고 있다.

중국의 55개 소수민족

민족	인구(천명)	민족	인구(천명)
장족(壯族) Zhuang	19,569	무로족(仫佬族) Mulam	277
유오이족(維吾爾族) Uygur	11,775	가이극자족(柯爾克孜族) Kirgiz	204
회족(回族)Hui	11,378	석백족(錫伯族) Xibe	192
묘족(苗族) Miao	11,068	살랍족(撒拉族) Salar	165
만족(滿族) Manchu	10,423	경파족(景頗族) Jingpo	160
이족(彝族) Yi	9,830	달알이족(達斡爾族) Daur	132
토가족(土家族) Tujia	9,588	포랑족(布朗族) Blang	127
장족(藏族) Tibetan	7,061	모남족(毛南族) Maonan	124
몽골족(蒙古族) Mongolian	6,290	타길극족(塔吉克族) Tajik	51
포의족(布衣族) Bouyei	3,577	보미족(普米族) Pumi	45
동족(侗族) Dong	3,496	아창족(阿昌族) Achang	44
요족(瑤族) Yao	3,309	노족(怒族) Nu	37
백족(白族) Bai	2,092	악온극족(鄂溫克族) Ewenki	35
합니족(哈尼族) Hani	1,733	경족(京族) Jing	33
조선족(朝鮮族) Korean	1,702	기낙족(基諾族) Jino	26
여족(黎族) Li	1,602	보안족(保安族) Bonan	24
합살극족(哈薩克族) Kazak	1,563	덕앙족(德昂族) Deang	22
태족(傣族)Dai	1,330	아라사족(俄羅斯族) Russian	16
동향족(東鄕族) Dongxiang	775	유고족(裕固族) Yugur	15
율속족(傈僳族) Lisu	763	오자별극족(烏孜別克族) Ozbek	13
사족(畲族) She	746	문파족(門巴族)Moinba	11
흘로족(仡佬族) Gelao	678	악윤춘족(鄂倫春族) Oroqen	9
랍호족(拉祜族) Lahu	499	독룡족(獨龍族) Drung	7
수족(水族) Shui	496	혁철족(赫哲族) Hezhen	5
와족(佤族) Va	431	락파족(珞巴族) Lhoba	4
납서족(納西族) Naxi	324	탑탑이족(塔塔爾族) Tatar	4
강족(羌族) Qiang	313	고산족(高山族) Gaoshan	3
토족(土族) Tu	282		

〈출처: 2023 중국통계연감(국가통계국). 2020 인구센서스 수치 반영〉

조선족

조선족은 중국 전역에 살고 있는 한민족 혈통의 중국 국적 사람들이다. 이들의 중국 이주는 이미 원명(元明)시대에 시작되었으나, 청(淸) 왕조는 그들의 발상지인 만주에 다른 민족의 이주를 금지하는 봉금 정책(封禁政策)을 실시하였다. 청 말기인 19세기부터 이주가 허용되면서 이주민의 수가 증가하였으며, 특히 일제 강점기에는 만주를 병참기지화 하면서 이주를 장려하였다.

중국 내 조선인 인구는 광복 직후 216만 명에 달했으나 그 중 절반이 고국으로 귀환하였다. 이후 중국 내 조선족은 1953년 112만 명에서 꾸준히 증가하여 1990년에 200만 명을 기록한 것을 정점으로 2000년 192만, 2010년 183만, 2020년에는 170만 명으로 집계되고 있다. 이는 소수민족 중에 15번째 인구이다. 조선족의 인구가 감소하는 몇 가지 원인으로는 한국 이주가 계속되고 있는 점, 다른 민족 특히 한족과의 결혼으로 호적 취득 자체가 줄어드는 점, 결혼 연령이 늦어지고 출산율이 낮아지고 있는 점 등이 꼽힌다.

이들은 동북삼성(東北三省)이라 불리는 요령성(遼寧省), 길림성(吉林省), 흑룡강성(黑龍江省)에 주로 거주하였으나 도시화와 개혁개방 정책이 진행되면서 북경, 상해, 청도 등지의 대도시로 이주하기 시작하였고 90년대부터는 한국과 미국 등 해외로 이주하는 숫자가 늘어나고 있다. 2010년 기준으로 조선족의 거주지는 한국에 70만, 중국 내 동북삼성에 40만, 동북삼성 외 기타지역에 55만, 다른 해외 지역에 18만 명이 거주하고 있는 것으로 추산되고 있다.

화교 현황

화교(華僑)는 중국 국적을 유지하면서 해외에 거주하는 사람이다. 화인(華人)은 중국 혈통으로 해외에 거주하면서 현지의 국적을 취득한 사람을 일컬으며 당인(唐人), 화하인(華夏人)이라고도 한다.

화교는 당나라 시대부터 말레이시아, 태국, 필리핀, 인도네시아 등의 동남아 지역에 거주하면서 무역에 종사하였다. 근세에 들어와서는 영국, 미국, 스페인, 포르투갈 등 제국주의 세력의 식민지 개척과 국토 개발이 본격화되면서 값싼 노동력이 필요하게 되었고, 아편전쟁 이후 혼란을 겪고 있던 중국에서 많은 노동자들이 세계 각지로 이주하였다. 특히 미국의 서부 개발과 골드러시가 시작되면서 철도 건설과 광산 개발에 중국인들이 동원되었다. 중화인민공화국 건국 후에도 대륙, 홍콩, 타이완에서 미국, 캐나다 등으로 이민이 계

속되고 있다. 과거의 해외 이주가 전쟁, 기근 등을 피해서 간 것이라면, 최근의 이민은 투자이민 등의 경제적 이유인 것이 다른 점이다.

한편 한국에 거주하는 화교의 시작은 임오군란이 발생한 1882년으로 거슬러 올라간다. 이때 조선은 청나라에 구원병을 요청하였으며 이후 체결된 무역협정에 의거하여 상인들도 들어와서 상업활동을 한 것이 그 시작이다. 이렇게 정착한 상인들은 그 후 중화민국 국적이 되었다가 1949년 이후에는 대륙으로 돌아갈 수 없었고 한국이 외교관계를 유지하고 있던 대만 국적이 될 수밖에 없었다. 역대 한국 정부는 화교의 경제력을 견제하기 위해 영주권과 국적 취득을 제한하고 토지 소유를 금지하여 왔으나 1990년대 후반부터는 토지 취득을 허용하고 영주권 제도를 도입하기도 하였다.

세계 각국에 분포하고 있는 화교 및 화인의 숫자를 집계하는 것은 어렵다. 국적 여부로 판단할 수 없는 혈통의 문제이기 때문이다. 대략 5천만 명 정도로 추산하고 있는데 태국 1,000만, 인도네시아 800만, 말레이시아 700만, 미국 400만, 싱가포르 300만, 유럽 200만, 캐나다 160만 명이며 한국은 2만 명 정도로 추산하고 있다. 화교들의 출신 지역은 연안 지역이 대부분으로 광동성 출신이 50%를 넘고 복건성, 해남도 등이 많으며 한국에는 지역적인 연유로 산동성 출신이 많다.

교육제도와 명문대학

중국의 교육은 취학 전 교육, 초등교육, 중등교육(초급중학, 고급중학), 고등교육(전문대, 대학, 대학원)으로 나눌 수 있고 이를 학제로 보면 초등학교 6년, 초급중학 3년, 고급중학 3년, 대학 4년으로 구분할 수 있다. 대학원은 연구생원(研究生院)이라고 하며, 수학 기간은 석사연구과정 2~3년, 박사연구과정 3~5년이다. 초등학교와 초급중학교의 9년은 의무교육으로 교육비가 무료이다. 9월에 신학기가 시작되고 7월에 끝나며 2학기제로 운영된다.

대입시험은 고고(高考: 까오카오)라 하며 매년 6월 초에 실시한다. 성적에 따라 7~8월에 대학 지원을 하는데 매년 1,000만 명 정도가 응시한다. 각 대학은 입학 가능 인원을 성시(省市)별로 배정하는 '지역할당제'를 시행하고 있다. 명문대 진학을 위한 경쟁이 치열하고 도시는 물론 농촌까지 사교육 문제가 심각하다.

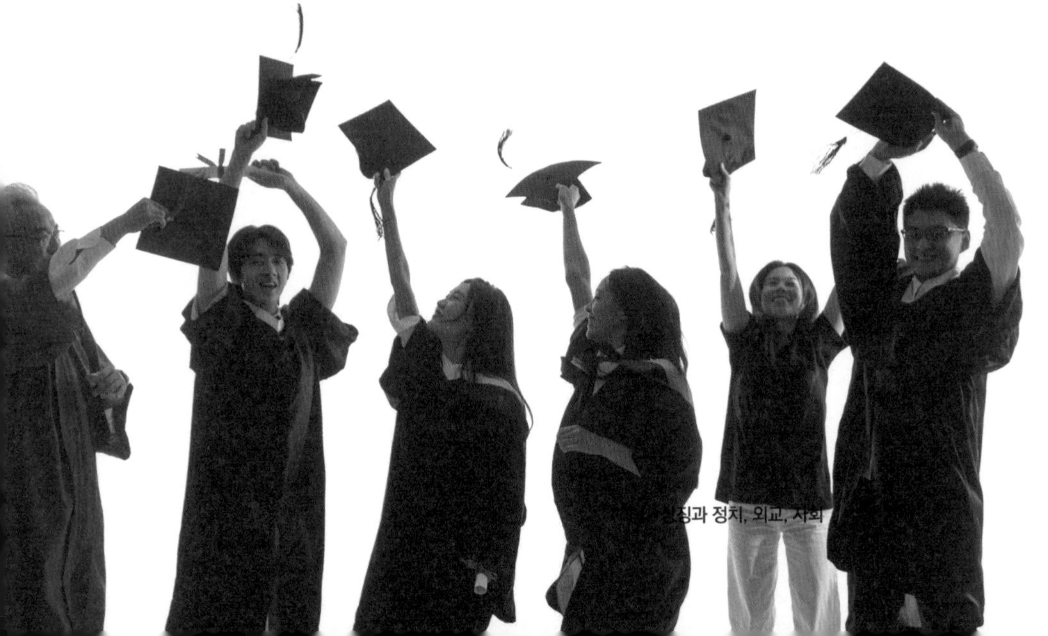

『2023 중국통계연감』에 의하면 2022년 기준 중국에는 1,239개의 4년제 대학(普通本科)이 있으며 1,966만 명이 재학 중이고 한 해 입학 인원은 468만 명에 달한다. 1998년 5월, 강택민 주석은 북경대 100주년 기념식에서 세계 선진 수준의 대학을 육성해야 한다고 언급했다. 여기에서 유래한 소위 985대학들에 예산 등의 각종 지원이 집중되고 있다.

영국에서 발행되는 교육잡지인 《Times Higher Education》은 교육, 연구 환경, 연구 품질, 산업 및 국제 전망을 고려하여 2024년 세계 대학 순위를 발표하였다. 100위권 내 중국의 대학은 청화대학 12위, 북경대학 14위, 상해교통대학 43위, 복단대학 44위, 절강대학 55위, 중국과학기술대학 57위, 남경대학 73위를 기록하고 있다. 한편 한국 대학으로는 서울대가 62위, 연세대가 76위, 한국과학기술원(KAIST)이 83위에 랭크되었다.

중국의 명문대학(985대학)

42개 대학은 북경대학, 청화대학, 상해교통대학, 복단대학, 절강대학, 국방과기대학, 중국과학기술대학, 중국인민대학, 남경대학, 동제대학, 북경항공항천대학, 북경이공대학, 동남대학, 무한대학, 화중과기대학, 하얼빈공업대학, 서안교통대학, 남개대학, 북경사범대학, 화동사범대학, 전자과기대학, 중산대학, 천진대학, 하문대학, 화남이공대학, 사천대학, 서북공업대학, 산동대학, 중경대학, 중남대학, 길림대학, 호남대학, 란주대학, 대련이공대학, 중국농업대학, 동북대학, 중국해양대학, 중앙민족대학, 서북농림과기대학, 신강대학, 운남대학, 정주대학이다.

언론매체

중국의 언론을 관장하는 기관을 살펴보면, 공산당 중앙위원회 직속기관인 중앙선전부, 인민일보, 광명일보, 구시(求是) 잡지사가 있다. 중앙선전부는 국무원의 신문판공실(新聞辦公室)을 관장하고 국무원 직속기구에는 국가광파전시총국(國家廣播電視總局)이 있다. 즉, 당의 중앙선전부가 신문, 잡지, 출판, 라디오, TV, 영화 등 모든 매체를 통제하고 있다.

중요 언론매체를 살펴보면, 먼저 당보(黨報)인 인민일보를 들 수 있다. 공산당 중앙위원회 직속의 기관지로서 국무원의 지휘감독을 받지 않는다. 논평과 사설을 통해 공산당의 공식 입장을 소개하고 여론을 주도한다. 현재 300만부 이상을 발행하고 있으며 인민일보 해외판 및 인터넷 인민망(人民網)을 운영하고 있다. 자매지인 환구시보(環球時報)는 우리에게도 잘 알려진 매체로서 중국 정부의 입장을 강하게 대변한다.

CCTV(China Central Television: 中國中央電視臺)는 국무원의 직속사업단위로서 국영방송국이다. 채널 수는 무료, 유료, 해외를 합치면 43개에 이르며 세계 210개국에 송출하고 있다. CCTV를 대표하는 프로그램은 〈신문연파(新聞聯播)〉이다. 저녁 7시 정각에 시작하며 지도자들의 동정 및 주요 뉴스를 방영한다. 설날 전야에 방송되는 〈춘절연환만회(春節聯歡晚會)〉는 온 가족이 모여서 시청하면서 새해를 맞는 인기 프로그램이다.

대표 통신사는 신화통신사(新華通訊社)이며, 국무원 직속의 사업단위로서

중국 국영방송국 CCTV

국영통신사이다. 세계 90여 개 나라에 지사를 두고 있고 특파원이 500명에 이른다. 참고소식(參考消息) 등의 인쇄매체도 발행하고 있으며 신화망(新華網 http://www.Xinhuanet.com)은 중국정부 소식을 빨리 알 수 있는 수단이다.

한편 광주(廣州)에 본부를 둔 남방주말(南方周末), 남방일보(南方日報), 남방도시보(南方都市報) 등은 민영 매체로서 통제 속에서도 상당히 비판적인 기사를 써 지식인 사이에서 인기가 높다.

뉴미디어의 등장

중국인터넷정보센터(中國互聯網絡信息中心, CNNIC: China Internet Network Information Center)의 보고에 따르면, 2023년 6월 말 기준으로 중국의 인터넷 사용자 수는 10억 7,900만 명으로 76.4%의 보급률이고, 도시는 7억 7,700만 명 사용자에 보급률이 85.1%, 농촌은 사용자 수 3억 100만 명에 60.5% 보급률이었다. 중국인이 매주 인터넷을 사용하는 시간은 29.1시간이며 핸드폰으로 인터넷을 사용하는 비율이 99.8%이었다.

중국의 인터넷은 1995년 인터넷 서비스 업체인 영해위(瀛海威: 잉하이웨이)

가 출범하면서 시작되었고 1997년에는 포털사이트 망이(網易: 왕이)가 출현하였다. 현재의 주요 포털사이트로는 수호(搜狐: 소후, sohu.com), 신랑(新浪: 시나, sina.com.cn), 망이(網易: 왕이, 163.com) 등이 있다.

주요한 SNS수단으로는 마이크로블로그를 의미하는 미박(微博: 웨이보)이 있는데 신랑(新浪: 시나)에서 제공하는 서비스가 대표적이며 중국의 트위터라고 할 수 있다. 중국 정부는 외국에서 민감한 정보가 유입되는 것을 막기 위하여 트위터, 페이스북, 인스타그램 등을 차단하고 있다.

등신(騰迅: 텅쉰, Tencent)은 1999년에 PC를 기반으로 한 인터넷 채팅 소프트웨어인 'QQ'를 서비스한 데 이어 지금은 중국판 카카오톡이라고 할 수 있는 모바일메신저 미신(微信: 웨이신, wechat)을 운영하는데 중국의 거의 모든 스마트폰 사용자들인 11억 명 이상이 이용하고 있으며 대표적인 온라인 결제 수단이다. 현재 중국에서 가장 인기 있는 SNS플랫폼은 위챗 모멘트인데 사진이나 짧은 글을 올릴 수 있는 미니 블로그 기능을 가지며 'QQ친구'와 '휴대폰 연락처'에 등재된 사람들을 모을 수 있어서 강한 유대감을 형성하기도 한다.

최근의 뉴미디어라 할 수 있는 온라인 동영상 플랫폼은 뉴스, 전자상거래, 영화, 예능, 오락, 만화, 게임, 스포츠 등의 영역을 망라하면서 엄청난 속도로 기존 언론매체 시장을 잠식하고 있으며 나스닥 상장 등 해외진출도 활발하다. 아리파파의 우혹(優酷: 요우쿠)과 토두(土斗: 투또우), 백도의 애기예(愛奇藝: 아이치이), 등신의 등신시빈(騰迅視頻: 텅쉰스핀), 호남광파전시대(湖南廣播電視臺)의 망과 TV(芒果tv: 망구어 tv), 상해광파전시대(上海廣播電視臺)의 필리필리(嗶哩嗶哩: 비리비리)가 있다. 최근에는 15초 내외의 짧은 동영상을 통하여 마케팅을 하는 플랫폼도 늘어나고 있는데 주요한 것으로는 두음(抖音: 또우인, 틱톡), 쾌수(快手: 콰이쇼우), 소홍서(小紅書: 샤오홍수), 시빈호(視頻號: 스핀하오) 등이 있다.

중국문화
301 테마

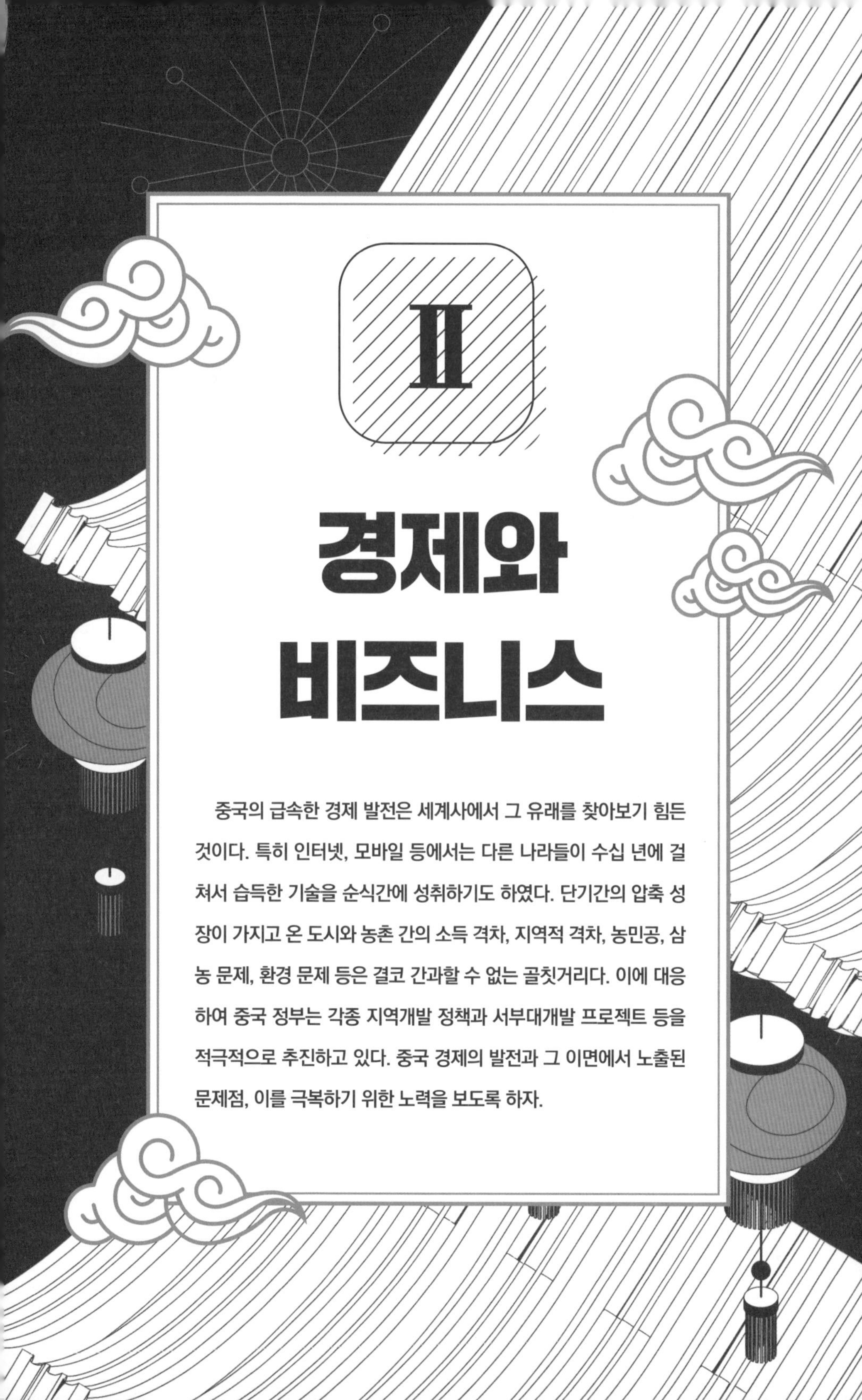

Ⅱ

경제와 비즈니스

중국의 급속한 경제 발전은 세계사에서 그 유래를 찾아보기 힘든 것이다. 특히 인터넷, 모바일 등에서는 다른 나라들이 수십 년에 걸쳐서 습득한 기술을 순식간에 성취하기도 하였다. 단기간의 압축 성장이 가지고 온 도시와 농촌 간의 소득 격차, 지역적 격차, 농민공, 삼농 문제, 환경 문제 등은 결코 간과할 수 없는 골칫거리다. 이에 대응하여 중국 정부는 각종 지역개발 정책과 서부대개발 프로젝트 등을 적극적으로 추진하고 있다. 중국 경제의 발전과 그 이면에서 노출된 문제점, 이를 극복하기 위한 노력을 보도록 하자.

중국경제의 발전

1949년 건국 이후 중국의 경제는 아주 드라마틱하게 변화하여 왔다. 건국 초기 사회주의 계획경제체제에서 달성한 일정한 성과에 고무되어 추진한 대약진운동은 인민들에게 엄청난 고통을 안겨 주었다. 모택동은 이것으로 야기된 정치적 위기를 문화대혁명으로 돌파하려고 하였으나 이 시기 중국의 경제는 더욱 침체되고 말았다. 1978년부터 시작된 개혁개방과 함께 중국은 사회주의 시장경제라는 전무후무한 경제 실험 중이다. 최근에는 성장이 둔화됨에 따라 새로운 상태에서 기회를 모색하고 있는 중이다.

중국경제의 역사

1949년 중화인민공화국 수립 이후 토지개혁이 실시되어 무상 몰수된 토지는 농민들에게 무상으로 분배되었다. 농촌의 토지는 집체(集體: 촌민위원회 등)에 귀속되었고 도시의 토지는 국유로 귀속되어 오늘에 이르게 되었다.

1953년부터 1957년까지는 제1차 5개년 계획이 시행되었으며 소련의 경제 원조와 기술 지원으로 공업화가 추진되었다. 일정한 성과로 자신감을 얻은 공산당 지도부는 중화학공업 우선 정책을 확정하고, 영국을 뛰어넘고 미국을 따라 잡는다는 무리한 목표를 설정하여 대약진운동(1958~1960)을 전개했으나 실패로 돌아갔다. 뒤이은 문화대혁명(1966~1976) 기간에는 농업, 경공업, 군수산업 등에 치중하였으나 경제는 침체되었다.

1978년, 개혁개방 노선이 채택되면서 경제는 면모를 일신하게 된다. 해외 투자를 유치하기 위하여 1980년에 심천(深圳), 주해(珠海), 산두(汕頭), 하문(厦門)이, 1988년에는 해남(海南)이 경제특구로 지정되었다. 농촌에서는 가정연산승포제(家庭聯産承包制: 농가생산책임제)가 실시되어 집단노동 방식이 철폐되고 농가별로 생산량 계약을 맺어 초과분은 농가가 소유하게 되면서 농업생산성이 획기적으로 증가하였다. 도시에서는 국영 및 집체(집단소유)기업 일색에서 민영기업이 허용되면서 고용이 촉진되고 시장경제의 기초가 다져졌다.

1993년에는 헌법을 개정하여 '사회주의 시장경제' 시행이 공식화되었다. 정부는 거시적인 조절과 통제를 하고 자원 배분은 시장에서 자율적으로 하게 된 것이다. 국퇴민진(國退民進)으로 국유 부문은 쇠퇴하고 비국유 부문은 증가하게 되었으며 민간 기업가들의 공산당 입당이 허용되었다.

2001년 12월 중국은 WTO에 가입하였는데 시장의 개방, 국유기업의 민영화, 부실금융기관 구조조정, 환율제도 개편 등이 실행되었다. 관세가 인하되고 금융시장이 개방되었으며 외자유치가 확대되고 FTA가 체결되었다.

2003년에 집권한 호금도(胡錦濤)는 '과학적 발전관'을 내세워 지역·계층·도농 간의 소득 격차, 환경 문제 등의 부조화와 불균형을 해소하려 하였고, 2008년에 불어닥친 금융위기 속에서도 10%에 가까운 경제성장을 이루었다.

2016년에 제13차 5개년(2016~2020) 계획이 발표되었는데 2020년 소강사회(小康社會) 달성을 비전으로 제시하였다. 소강은 경제뿐만 아니라, 사회, 문화, 생활환경이 비교적 여유로운 상태를 말한다. 소강의 다음 단계는 대동(大同)으로 선진국에 도달하는 상태인데 건국 100주년이 되는 2049년을 목표로 하고 있다.

중국경제의 발전 현황

현재 중국의 경제 규모는 세계 2위이다. 2005년 미국, 일본, 독일, 영국에 이어 5위를 차지하더니 2007년에는 독일, 영국을 제치고 3위에 올랐으며 2010년에 일본을 누르고 세계 2위의 경제대국으로 부상하였다.

2022년 전 세계 경제규모(GDP) 순위

(단위: 십억 달러)

순위	국가	GDP	순위	국가	GDP
1	미국	25,463	8	러시아	2,240
2	중국	17,963	9	캐나다	2,140
3	일본	4,231	10	이탈리아	2,010
4	독일	4,072	11	브라질	1,920
5	인도	3,385	12	호주	1,675
6	영국	3,071	13	한국	1,665
7	프랑스	2,783	14	멕시코	1,414

〈출처: The World Bank〉

교역 규모는 세계 1위를 달리고 있다. 중국의 2022년 교역량은 6.31조 달러인데 수출이 3.59조 달러이며 수입은 2.72조 달러, 무역수지는 8,776억 달러이다(해관총서). 외환보유고 역시 세계 1위이다. 2006년 이후 줄곧 전 세계 외환보유고 1위국 자리를 유지하고 있는데 2022년 말 기준 3조 1,277억 달러이다(중국 국가통계국). 1인당 GDP는 2022년 기준 12,720달러이며 싱가포르 82,808달러, 미국 76,399달러, 일본 33,815달러, 한국 32,255달러였다(The World Bank).

서부대개발

서부대개발(西部大開發) 프로젝트는 2000년 3월부터 실행에 들어갔다. 목적은 개혁개방 이후에 생긴 동부 연안과 서부 내륙 사이의 경제력 격차를 시정하고 국토를 균형적으로 발전시키기 위한 것이다. 즉, 동부의 잉여생산력을 서부에 투자함으로써 내수 부진을 해결하고 서부 지역 생활수준도 향상시키는 목적이다. 특히 이 지역은 소수민족이 집중된 곳으로 사회안정 차원에서도 매우 중요한 곳이다.

서부 지역은 12개 성·자치구·직할시인데 내몽골, 광서, 운남, 귀주, 중경, 사천, 서장, 섬서, 감숙, 청해, 영하, 신강이다. 『2023년 중국통계연감』에 의하면 2022년 기준, 이 지역의 면적은 전국의 71.3%인 684만㎢이나, 인구는 27.1%에 불과한 3억 8,306만 명, 지역총생산(GRP)은 전국의 21.23%인 25조 6,985억 위안이다. 서부대개발의 주요 사업에는 서기동수(西氣東輸), 서전동송(西電東送), 청장철로(青藏鐵路), 남수북조(南水北調)가 있다.

서기동수는 신강 타림분지, 사천 사천분지 등 서북쪽에 있는 천연가스를 동쪽으로 보내는 프로젝트인데 신강-상해의 1선공정 4,200㎞가 2007년에 완공되었고 현재는 4선공정이 진행 중이다.

서전동송은 서남부의 풍부한 석탄과 수력자원으로 생산되는 전기를 동남부 연안으로 보내는 프로젝트다. 북부통도(北部通道)는 산서 및 내몽골과 북경, 천진, 당산을 연결하며, 중부통도(中部通道)는 삼협 및 금사강과 화동 지역을, 남부통도(南部通道)는 귀주, 운남, 광서와 광동을 연결한다.

청장철로는 청해성 서녕(西寧)과 티베트의 납살(拉薩)을 철도로 연결하는 프로젝트이다. 2006년에 완공되었으며 총 길이는 1,956㎞이다.

남수북조는 강남의 풍부한 물을 북으로 보내는 사업이다. 동선(東線)은 양주(楊州)와 천진을 연결하며 수양제 때의 경항(京杭)대운하를 이용한다. 중선(中線)은 호북성 단강구(丹江口)의 물을 하남, 하북, 북경으로 보내는 것이며, 서선(西線)은 장강 상류와 황하 상류를 연결하는 것으로 구체적인 계획은 미정이다.

지역 발전전략

개혁개방 이후에 그 혜택을 제일 많이 받은 동부 연안은 비약적으로 발전하였다. 하지만 서부를 비롯한 다른 지역들은 상대적으로 소외된 것이 사실이다. 중국 정부는 이러한 지역간 불균형을 해소하기 위하여 서부대개발 이외에도 주요 지역에 대한 개발 정책을 별도로 시행하고 있다.

경진기(京津冀: 징진지) 발전계획은 북경, 천진, 하북의 3개 지역을 묶어서 함께 발전시킨다는 계획이다. 한국의 수도권 발전계획이라고 이해하면 되겠다. 발전계획의 내용은 도시 형태의 지역발전모델을 추구하면서 환경보호와 경제발전을 조화시킨다는 목표를 가지고 있다. 특히 하북성에 웅안신구(雄安新區: 시옹안신취)를 건설하여 북경에 과도하게 집중된 기능을 분산시킨다는 계획이 이미 실행되고 있다.

장강(長江) 경제벨트 건설은 상해, 강소, 절강의 장강삼각주 지역을 묶어서 사회간접자본을 서로 연결하고 생태문명을 건설한다는 계획이다. 사실 이 지역은 경제가 가장 발달한 지역이지만 최근 외국인 투자가 줄어드는 등 새로운 성장 전략이 필요한 곳이다.

동북삼성(東北三省) 진흥계획은 중국 동북 지역의 요령성, 길림성, 흑룡강성의 낙후된 경제를 다시 진흥시킨다는 계획이다. 이 지역은 전통적으로 중공업이 발전한 지역이었으나 개혁개방 이후에는 그 혜택을 받지 못하여 설비가 노후되고 국유기업은 부실화 되어 실업이 증가하는 등 경제 활력이 크게 떨어진 곳이다. 진흥 계획의 핵심 내용은 동북 3성이 가진 원자재 및 중공업 제품 생산 기반을 활용하는 것이다. 즉, 요령성의 기계장비, 길림성의 자동차, 흑룡강성의 석유화학 산업을 진흥시키는 것이다.

중부굴기(中部屈起)는 상대적으로 뒤처진 중부 여섯 지역의 경제를 일으켜 세운다는 의미이다. 그 지역은 산서, 하남, 호북, 호남, 안휘, 강서를 일컫는다. 이 지역의 면적은 중국 전체의 10.7%이지만 인구는 25.8%에 달하고 있다. 중국 정부는 중국 국토의 중심에 해당하는 이 지역의 농업 현대화 및 농촌 공업화를 추진하고, 교통의 허브로 육성하면서 장비 제조업, 하이테크 기술산업 단지로 육성할 계획이다.

월항오대만구(粵港澳大灣區) 발전계획은 광동성, 홍콩, 마카오를 단일 경제권으로 묶는다는 야심찬 계획이다. 도시 간의 네트워크를 강화하고, 스마트 도시를 건설하며 국제과학기술센터를 건설하고 환경, 교육이 우수한 생활권을 건설한다는 목표이다.

중국제조 2025

중국국무원은 2015년 5월 8일 제조업 고도화를 목표로 하는 '중국제조 2025'를 발표하였다. 주요 내용에는 목표 연도가 표시된 '전략목표'와 9개항으로 정리된 '전략 임무와 중점'이 포함되어 있다. 또한 가장 핵심적인 사항인 '중점산업영역'이 함께 발표되었다. 기술과 혁신이 뒷받침되지 않은 제조업은 이미 한계에 부딪혔으며 저임금 정책은 비현실적이라고 판단하고 제조 경쟁력 강화를 위한 목표와 전략을 제시한 것이다.

1978년 이래 중국의 경제발전은 값싼 노동력으로 생산된 저가 제품들에 의존해 왔다. 하지만 그 이면에 부의 양극화라는 심각한 사회적 문제가 생긴 것도 사실이다. 소득 불균형 정도를 나타내는 지니 계수는 2022년에 0.467을 보였다. 이제 더 이상은 '저임금에 기반한 세계의 생산기지' 역할이 힘들어진 것이다. 실제 중국의 임금 상승률은 연평균 10~20%에 이르고 있으며 종업원 복리후생비도 급격히 상승하고 있다.

전략목표는 세 단계로 제시되어 있다. 1단계는 2025년까지 제조 강국 대열에 들어가는 것이며, 2단계는 2035년까지 제조 강국의 중등 수준에 이르고, 3단계는 건국 100주년인 2049년까지 제조 강국의 선두에 서는 것이다.

전략 임무와 중점으로 발표된 9개항을 살펴보면, ① 국가제조업의 창조혁신능력 제고 ② 정보화와 공업화의 심층 융합 추진 ③ 공업 기반 능력 강화 ④ 품질 및 브랜드 건설과 강화 ⑤ 녹색(친환경) 제조 추진 ⑥ 중점 영역의 비약적 발전을 강력히 추진 ⑦ 제조업 구조조정 철저 실시 ⑧ 서비스형 제조와 생산성 서비스의 적극 발전 ⑨ 제조업의 국제화 수준 제고이다.

9개항 중에서 여섯 번째는 핵심이라고 할 수 있는 10가지 중점 산업에 관한 것이다. 차세대 정보기술산업(新一代信息技術産業), 고정밀 수치제어 공작기계 및 로봇(高檔數控機床和機器人), 항공우주장비(航空航天裝備), 해양공정장비 및 고기술선박(海洋工程裝備及高技術船舶), 선진궤도교통장비(先進軌道交通裝備), 에너지 절감과 신동력 사용 자동차(節能與新能源汽車), 전력장비(電力裝備), 농기계장비(農機裝備), 신소재(新材料), 바이오 및 고성능 의료용 기계(生物醫藥及高性能醫療器械)이다.

IT 경쟁력을 이미 가진 중국이 제조업까지 고급기술을 구비한다면 어느 나라도 넘보기 힘든 강국이 될 것이다. 30~40년을 내다보고 계획을 세우고 실천하는 중국이다.

토지정책과 부동산

토지의 소유권과 사용권이 분리되어 있다. 토지의 소유자가 도시는 국가이고 농촌은 농민집체이며 소유권의 이전은 허용되지 아니한다. 그러나 토지사용권은 개개인의 권리로 취급되고 있으며 취득, 사용, 이전이 가능하다.

토지를 이용하는 자는 그 용도에 따라 일정기간이 지나면 토지를 국가에 반납하거나 이용기간을 연장 받아야 한다. 즉, 주거용지는 70년, 공업, 교육, 문화, 과학, 위생, 체육용은 50년이며 상업, 관광, 오락용은 40년이다. 주거용지는 70년의 토지사용권 기한 만료 후 자동으로 사용기한이 연장되며, 비주거용지는 기한 만료 후 별도의 규정에 의해 연장이 가능하다.

중국은 오랜 기간 부동산의 실물 분배, 저렴한 임대료 등을 유지해 왔기 때문에 주택과 부동산업의 발전이 늦었다. 하지만 1997년에 직장(단위)을 통한 주택의 실물 분배가 중지되었고 도시 거주자들은 주택 구매가 필요해졌다. 주택 공적자금과 상업성 주택금융 지원으로 부동산업이 발전하게 되었다.

2000년대, 부동산 투자 광풍이 불었다. 임금 상승보다도 집값 상승이 훨씬 빨랐기 때문에 너도 나도 부동산에 뛰어들었으며 좋은 학구의 학구방(學區房) 가격은 천정부지로 올랐다. 2008년 금융위기가 닥치자 정부는 경기를 부양하기 위하여 돈을 풀었고 거품은 부풀어 올랐다. 최근 부동산 업체의 부채비율을 줄이고 신규 대출을 억제하는 정책을 시작하자 항대(恒大: 헝다), 벽계원(碧桂園: 비구이위안), 만달(萬達: 완다) 등의 부도가 현실화되고 있다.

주식시장

홍콩, 상해, 심천의 세 군데 증권거래소가 있었으나 2021년 11월 15일 북경에 북경증권교역소(北京證券交易所)가 생겨남으로써 4곳이 되었다. 주식의 종류는 크게 세 가지로 나눌 수 있는데 A주, B주, 해외상장주가 그것이다.

A주는 내국인만, B주는 외국인만 투자할 수 있었으나 2001년에 내국인들이 B주에 투자할 수 있는 길이 열렸으며 2002년에는 외국인도 A주에 투자할 수 있도록 하였다. 일반적으로 A주는 국영기업 위주의 안정적인 기업들이고 B주는 벤처 기업 위주여서 투자리스크가 상대적으로 높다.

외국 기관투자가들은 중국증권관리감독위원회(中國證券官理監督委員會: 證監會, China Securities Regulatory Commission)로부터 역외기관투자자(Qualified Foreign Institutional Investors: QFII) 자격을 부여 받아야 한다. 중국 정부는 해외투자자들을 적극 유치하기 위하여 2014년 호항통(滬港通)을 개설하였는데 상하이(滬: 호)와 홍콩(港: 항)을 서로 통(通: 통)하게 하여 외국의 개인 투자자들도 홍콩 증권사를 거쳐 중국 본토의 A주를 거래할 수 있게 되었다.

2016년에는 심천 시장도 개방하였는데 심천(深)과 홍콩을 통하게 하였다고 심항통(深港通)이라 불린다. 상해는 일반적으로 대기업 위주의 주식이 많은 반면에 심천은 IT 및 기술관련주들 위주로 상장되어 있다. 2021년 북경에 상장된 회사는 규모는 작지만 혁신성과 성장성이 높은 기업들이다.

신상태

신상태(新常態)는 문자 그대로 '새로운 상태', '과거와는 다른 정상적인 상태'라는 말이다. 중국 경제는 1978년 개혁개방 이후 10%를 넘는 고도성장을 계속했으나 고속성장으로 인한 국내 환경변화와 2008년의 세계금융위기 등으로 성장률이 정체되면서 보8(保8: 8% 성장률 유지)이 위협받는 국면이 되었다.

습근평 정부는 이와 같은 경제성장률 하락이 비정상적인 상황이 아니며, 경제발전단계에서 고도성장기 이후의 안정적인 성장기로 들어서는 현상으로서 새로운 패러다임이 필요하다는 것을 강조하고 있다.

신상태의 특징을 살펴보면 첫째, 성장속도의 정상화이다. 10% 이상의 고속성장을 포기하고 중고속 성장으로 전환하는 것이다. 둘째, 제조업 중심에서 서비스업으로, 투자 중심에서 소비 중심으로, 수출 위주에서 내수 주도로 경제구조를 변화시키는 것이다. 과거의 고도성장 시기에 발생한 각종 불평등, 환경 문제, 자원 문제 등을 해결하는 숙제도 포함된다. 셋째, 노동력과 자본 등 생산 투입요소에 의존하여 경제성장을 이루던 것에서 벗어나 제도를 개혁하고 기술을 혁신함으로써 생산성 향상을 도모하는 것이다.

'신상태'로 경제가 안착할 수 있다면 경제구조가 개편되고 성장동력이 고도화 되며 제도가 개혁되는 등의 효과가 기대된다. 다만 고도성장 과정에서 발생된 도농 간, 지역 간, 계층 간 불평등을 해소하고 부동산 재고 감축, 금융규제 개혁, 지방정부의 부채 감소 등이 병행되어야 한다.

중국의 화폐

중국의 화폐는 인민폐(人民幣)이며 단위는 원(元: 위안)이다. 1원(元) = 10각(角) = 100분(分)으로 계산되며 일상 대화 속의 구어체는 괴(塊: kuai), 모(毛: mao), 분(分: fen)이다. 표기하는 방법은 元, RMB, CNY 등이다.

현재 중국에는 13가지의 화폐가 있다. 100원, 50원, 20원, 10원, 5원, 2원, 1원이 있으며 각(角)은 5각, 2각, 1각, 분(分)은 5분, 2분, 1분이 있다. 화폐 단위마다 각각 지폐(紙幣)가 있으며 1원~1분까지의 7가지 화폐는 모두 동전인 경폐(硬幣)가 있었으나 지금 유통되는 것은 1원, 5각, 1각 정도이다.

100원~1원까지의 모든 화폐의 전면은 모택동의 얼굴과 꽃으로 도안되어 있지만 뒷면은 중국의 명승고적이 그려져 있다.

현재 중국의 가장 대표적인 결제 수단은 모바일이다. 위챗페이(Wechatpay)나 알리페이(Alipay)를 사용하여 거래하므로 실물 화폐의 사용량은 점점 더 줄어들고 있다.

중국 화폐

	100원	50원	20원
전면			
후면			
꽃	梅花	菊花	蓮花
명승고적	人民大會堂	布達拉宮	桂林

	10원	5원	1원
전면			
후면	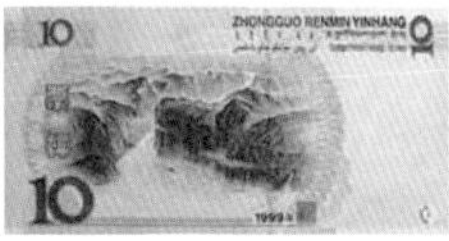		
꽃	月季花	水仙花	蘭草
명승고적	瞿塘峽	泰山	三潭印月

인민폐의 국제화와 디지털 화폐

인민폐(위안화)를 국제화한다는 의미는 국제시장에서 위안화가 광범위하게 사용되게 한다는 뜻일 것이다. 중국이 위안화를 국제화하려는 이유는 경제대국답게 달러화의 영향력을 줄이고 자국 화폐의 위상을 확보하고자 하는 것 외에도 외환 보유의 대부분을 차지하는 달러화의 가치하락에 따른 손실 위험을 줄이고자 하는 목적도 있다.

위안화를 국제화하기 위해서는 몇 가지 단계가 필요하다. 무역결제에서 위안화가 광범위하게 사용되어야 하며, 국제 금융 기구와 중앙은행들이 위안화를 투자의 수단으로 활용해 주어야 한다. 또한 여러 나라에서 위안화를 비축통화로 인정해 주어야 한다.

하지만 중국의 이러한 노력은 어렵게 진행되고 있다. 석유, 가스, 석탄, 금속 등 거래 규모가 큰 주요 원자재의 국제 거래는 달러화를 기준으로 결정되기 때문에 위안화의 사용 비율을 높이는 것이 무척 힘들다. 국제결제 중에서 차지하는 비율을 높이기 위해 이미 10년 이상을 지속적으로 노력하고 있지만 달러, 유로, 파운드, 엔의 뒤를 이어 다섯 번째 통화에서 벗어나지 못하고 2~3% 내외를 등락하고 있을 뿐이다.

중국 정부는 달러화의 패권주의를 약화시키고 위안화의 기축통화 위상을 강화하기 위해 DCEP(Digital Currency Electronic Payment) 및 CBDC(Central Bank Digital Currency) 도입을 추진하고 있다. 이미 2014년에 중국인민은행 내에 CBDC연구팀을 신설한 바 있으며 2020년 10월에는 심천에서 5만 명을 대상으로 200위안씩을 지급하고 3천여 개 가맹점을 대상으로 DCEP의 시범운영을 한 적도 있다. 중국 국민들은 이미 모바일을 통한 간편 결제에 익숙한 관계로 혼란없이 실험이 마무리되었다. 블록체인이 활성화되고 디지털 화폐가 국제적으로 통용되는 시기가 오면 미국 주도의 중앙집권형 시스템인 SWIFT(Society for Worldwide Interbank Financial Telecommunication: 국제은행간 통신 협회)는 커다란 도전에 직면할 수도 있다.

달러화의 힘을 약화시키고 위안화의 기축통화 위상을 확보하려는 중국정부의 노력은 미중 패권전쟁이 지속되는 한 계속될 것이다. 특히 디지털과 모바일 시대의 조류를 타고 이를 적절히 활용하려 할 것으로 예상된다.

2 경제발전의 그늘

급속한 경제발전의 결과로 야기된 도시와 농촌 간의 격차로 중국의 농민들은 도시로 몰려들었다. 좀 더 높은 소득과 자식들의 교육을 위하여 이들은 가혹한 노동환경에 노출되어 있다. 아직도 화석연료에 대한 의존도가 높은 중국의 대기오염은 심각한 수준이다. 대도시에서는 겨울에 수십 미터 앞을 보기가 힘들 때도 있다. WTO 가입 후 많이 개선되고는 있지만 중국의 체면을 손상시키는 짝퉁 상품은 여전히 건재하다. 진정한 대국의 면모를 갖추기 위한 노력이 계속되어야 할 것이다.

농민공

1950년대 후반 공업화가 진행되면서 도시노동자들의 소득이 증가하였고 농민들은 도시로 몰려들었다. 중국정부는 호구제도를 실시하여 출생 지역을 기준으로 호구를 부여하면서 도시에서의 교육, 주택, 의료 등의 사회보장을 제한하였다. 농민들은 다시 고향으로 돌아갈 수밖에 없었다.

그러나 개혁개방이 시작된 80년대 이후에 농촌 인구의 도시 유입이 가속화되면서 농민이지만 도시 노동자가 된 공인, 즉 농민공(農民工)이 생겨나게 되었으며 그 숫자는 3억 명 내외로 추산되고 있다. 이들은 주로 제조업체나 건축 현장에서 일하고 있으며 도매 및 소매업 등의 3차 산업에서 일하는 비중도 높아지고 있다. 흔히 '외지인'이라고도 불리는 이들은 3D 업종에 주로 종사하는 교육 수준이 낮은 사람, 거주지가 일정하지 않은 잠재적인 범법자로 간주되기도 한다.

이들은 도시에 호구가 없으므로 각종 차별대우를 받는다. 제일 심각한 것은 자녀의 교육 문제가 해결되지 않으니 고향에 남겨둘 수밖에 없다는 것이다. 그나마 자녀들이 초등학교와 중학교 교육을 대도시에서 받을 수 있는 기회가 늘어나고 있지만 그 이상의 진학을 위해서는 호구지로 돌아가야 한다. 도시에서는 의료보험 적용도 안 되고 주택이 없으므로 건설 현장이나 공장의 숙소에서 생활한다. 도시 노동에 필요한 합법적 증명서가 없으니 노동계약서도 없이 채용되며 고용 및 노동 환경이 열악할 수밖에 없다.

농민공 중에서도 중국의 신세대인 80후(80後: 80년대생), 90후(90後: 90년대생)는 1세대 농민공들과는 매우 다르다. 1세대는 저학력자가 대부분이고 원래의 태생이 농촌이라 돈을 송금하거나 저축하여 고향으로 다시 돌아가고자 했지만, 이들은 고졸 이상의 학력으로 도시인으로 살기를 원하며 소득의 많은 부분을 소비한다. 또한 노동 환경을 중시하며 힘든 일은 기피하고 서비스업종에서 일하는 것을 선호한다. 하지만 이들도 1세대와 마찬가지로 공공서비스 혜택에서 배제되어 있으며 열악한 노동계약으로 의료, 산재, 실업 등의 사회 보험 혜택도 부족하다.

사회불만 세력이 늘어난다는 것은 중국 정부로서도 심각한 문제가 아닐 수 없다. 호구제도는 점차 개선되고 있으며 자녀의 교육 기회도 확대되고 있다. 각종 사회공헌 활동으로 복지의 그늘을 조금이라도 줄이려고 노력 중이지만 근본적인 해결책은 되지 못하고 있다.

농민공 실태(2022년, 국가통계국)

- 농민공 수: 2억 9,562만 명(전년대비 311만 명 증가) / 남성 63.4%, 여성 36.6%
- 평균 연령: 42.3세 / 평균 월수입: 4,615위안(약 85만 원) / 평균 거주면적: 22.6㎡
- 학력: 미취학 0.7%, 초등학교 13.4%, 중학교 55.2%, 고등학교 17.0%, 전문대 이상 13.7%
- 고용 산업: 제조 27.4%, 건설 17.7%, 도소매 12.5%, 운수 및 창고 등 6.8%, 숙박 및 요식업 6.1%, 기타 서비스업 11.9%

삼농문제

삼농(三農)이란 농민, 농촌, 농업을 의미한다. 이 용어는 호북성 감리현(監利縣) 기반향(棋盤鄉)의 당서기였던 이창평(李昌平)이 주용기(朱鎔基) 총리에게 보내는 서신 형태의 글에서 "농민은 힘들고, 농촌은 빈곤하며, 농업은 위험하다(農民眞苦, 農村眞窮, 農業眞危險)"고 쓴 글에서 유래한다.

농민 문제는 농민들이 안고 있는 소득, 복지, 자녀교육 등의 문제를 말한다. 실제 도농 간 소득 격차는 심각하다. 『2023년 중국통계연감』에 의하면, 1978년에 도시 주민의 인당 가처분소득이 343.4위안이었던 데 비하여 농촌 주민

의 가처분소득은 133.6위안이어서 격차가 2.57:1이었다. 44년이 지난 2022년 도시 주민의 인당 가처분소득은 49,282.9위안이나 농촌 주민은 20,132.8위안으로 2.45:1의 비율로 격차가 거의 줄어들지 않고 있으며 지니(Gini: 基尼)계수도 2021년 0.466, 2022년 0.467로 심각한 수준이다.

농촌 문제는 도시와 농촌으로 이원화된 호구제도(戶口制度) 때문이다. 농촌은 도시에 비하여 인프라와 주거시설의 혜택을 보지 못하고 있으며 유휴노동력이 2~3차 산업으로 이동하는 것이 제한되어 빈곤해질 수 있다는 것이다.

농업 문제는 산업의 취약성을 말하는데, 자연적 위험뿐만 아니라 시장의 위험에도 노출되어 있으며 공업과 달리 기계화가 어렵고 생산성이 낮아 수익을 증가시키는 데 한계가 있다는 점이다. 정책적, 제도적 문제도 있다. 중국은 40년 동안 농촌에서 낮은 가격으로 농산물을 수매하여 도시에는 싼 가격으로 판매하는 정책을 시행해왔다. 농촌이 도시를 지원한 것이다.

삼농 문제를 해결하고자 하는 중국 정부의 의지는 확고하다. 역대 정부는 농업 생산성을 제고하여 소득을 증대시키고 신농촌 건설을 통해 삶의 질을 개선하는 데 역점을 두고 있다. 매년 초 공산당과 국무원이 각급 기관에 하달하는 '중국공산당 중앙위원회 1호 문건'은 2004년 이래 줄곧 농민, 농촌, 농업, 향촌, 농산품 등에 관한 것이다.

지니계수(Gini coefficient)

소득의 불균형 정도를 나타내는 수치로, 소득이 어느 정도로 균등하게 분배되는지를 나타낸다. 0부터 1까지의 수치로 표현되는데, '0'(완전 평등)에 가까울수록 평등하고 '1'(완전 불평등)에 근접할수록 불평등하다는 것을 나타낸다.

환경문제

중국의 환경오염은 대기오염, 수질오염, 토양오염이 가장 대표적인 문제라고 할 수 있다. 그 중에서도 미세먼지로 대표되는 대기오염은 중국뿐만 아니라 한국에도 큰 영향을 미치고 있는 현실이다.

『2023년 중국통계연감』에 의하면, 전국 31개 도시의 2022년도 연평균 PM2.5(초미세먼지) 농도는 31.03㎍/㎥이었다. WHO 권고 기준인 10㎍/㎥보다 대부분의 도시가 3배 이상의 결과를 보인다. 기준에 근접한 도시는 납살(拉萨) 8㎍/㎥, 해구(海口) 13㎍/㎥뿐이며 북경이 30㎍/㎥, 상해는 25㎍/㎥이었다. 서안(西安)은 51㎍/㎥이었고, 석가장(石家莊)은 46㎍/㎥이었다.

대기오염의 주범은 석탄과 자동차 매연이다. 석탄은 주요 에너지원 중에서 50% 이상의 비중을 차지하는데, 급속한 경제발전에 따라 산업용은 물론이고 가정 난방의 주요 연료로 석탄이 여전히 사용되고 있다. 또한 빠른 속도로 수량이 증가하고 있는 자동차에서 내뿜는 매연도 스모그(霧霾: 우마이)의 주범이다. 『2023년 중국통계 연감』에 의하면 화력발전용 석탄 사용량이 1990년에는 2억 7,204만t이었는데 2021년에는 23억 3,487만t으로 8.6배 증가하였고, 같은 기간 개인 승용차는 24만 대에서 2억 5,662만 대로 폭발적으로 늘어났다.

한편, 중국 정부는 에너지원을 다변화하여 석탄에 대한 의존도를 낮추고 수력과 풍력, 태양광 등의 신재생에너지의 비중을 높이는 정책을 실시하고

있다. 2060년에는 석탄 사용량을 0으로 줄여서 탈(脫)석탄 국가가 된다는 목표이다.

PM(Particulate Matter)

'입자상 물질(대기 중에 떠다니는 고체 또는 액체 상태의 미세 입자)'이라는 뜻으로 PM10은 입자의 크기가 지름 10㎛ 이하, PM2.5는 지름 2.5㎛ 이하, PM1.0은 지름 1.0㎛ 이하의 먼지이다.

공기질량지수(空氣質量指數: AQI: Air Quality Index)

PM2.5, PM10, 이산화황(SO_2), 이산화질소(NO_2), 오존(O_3), 일산화탄소(CO)가 공기중에서 측정된 농도를 종합한 것이다. 상태에 따라 공기질량지수를 1급(≤50: 優), 2급(≤100: 良), 3급(≤150: 輕度), 4급(≤200: 中度), 5급(≤300: 重度), 6급(>300: 嚴重)으로 구분하여 관리하고 있다.

도판과 산채

남의 물건을 허락없이 무단으로 모방하거나 복제한 제품을 뜻하는 용어로 도판(盜版: 다오반)과 산채(山寨: 산자이)가 있다. 저작권, 특허권, 상표권 등 지적 재산권을 침해하는 것은 같지만 의미에서 약간 다르며 그 대상도 다르다.

도판은 문자 그대로 '판을 훔친다'는 뜻으로 책, 음반, 영화, 소프트웨어 등을 무단으로 복제하거나 모방하는 행위를 말한다. 불법복제품은 2000년대 들어 중국 전역에 고속 인터넷망이 구축되면서 디지털 복제품의 가치가 낮아지면서 급격히 줄어 들었다.

산채라는 말은 백성들이 삶이 곤궁해지면 산으로 들어가 산적이 되었고 이들의 근거지를 그렇게 불렀던 것에서 유래한 것이다. 현대에 와서는 도시 외곽의 한적한 곳에서 정식으로 허가를 받지 않은 채 각종 행정 기준도 지키지 않으면서 가짜 제품을 제조하여 판매하는 곳을 일컫는다.

처음에는 '가짜 휴대폰'에서 시작되었다. 모방과 복제의 과정을 통해 나타난 핸드폰을 산채 휴대폰(山寨手機: 산자이 쇼우지)이라고 불렀는데 이들은 짝퉁 휴대폰에 SAMSUNG을 SAMSONG으로, Anycall을 Anycoll 혹은 Amycall로, NOKIA를 NOKLA로 표기해서 판매하였다. 오늘날 산채라

는 용어는 휴대폰뿐만 아니라 고급 핸드백, 신발, 의류 등의 짝퉁에도 광범위하게 사용된다.

이렇게 '짝퉁'에 비교적 관대한 문화는 경전을 암기하고 유명한 글씨체나 그림을 모방하며 학습했던 전통과 관련이 있고, 지식산출물은 사회가 공유해야 할 자산이라는 사회주의적 인식과도 연관되어 있다. 또한 경계가 모호한 모방 제품에 대해서는 상당히 우호적인 정부의 태도도 일조하고 있다. 필자가 중국에서 생활할 때 어느 공무원은 "인민들이 먹고 살기 위해서 선진국 제품 좀 베낀 것이 그렇게 큰 문제인가? 그들은 고용도 하고 있고, 세금도 내고 있다. 한국은 일본에서, 일본은 유럽에서 모방해서 선진국이 된 것 아닌가?"라고 말한 적이 있다.

중국은 2001년 12월 WTO에 가입하면서 국제표준을 지키지 않을 수 없게 되었다. 2008년에는 '국가지식산권전략강요(國家知識産權戰略綱要)'를 발표하여 정부 차원의 새로운 정책 방침을 확립하였으며 모방 및 복제품 단속에도 나서고 있다. '제조'의 중국에서 '창조'의 중국이 되어야 한다고 강조하고 있으며 2020년에는 특허 신청 건수 면에서 미국과 일본을 제치고 세계 1위를 차지하기도 하였다.

인터넷과 모바일 경제

1990년대 중반부터 시작된 인터넷 시대의 최대 수혜국은 단연 중국이라고 할 것이다. 이제 중국인은 14억 인구 중에서 11억 명이 매주 29시간 이상 인터넷을 사용하며 8억 명 이상이 인터넷으로 전자상거래를 하고 있다. 또한 신용카드를 사용하는 시대를 훌쩍 뛰어넘어 알리페이나 위챗페이로 간편 결제를 하고 있다. 중국의 경제는 이제 인터넷과 모바일이 없다면 상상할 수 없는 단계이다.

전자상거래

중국인터넷정보센터(中國互聯網絡信息中心)에 따르면 2023년 6월 말 기준으로 중국의 인터넷 사용자 수는 10억 7,900만 명이며 매주 인터넷을 사용하는 시간은 29.1시간이고 핸드폰으로 인터넷을 사용하는 비율이 99.8%이었다. 2022년 12월 말 인터넷을 사용한 전자상거래 인원은 휴대폰 사용자의 급속한 증가에 힘입어 8억 4,000만 명에 달하며 연간 거래 규모는 13.8조 위안(1.95조 달러)이다.

중국의 인터넷 전자상거래는 1990년대 중반에 태동하기 시작하여 1998년에 첫 인터넷 거래가 이루어졌으며 2004년에는 전자서명법이 발효되어 전자서명의 유효성을 인정받았다. 인터넷으로 구입 가능한 아이템은 평범한 일상용품부터 다이아몬드와 같은 사치품에 이르기까지 다양하며 공동구매 방식도 증가하고 있다.

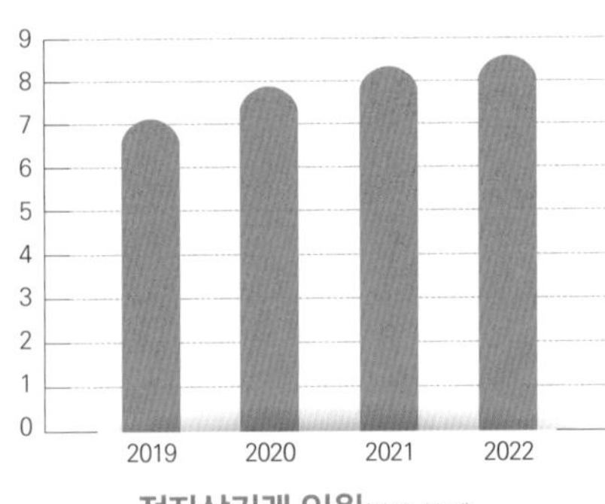

전자상거래 인원(단위: 억 명)

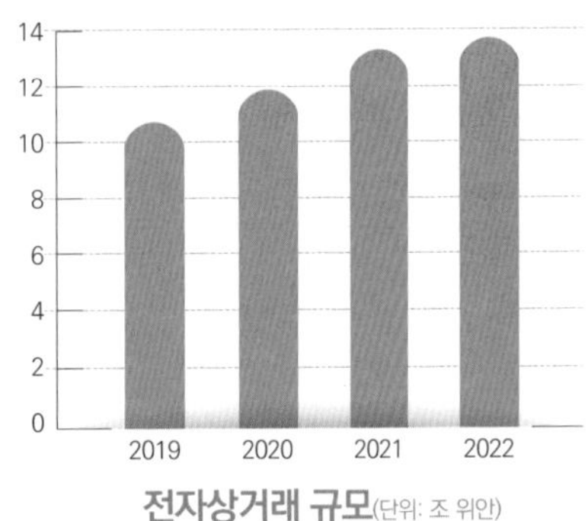

전자상거래 규모(단위: 조 위안)

업계의 추산에 의하면, 2022년의 플랫폼 중에서는 아리파파(阿里巴巴: 알리바바) 계열이 압도적인 1위로 시장점유율이 42.9%에 달한다. 2위는 경동(京東: 징동)으로 18.6%, 3위는 평다다(拼多多: 핀뚜어뚜어) 17.4%이다. 주목할 만한 사항은 두음(抖音: 또우인), 쾌수(快手: 콰이쇼우) 등의 약진이다. 이들은 재미있는 짧은 동영상을 올리는 SNS매체로 출발하였으나 이제는 전자상거래 시장의 강자로 부상하고 있다.

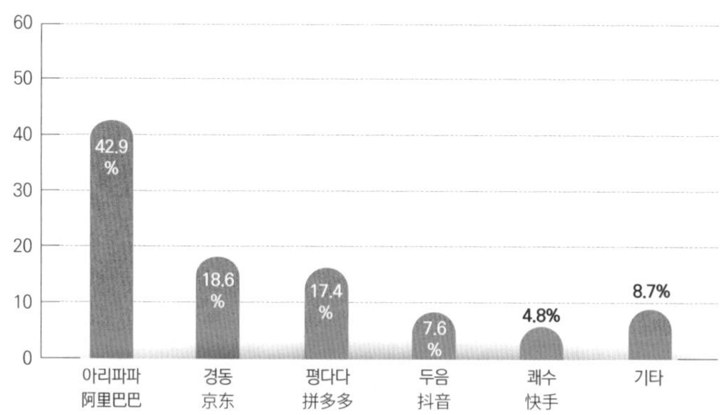

중국 주요 전자상거래 플랫폼

주요 온라인 쇼핑몰

구분	도보 (淘寶: 타오바오, TaoBao)	천묘 (天猫: 티앤마오, Tmal)	경동 (京東: 징동, JD)
영업형태	C2C	B2C	B2C
회사	아리파파	아리파파	경동
운영방식	오픈마켓	오픈마켓	직매입
결제플랫폼	알리페이	알리페이	경동페이
비고	C2C 1위	B2C 1위	B2C 2위

광곤절

중국어의 광곤(光棍)은 '빈 막대기'를 뜻하므로 배우자나 애인이 없는 독신을 상징한다. 양력 11월 11일은 홀로 있는 모습을 상징하는 '1'이라는 숫자가 겹쳐있는 날이어서 '쌍십일(雙十一)'이라고 하며 싱글들을 위한 '독신자의 날'이 되었다. 1993년 남경(南京) 대학교 학생들은 애인이 없는 사람들끼리 서로를 위로하는 의미에서 파티를 열고 선물을 주고 받았으며 이는 곧 중국 전역으로 확산되었다.

중국의 대표적 전자상거래업체인 알리바바는 미국의 블랙프라이데이 등을 본떠 2009년부터 이 날을 '광환구물절(狂歡購物節)'이라고 명명하고 쇼핑을 통해 외로움을 달래 보자는 마케팅을 펼쳤다. 다른 업체들도 같이 참여하면서 이날은 어느덧 '독신자의 날'에서 '쇼핑 축제 주간'이 되었다.

특히 2020~2022년의 코로나19 팬데믹 시기에 거래 규모가 더욱 폭증하였다. 2021년의 업체별 실적을 보면 알리바바의 티앤마오가 5,403억 위안(99조 원)으로 1위를 차지했으며, 징동이 3,491억 위안(64조 원)으로 2위를 기록했다. 11월 1~11일 사이의 우편 및 택배 건수는 47.8억 건이었으며, 결제 건수는 270.48억 건에 달하는 천문학적 기록을 보였다.

2022년부터는 업체별로 구체적인 매출액을 발표하지는 않았으나 행사 기간(2022.10.31~2022.11.11) 동안의 온라인 거래액이 1조 1,154억 위안(203조 원)에 달하여 전년 대비 13.7% 증가했다.

2023년에는 1조 1,386억 위안(208조 원)에 이르러 2022년 대비 2.1% 증가한 것으로 추산하고 있다. 특히 또우인의 약진이 두드러져 10% 내외의 비중을 차지한 것으로 보인다.

이 날은 각종 제품들을 파격적인 가격으로 할인하기 때문에 고가의 제품을 싼 값으로 구매할 수 있는 좋은 기회다. 전자제품, 의류 등 사고자 하는 물건을 미리 장바구니 속에 넣어 두었다가 이벤트 할인, 코인, 포인트 등을 적절히 조합하여 구매하면 알찬 쇼핑이 될 수 있다.

한편, 광곤절 마케팅의 큰 성공에 힘입어 매년 12월 12일에도 쌍십이광환구물절(雙十二狂歡購物節) 이벤트가 전자상거래 업체들 주도로 전개되고 있다.

망홍

망홍(網紅: 왕홍)은 인터넷(網絡) 스타(紅人)를 뜻한다. 이들은 인터넷을 이용하여 개인 블로그 등에 사회적인 이슈나 문제점에 대한 의견을 밝히거나 소설을 연재하고 일부 전문가들은 수백만의 팬들에게 전문지식을 설명하기도 한다.

본격적인 망홍의 시대는 모바일의 발달과 함께 시작되었다. 특히 2010년대 들어 스마트폰이 본격적으로 보급되면서 온라인 이용 방식이 컴퓨터에서 모바일 중심으로 재편되었고, 쌍방 소통이 가능한 SNS 플랫폼이 증가하면서 개인들의 컨텐츠를 자유롭게 표현할 수 있게 되었다.

기업은 인기있는 망홍들을 제품 마케팅에 적극적으로 활용하기 시작하였으며 이 망홍들이 동영상 플랫폼이나 전자상거래 등에서 큰 영향력을 가지게 되면서 망홍경제가 탄생하게 되었다. 구매자들은 쌍방향 소통으로 친밀한 망홍이 추천하는 물품에 대해서 별다른 거부감이 없다. 망홍들은 주로 패션, 화장품 등 소비재를 많이 취급하며 매년 11월 11일 광곤절 기간에는 하루에 수천만 위안(수십~수백 억)의 매출을 올리기도 한다.

최근 라이브 방송플랫폼이 활성화되면서 망홍들의 활동 영역이 더욱 넓어지고 있다. 이들은 수만 명, 수백만 명의 시청자와 함께 방송을 진행한다. 시청자들은 구매 활동이 왕성한 20~30세의 젊은이들이다. 패션, 화장품뿐만 아니라 가전제품, 여행상품, 성형에 이르기까지 여러 영역을 다루고 있으며 그 규모도 커지고 있다.

모바일 간편 결제

중국에서는 물건을 사고 결제를 할 때 현금이나 신용카드 쓰는 사람을 찾아보기가 힘들다. 물건을 구매하는 사람들은 휴대폰에 설치된 간편 결제 앱을 활용한다 전통 시장의 과일가게에는 QR코드를 붙여 놓은 팻말이 있고 구걸하는 거지 옆에도 QR코드가 있다. 과일을 사거나 거지에게 적선하는 사람들은 휴대폰으로 QR코드를 읽고 결제한다.

중국의 모바일 간편 결제는 미신지부(微信支付: 웨이신즈푸, 위챗페이)와 지부보(支付寶: 즈푸바오, 알리페이)가 대표이다. 위챗페이는 위챗의 메신저 기능에 2013년도에 결제 기능이 추가되면서 공과금 납부, 배달, 쇼핑, 구직 등이 가능해졌다. 알리페이는 전자상거래 과정에서 구매자와 판매자 사이에 개입하여 보증 기능을 수행하면서 전자상거래의 규모를 획기적으로 키울 수 있었다.

재화나 용역을 구매하는 고객들은 모바일 결제를 통하여 여러가지 혜택을 볼 수 있다. 포인트와 마일리지가 적립되고, 할인 쿠폰을 받을 수 있으며 신용평가가 좋아지기도 한다. 일부 금액을 환급 받을 수도 있고 회원 혜택을 누릴 수도 있다.

사업자들은 현금 수취에 따른 위조지폐의

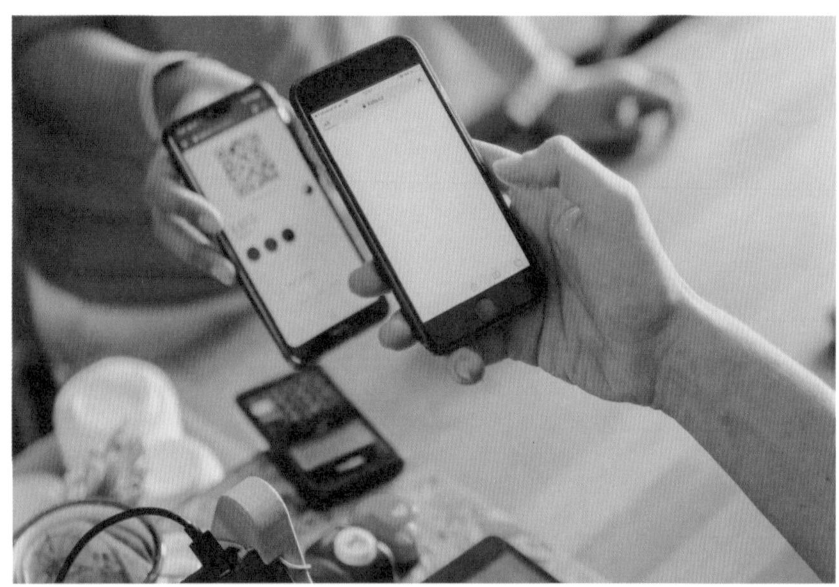

위험성을 줄일 수 있다. 중국의 100위안 혹은 50위안 지폐의 위조 가능성은 높으며 일일이 불빛에 비춰보면서 숨은 그림을 찾는다. 둘째는 현금이나 카드의 결제에 걸리는 시간보다 모바일 결제에 걸리는 시간이 짧다. 셋째, 알리페이나 위챗페이에서 제공하는 고객정보를 받을 수 있다.

알리페이는 매년 12월 12일을 맞아 쌍십이(雙十二: 슈앙스얼) 할인 행사를 벌이는데 큰 비용을 쓰면서 사업자의 마케팅을 지원한다. 한편, 위챗페이는 고객이 결제를 하면 사업자의 계정과 연결되는 기능을 활용하여 마케팅을 할 수 있도록 지원한다.

공유경제

온라인과 모바일의 급속한 발전에 힘입어 중국의 공유경제(共享經濟)는 빠른 속도로 발전하고 있다. 사회주의 국가답게 자원의 공유에 대한 거부감이 적고 절약을 중시하는 중국인의 소비 태도와도 잘 맞는 것 같다.

국가신식중심(國家信息中心: 국가정보센터)의 『중국 공유경제 발전에 관한 2022년 보고』(中國共享經濟發展報告 2022)에 따르면, 중국의 공유경제 서비스는 교통, 숙소뿐만 아니라 자전거, 트럭, 보조배터리에 이르기까지 다양하게 발전하고 있다.

중국의 공유경제 규모

(단위: 억 위안)

구분	2021년	2022년	증감
교통	2,344	2,012	-14.20%
숙박	152	115	-24.30%
지식·기능	4,540	4,806	5.90%
생활서비스	17,118	18,548	8.40%
의료	147	159	8.20%
사무실	212	132	-37.70%
생산능력	12,368	12,548	1.50%
합계	**36,881**	**38,320**	**3.90%**

출처: 國家信息中心分享經濟研究中心, 「中國共享經濟發展報告 2022」

※ 교통, 숙박, 사무실 등이 2021년 대비 감소한 것은 코로나의 영향인 것으로 판단됨

2022년의 공유경제 규모는 3조 8320억 위안(5,410억 달러)으로 코로나 시국에도 전년 대비 3.9% 성장한 모습을 보였다. 주요 영역은 앞의 표와 같으며 생활서비스, 생산능력, 지식·기능 분야가 93.69%를 차지하고 있다. 온라인 예약 차량과 거리를 순회하는 일반 택시의 구성비는 2018년에 36.3% vs 63.7%이었으나 2022년에는 40.5% vs 59.5%로 조사되었다.

중국의 공유경제가 긍정적인 측면만 있는 것은 아니다. 플랫폼 기업들의 성장 속도가 둔화되고 경쟁이 격화하면서 다수의 기업이 도산하는 사태가 나타나는 등 문제점이 표출되고 있다. 업체의 무분별한 난립으로 각종 색깔의 공유자전거로 보행자용 인도가 뒤덮이고, 사용하지 않는 자전거로 도로의 바깥 차도가 없어지기도 하였다.

BAT

BAT는 중국의 3대 IT 업체를 통칭하는 말이다. 백도(百度: 바이두), 아리파파(阿里巴巴: 알리바바), 등신(騰訊: 텐센트)의 3개 회사가 그들이다. 이들은 각각 검색, 온라인 쇼핑, 메신저와 게임 서비스 영역에서 강한 경쟁력을 가지고 있다.

바이두는 2000년 1월에 설립되었고 그해 바이두닷컴을 오픈하면서 중국의 대표적인 검색 포털사이트로 등장했다. 바이두란 이름은 송나라 시인 신기질(辛棄疾)의 사(詞)의 한 구절인 "중리심타천백도(衆里尋她千百度: 사람들 속에서 그녀를 수천 수백 번을 찾았네)"에서 착안했다고 한다. 한편 구글은 2006년에

IT기업 텐센트 본사

중국에 진출하였으나 중국 정부와 검색어 필터링 문제로 갈등을 겪다가 2010년에 철수하고 말았다. 현재 바이두는 자율 주행, AI로봇 등 인공지능 분야에 집중 투자하고 있다.

알리바바는 전자상거래, 영상, 음악, 금융은 물론이고 물류와 빅데이터에 이르는 온라인 서비스를 전개하는 중국의 대표적인 IT기업이다. 타오바오와 티앤마오는 각각 C2C와 B2C를 대표하는 온라인 쇼핑몰이다. 요우쿠(優酷)와 투또우(土斗)는 드라마, 영화, 동영상 등을 볼 수 있는 플랫폼이다. 알리페이는 위챗페이와 함께 중국의 대표적인 간편결제 서비스이다. 알리페이는 에스크로 서비스를 통하여 고객들에게 신뢰를 얻을 수 있었다. 구매자가 입금한 돈을 예치하고 있다가 제품이 하자없이 구매자에게 전달된 후에 판매자에게 지급하는 역할을 함으로써 신뢰성을 높인 것이다.

텐센트는 중국 최대의 SNS회사이며 세계적 온라인게임사이다. 1998년 설립한 다음 해에 온라인 메신저 'QQ'를 출시한 데 이어 2011년에는 모바일 메신저인 '위챗'을 출시하였다. 위챗은 14억 중국인 중에서 11억 명이 넘는 국민들이 이용하는 국민 서비스라고 할 수 있다. 메신저 기능뿐만 아니라 위챗페이, SNS, 건강 관련 정보 등의 서비스를 제공한다. 업무 이메일은 위챗메시지로 대체되었고, 친구와 지인들의 소식을 전하는 주요 수단이다.

중국의 상인

상업이 본격적으로 발달한 송나라 시대부터 중국의 상인들은 그들이 거주하던 지역에 기반을 두고 특유의 문화를 형성해 왔다. 진상, 휘상, 조상, 객가인 등은 모두 긴 역사를 자랑하는 상인 집단이다. 유명한 상인으로 호설암(胡雪岩)과 이가성(李嘉誠)을 꼽아보았으며 현재의 부호라고 할 수 있는 마운(馬雲)에 대해서도 정리했다.

전통적 상인 집단

상업이 융성했던 송(宋)나라부터 지역에 근거를 둔 상인 집단들이 출현하였다. 이들은 향토애를 기반으로 굳건한 유대관계를 통하여 독특한 문화를 형성해 왔으며 이러한 전통은 명·청 시대를 거쳐 오늘날까지도 남아있다.

진상(晉商)은 산서(山西) 지역 상인들을 일컫는 말이다. 춘추전국시대 진(晉)나라가 이 지역에 근거한 데서 유래한다. 이들의 상업자본은 오랜 역사를 가지고 있으며 송나라 때부터 휘주(徽州) 상인과 함께 부상하기 시작하였다. 북방의 무역과 자금관리를 독점하여 "닭이 울고 개가 짖는 곳이면 산서 사람이 있다"는 말이 생겨날 정도였다. 산서 지역의 수공업을 발전시켰을 뿐만 아니라 동광(銅鑛)이나 탄광(炭鑛)에도 투자하였으며 환어음 전문기구인 표호(票號)를 설치하여 금융시장에도 진출하였다.

휘상(徽商)은 안휘성 휘주(徽州)에 적을 둔 상인집단이다. 당송(唐宋)을 거쳐 명(明)나라 시기에 전성기를 구가하였고 청말에 쇠퇴하였다. 이들은 척박한 산촌을 벗어나 상업을 통해서 부를 축적할 수밖에 없었으며 소금, 곡식, 차, 문구류 등을 주로 취급하였다. 부를 축적한 다음에는 고향으로 돌아가 이를 다시 환원하거나 관직으로 진출하는 것을 중요하게 생각했다고 한다.

영파(寧波) 상인은 중국 근대에서 제일 부유하고 규모가 큰 상인 집단의 하나로서 "영파가 없으면 시장을 이루지 못한다"는 말이 있을 정도이다. 이들은 과장(過帳)이라는 금융 신용제도를 고안했는데 현금 대신에 계좌이체를 통하

여 거래를 하기도 하였다. 1798년부터 이미 상해에 향우회가 있었으며 상해 총상회(上海總商會)를 주도하기도 하였다. 온주 상인들과 더불어 절강성을 대표하는 상단으로 이름이 높다.

온주(溫州)는 절강성 남부에 자리잡은 도시이다. 천연자원이 거의 없고 자연재해마저 잦아 오랫동안 가난에 시달려 왔지만 개혁개방 이후 철저한 실용주의와 탁월한 상술로 큰 발전을 이루어왔다. 온주인(溫州人)은 직업에는 귀천이 없다는 의식이 강하며 장사를 할 때 작은 것으로부터 시작하여 자본이 모이면 큰 것으로 확장한다. "시장이 있는 곳이면 온주 사람이 있고, 온주 사람이 있는 곳이면 시장을 개척할 수 있다"라는 말이 있다.

조상(潮商)은 조주상방(潮州商幇)과 광동상방(廣東商幇)을 모두 일컫는데 명나라 이후에 출현하여 해외무역을 시작하였다. 근대에 외국세력의 침입으로 진상과 휘상의 세력이 몰락할 때 이들은 동남아, 홍콩 등으로 이민을 가는 등 세력을 키워왔다. 홍콩의 이가성(李嘉誠), 태국의 진필신(陳弼臣) 등이 대표적이다. 이들은 시기를 파악하여 과감하게 결정하는 경영 정신을 가지고 있고 유가(儒家) 사상의 영향으로 신용, 의리를 중시하며 사회공헌 활동에도 적극적이다. 장거리 도매운수업이 주된 것은 동일하지만 조상이 다른 상인 그룹과 구별되는 차이점은 이들이 해상운수 위주라는 점이 있고, 선주와 도매상 간에 신용을 중시하는 엄격한 사업파트너 관계를 형성한다는 것, 정부의 보호를 받는 등의 불필요한 관계는 맺지 않으려는 습관이 있다는 것이다.

객가인(客家人)은 중국남부의 광동성, 강서성, 복건성 등에 분포해 있는데 한족의 한 계열이며 전 세계에 8,000만 명 정도가 거주하는 것으로 알려져 있다. 대만인의 15%, 동남아시아 거주 화교의 대부분이 객가인이며 타향에 살면서도 객가문화를 유지하고 객가어를 사용한다. 복건성 서부의 민서(閩西) 지역은 복건, 절강, 강서 3성의 접경 지대에 위치하여 무역 발달에 유리하였고 민서 상인들의 활약이 두드러졌다.

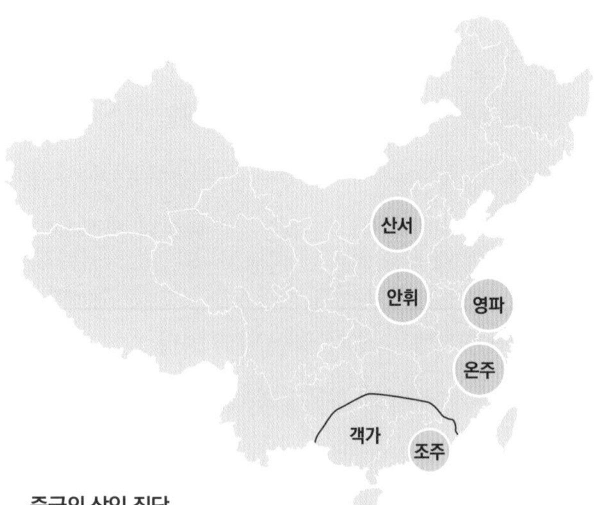

중국의 상인 집단

호설암

호설암(胡雪岩, 1823~1885)의 본명은 호광용(胡光墉)이며 설암(雪岩)은 자(字)이다. 안휘성 휘주(徽州) 적계(績溪)의 가난한 집안에서 태어났다. 12세에 부친이 사망하자 13세부터 항주에서 살기 시작했다. 처음에는 신화전장(信和錢莊: 신화은행)에 들어가 청소, 소변통 비우기 등의 허드렛일부터 시작했는데 성실함을 인정받아 3년 후에는 정식 사원이 되었다. 19세에는 부강전장(阜康錢莊)에서 일하게 되었으며 후손이 없던 주인은 그에게 전장의 경영을 맡겼다.

호설암이 상성(商聖)으로까지 불리게 된 비결은 사람에 대한 투자였다. 왕유령(王有齡)이라는 어려운 처지의 선비에게 전장의 돈으로 은 500냥을 담보도 없이 빌려주었고 호설암은 횡령 혐의로 전장에서 쫓겨났다. 그 후 왕유령이 절강성 재정담당자가 되었을 때 호설암은 절강성의 군량미, 병기 등을 독점으로 납품하게 되었으며 호경여당(胡慶餘堂)이라는 약방까지 열게 되었다. 1861년, 태평천국군(太平天國軍)이 항주를 점령했을 때 왕유령은 자살하고 만다. 호설암은 이번에는 좌종당(左宗棠)과 손을 잡는다. 좌종당은 상첩군(常捷軍)을 조직하였는데 호설암은 총포와 군량미를 제공하였고 반대급부로 조선소 건설 등의 국가적 사업에 참여할 수 있었으며 외국인들과의 무역에도 참여하는 기회를 잡을 수 있었다. 당시 20여 곳에 부강전장의 지점이 있었고 자산이 2천만 냥을 초과하는 등 중국 제일의 갑부가 되었다. 청나라 조정에서는 황색 마고자와 홍색 모자를 수여하여 홍정상인(紅頂商人)의 영광도 안았다.

하지만 영화는 오래가지 않았다. 1882년, 비단을 만드는 재료인 생사(生絲: 누에고치실)를 대량으로 매집하였는데 서양 상인들에게 고가로 팔기 위한 생각이었다. 그러나 갑자기 비싸진 생사는 팔리지 않았고 이듬해에 이탈리아에서 생산량이 늘어나자 무작정 보관할 수 없는 제품의 특성상 헐값으로 팔 수밖에 없게 되었고 호설암은 막대한 손해를 보았다. 파산한 후에 호설암은 최선을 다해 채무를 갚아 나갔다. 소액채무자들을 우선순위에 두고 착실하게 변제하여 그가 죽을 때는 재산이 거의 없었다. 이 모든 불행이 불과 2년 안에 벌어진 일이었는데 권력에 의존한 정경유착으로 일군 부의 허망함이었다.

호설암이 중국인에게 사랑받는 이유는 파란만장한 그의 치부(致富) 인생보다는 호경여당(胡慶餘堂)이라는 약국을 통하여 그가 실천한 인술, 품질, 정직의 정신 때문이다. 그는 가난한 사람에게 무료로 구급약을 제공하였고, 전염병이 든 지역에는 약재값을 받지 않았다. 또 품질을 보증하기 위하여 약값은 에누리가 없었으며 속임수 없는 장사를 했다. 그리하여 “북에는 동인당(同仁堂)이 있고 남에는 호경여당이 있다”는 말까지 생겨났다. 그가 파산한 이후에 주인은 바뀌었지만 약국의 이름과 전통은 오늘까지 전해지고 있다.

이가성

이가성(李嘉誠: 리지아청, 리카싱)은 1928년 광동성 조안현(潮安縣)에서 태어났으며 1939년에 전 가족이 홍콩으로 이주하였다. 1943년 만 15세였던 중학교 1학년 때 부친이 사망하였는데 이때부터 가족을 부양하기 위해 사회에 뛰어들 수밖에 없었다. 그가 시작한 최초의 일은 찻집 종업원이었다. 주인은 그가 근면하고 성실했기 때문에 월급을 높여 주기도 했다. 그 다음은 외삼촌이 하던 시계 회사에 들어가 조립하고 수리하는 기술을 배우면서 중·고등학교 과정을 독학으로 마쳤다. 이가성은 밤에 영어를 공부할 때, 가족들의 수면을 방해하지 않기 위하여 집 밖의 가로등 아래에서 회화를 공부하였다고 한다.

1950년, 미화 7,000달러로 장강소교창(長江塑膠廠: 장강플라스틱 공장)을 설립하였다. 1957년, 우연히 잡지를 보다가 이탈리아의 한 회사가 플라스틱 조화(造花)를 만들어서 파는 사실을 알게 되었다. 바로 이탈리아로 가서 현황을 파악하고는 홍콩으로 돌아와서 사업화를 시작하였는데 이것이 큰 성공을 거두었고 세계 시장에도 진출할 수 있었다.

1958년부터 부동산 사업에 진출하였으며 1972년에는 장강그룹(長江集團)이 홍콩 증시에 상장되었다. 1980년대에는 항만사업에 진출한 데 이어 1984년에는 전력사업에도 뛰어들었다. 2013년, 포브스가 발표한 세계 부호(富豪) 명단에서 8위를 차지했으며 재산 규모는 310억 달러에 달했다. 2010년대 들어와서 대륙과 홍콩에 대한 투자를 줄이고 있으며 다른 해외 투자를 늘리고 있다. 2018년에는 장남을 후계자로 지명하고 일선에서 은퇴하였다.

주요 기업군으로는 모기업인 장강실업집단(長江實業集團), 부동산, 호텔, 유통, 에너지, 통신 등의 다국적기업인 화기황포유한공사(和記黃埔有限公司), 바이오 업종의 장강생명과기집단유한공사(長江生命科技集團有限公司), 발전 및 재생에너지 사업을 하는 전능실업유한공사(電能實業有限公司) 등이 있다.

이가성이 존경 받는 이유 중의 하나는 '이가성 기금회'를 설립하여 사회적 공헌 활동을 활발하게 한다는 점이다. 특히 산두(汕頭)시에 산두대학을 건립했는데, 이는 초등학교 교장이었던 아버지의 영향도 있었지만 "국가의 미래는 결국 인재에 달려 있는데, 인재는 양성되는 것이다"라는 그의 신념을 실천하기 위한 것이었다.

그에게는 유명한 일화가 있다. 차에 타려는 순간, 주머니에 있던 동전이 떨어져 길 옆의 우물(상하수도)에 빠지고 말았다. 그는 비서로 하여금 사람을 불러 우물 뚜껑을 열고 끝내 동전을 찾았다. 무슨 사연이 있는 동전도 아니고 그냥 평범한 동전일 뿐이었다. 게다가 수고한 사람에게는 100홍콩달러의 수고료를 주었다. "동전도 재물이다. 우물에 떨어졌다고 구하지 않으면 재신(財神)이 천천히 떠난다. 돈은 사용할 수 있지만, 낭비하면 안된다. 100홍콩달러의 수고료는 그의 서비스에 대한 보답이다"라고 하였다.

마운

마운(馬雲: 마윈)은 1964년 절강성 항주에서 태어났다. 이름과는 달리 그의 소년 시절은 말의 기세와는 거리가 있었다. 중학교와 대학교 시험에서 낙방을 거듭한 끝에 항주사범대학(杭州師範大學) 영문과에 입학할 수 있었다. 재학 중에는 항주사범대학 총학생회장, 항주시 대학연합회장에 당선되는 등 친화력과 리더십을 보였다.

졸업 후에는 영어 강사 및 번역 일을 하였고, 1992년에는 '해박번역사(海博翻譯社)'를 창립하여 사업을 시작하였으나 순탄하지는 않았다. 그래서 꽃, 기념품, 의약품 등을 도매로 사서 다시 파는 장사를 병행할 수밖에 없었다. 그러던 1995년 기회가 왔다. 미국 출장 중에 인터넷을 알게 된 마운은 중국 최초의 인터넷 업체인 '해박전뇌복무유한공사(海博電腦服務有限公司)'를 설립하였다. 1999년에는 항주에서 그의 동료 18명(18羅漢이라고 호칭)과 함께 50만 위안으로 알리바바를 설립하고 중국의 제조업체와 해외의 구매자들을 연결하는 B2B 사업을 본격적으로 시작하였다.

2000년에는 손정의(孫正義) 회장의 소프트뱅크 등으로부터 2,500만 달러를 유치하여 사업을 확장할 수 있는 기반을 마련했고, C2C 전자상거래 플랫폼인 타오바오(淘寶)와 온라인 결제 시스템인 알리페이(Alipay)를 출범함으로써 본격적인 성장을 시작하였다. 2008년에는 B2C플랫폼인 티앤마오(天猫)를 개통하였다.

2010년 5월 10일, 이 날은 타오바오의 창업 10주년 기념일이자 알리바바의 그룹 CEO인 마운이 퇴임을 발표한 날이다. 아직 40대의 젊은 나이였지만 이때 결심하지 않으면 50대가 넘어도 은퇴하지 못할 것이라며 경영진에서 스스로 물러난 것이다.

2015년, 뉴욕증권거래소에 알리바바 그룹이 상장되어 명실상부한 국제적 기업이 되었다. 요우쿠(優酷)와 투또우(土豆)는 드라마, 영화, 동영상 등을 볼 수 있는 최신 미디어로서 알리바바의 또 다른 사업 영역이 되었다. 한편 마운은 2018년 9월, 교육 및 자선사업에 몰두하기 위하여 이사회 의장에서 은퇴하겠다는 의사를 밝힌 바 있으며 약속대로 2019년 9월에 물러났다.

마운은 의협심이 강한 사람이라고 한다. 어린 시절 무협지를 즐겨 읽었고 아버지를 따라 경극 공연을 보면서 무생(武生: 남자 무사 역할)들의 동작에 반해서 태극권(太極拳)을 배우기 시작했다. 평소에도 무술인 같은 복장을 즐겨 입는다. 그는 "태극권에서 말하는 정(定), 수(隨), 사(舍) 세 글자를 좋아한다. 기업 전략을 세우고 배치하는 것, 세상의 변화에 따라 자연스럽게 발전하는 것, 때로는 포기하는 것이다"라고 말한 적이 있다. 알리바바 직원들은 무협소설에서 따온 별칭이 있으며 서로를 그렇게 호칭하기도 한다. 회의실과 화장실에 무협지에서 따온 이름이 붙어 있기도 하다. 마운의 별칭은 김용(金庸)의 『소오강호(笑傲江湖)』에 나오는 풍청양(風淸揚)이다.

중국문화
301 테마

Ⅲ

역사와 인물

중국의 성립

황하를 중심으로 왕조가 성립하기 시작했으며 주나라에 이르러 제도가 정비되고 봉건제도가 실시되었다. 춘추전국은 혼란의 시기였으나 유가, 도가, 법가, 묵가 등 백가(百家)가 출현하여 스스로의 이상을 설파하는 사상의 분출 시기이기도 하였다. 온전한 통일국가를 이룩한 진(秦)은 오래가지는 못했으나 문자, 화폐, 도로, 도량형을 통일하는 매우 중요한 업적을 남겼다. 한(漢)에 이르러서는 제지술이 발명되었으며 실크로드를 개척하는 등 대제국의 면모를 갖추었다.

삼황오제

중국 역사를 황제(黃帝)로부터 서술하기도 하나, 그 이전의 삼황(三皇)까지 포함하여 삼황오제(三皇五帝)시대를 중국 역사의 시작으로 보기도 한다. 이 시대는 문자가 없었던 시대이며 전설의 시대라고 할 수 있겠다. 삼황은 복희(伏羲), 여와(女媧), 신농(神農)을 말하며 오제는 황제(黃帝), 전욱(颛顼), 제곡(帝嚳), 요(堯), 순(舜)을 일컫는다.

전설 속에서 복희는 사냥 기술을 창안했으며 음양의 이치에 근거하여 팔괘(八卦)를 만들었다. 여와는 인간을 만들었으며 복희와 결혼하여 수많은 사람을 낳았다고 한다. 복희와 함께 하반신은 뱀, 상반신은 사람의 모습을 한 그림으로 나타나기도 한다. 신농은 나무로 쟁기와 가래 등과 같은 농기구를 만들고 사람들에게 농사를 가르쳤다.

황제는 무력으로 중국을 통일하여 나라를 건설하였으며 문자, 역법, 화폐, 수레 등을 만들어 중국 문명의 창시자로 숭배를 받아왔다. 전욱은 황제의 손자이며 창의(昌意)의 아들로서 아들은 곤(鯀), 손자는 우왕(禹王)이다. 천하를 잘 다스려 명군으로 이름이 높았다. 제곡은 똑똑하였으며 민의를 따르는 마음으로 정책을 펴서 천하의 백성이 그에게 복종했다.

요는 그를 이은 순과 더불어 '요순의 치(治)'라 하여, 중국에서는 가장 이상적인 천자상(天子像)으로 알려져 왔다. 요는 제위에 오르자 역법(曆法)을 정하고, 효행으로 이름이 높았던 순을 등용하였다. 순은 효심이 지극한 사람이었으며 임금이 된 뒤에도 성실하고 검소했다. 아들에게 제위를 물려주지 않고 치수에 공적이 큰 우(禹)에게 선양(禪讓)했다.

하상주 시대

하(夏, BC 2070~BC 1600)의 시조는 우(禹)임금이다. 그는 일찍이 황하의 홍수를 다스리는 데 헌신적으로 노력하여 그 공으로 순(舜)이 죽은 뒤 천자가 되었다. 대규모 치수 사업을 전개하면서 부족의 단결력이 강화되고 국가 체제가 갖추어졌다. 그의 사후에는 제후들이 우의 아들 계(啓)를 추대하였으므로 이때부터 선양(禪讓)이 없어지고 세습(世襲)에 의한 최초의 왕조가 출현하였다. 제17대 임금 걸(桀)에 이르러 정치가 아주 포악해졌고 민심을 잃었으며 이윤(伊尹)의 보필을 받은 상나라 탕왕(湯王)에 의하여 멸망하고 말았다.

상(商, BC 1600~BC 1046)은 20세기에 들어서 그 수도에 해당하는 은허(殷墟)

은허 유적

의 발굴이 진행됨에 따라 화북 지역에 실재하던 왕조였다는 사실이 밝혀졌으며 고고학적 연대를 확인할 수 있는 중국의 가장 오랜 국가가 되었다. 은허는 하남성(河南省) 안양현(安陽縣) 소둔촌(小屯村)에 있으며 갑골(甲骨) 문자와 청동(青銅) 문물이 대량으로 발굴된 바 있다. 갑골문은 나라의 중요한 일에 대하여 신의 뜻을 묻고 그 결과를 거북이 등껍질이나 동물의 뼈에 새긴 것이다. 이를 통해 제정일치(祭政一致)의 신권정치가 이루어졌음을 알 수 있다. 상은 탕왕(湯王)에 이르러 하나라의 걸왕(桀王)을 무너뜨리고 주변국들보다 융성하였다. 하지만 주왕(紂王)에 이르러 사치와 향락에 빠졌으며 주나라 무왕(武王)에 의해 망하고 말았다.

주(周)는 오래된 부족의 하나였는데 지금의 섬서성 기산(岐山) 부근에서 농사를 지으면서 살았다. 문왕과 무왕에 이르러 태공망 강상(太公望 姜尙)과 주공 희단(周公 姬旦)의 보필에 힘입어 상나라를 목야[牧野: 하남성 기현(淇縣)]의 결전에서 물리치고 도읍을 호경(鎬京)에 세워 주왕조를 열었다. 넓은 영토와 많은 백성을 효율적으로 다스리는 방법을 고민한 결과 직할지를 제외하고는 왕족이나 공신을 제후로 임명하여 다스리는 봉건제도(封建制度)를 실시하였다. 주나라에서는 주례(周禮)라고 하는 예절규범이 정립되었다. 의식주를 비롯한 모든 방면에서 절차와 제약을 규정하는 등 전통적인 예절 문화가 만들어졌다.

주나라는 서주(西周, BC 1046~BC 771)와 동주(東周, BC 770~BC 256)로 구분된다. 이는 견융(犬戎)의 침입으로 수도를 서쪽의 호경(鎬京: 서안)에서 동쪽의 낙읍(洛邑: 낙양)으로 옮긴 때를 기준하여 시대를 나눈 것이다.

강태공과 주공

평소 인재를 찾던 주(周) 문왕(文王: 姬昌, 西伯)은 어느 날 사냥을 나갔다가 위수(渭水) 근처에서 낚시를 하고 있던 한 노인을 만났다. 문답을 해보니 군사의 운용과 병법에 도통한 인물임을 알게 되었고 돌아와서 재상으로 등용하였다. 문왕의 대를 이은 무왕(武王: 姬發)도 강태공을 스승으로 모시고 자신의 동생인 주공(周公) 희단(姬旦)을 강태공의 조수로 삼아 주왕(紂王)을 토벌하였다.

강태공의 본명은 강상(姜尙)이며 자는 자아(子牙)이고 호는 비웅(飛熊)이다. 강태공이라는 호칭은 태공망(太公望)에서 유래된 말인데 문왕의 할아버지 태공(太公)이 간절히 원했던(望) 인재라는 뜻이다. 즉, 태공망 강상(太公望 姜尙)이 강태공(姜太公)으로 굳어진 것이며 낚시하는 사람을 강태공이라 칭하는 것은 문왕과의 고사에서 유래한 것이다. 강태공은 산동의 영구(營丘) 지역을 봉토로 받았으며 제(齊)의 시조가 되었다.

강태공

주공(周公)의 성명은 희단(姬旦)이며 주나라 문왕의 넷째 아들이고 무왕의 동생이다. 무왕 사후에 어린 아들이 즉위하였으니 성왕(成王: 姬誦)이다. 나이가 13세밖에 안 되었으므로 숙부인 주공이 섭정(攝政)을 하게 되었다. 하지만 주공의 동생들과 죽은 주왕(紂王)의 아들 무경(武庚)이 연합하여 반란을 일으켰다. 이에 주공은 강태공과 함께 반란을 진압하였다. 산동성 곡부(曲阜)를 봉토로 받았으며 노(魯)나라의 시조가 되었다.

주공

주공이 성왕을 보필하여 섭정한 기간 동안 통치체제는 안정되었고 많은 제도가 정비되었다. 행정조직을 구획하였으며 의례(儀禮)와 음악(音樂)을 만들었고 정복 지역을 다스리기 위해 분봉제(分封制)를 실시하여 안정을 기하였다. 또한 일인자 자리를 탐하지 않고 조카인 성왕이 20세가 되자 7년간의 섭정을 끝내고 정권을 돌려주었다. 이러한 이유로 공자와 유학자들은 그를 성인으로 받들며 존경하였다.

악발토포(握髮吐哺)

주공이 인재를 얼마나 성심성의를 다하여 대했는지 말해주는 성어이다. 주공이 머리를 감다가 손님이 찾아오자 감던 머리카락을 움켜쥐고 세 번이나 손님을 맞으러 나왔고, 식사를 하는데 손님이 찾아와 세 번이나 먹던 것을 뱉어내고 손님을 맞이했다는 이야기이다. (쥘 握, 머리털 髮, 토할 吐, 먹을 哺)

경국지색

말희

말희(妺喜)는 하(夏)나라 걸왕(桀王)이 총애한 여인이었다. 걸왕은 말희를 위해 화려한 궁궐을 지었고 연못에는 술을 가득 채우고 나무에는 고기를 걸어서 숲을 이루었으며 궁녀들이 춤을 추며 즐기도록 했다. 이러한 극도의 방탕의 결과 하나라는 기울어지게 되었고 상(商)나라 탕왕(湯王)에 의하여 멸망하고 말았다.

달기(妲己)는 상나라의 주왕(紂王)이 총애한 여인으로 절세의 미인이었다. 연못을 술로 채우고 고기를 숲처럼 덮고는 나체의 남녀가 서로 쫓아다니는 주지육림(酒池肉林)을 즐겼다. 둘은 잔인한 형벌을 가하는 것을 특히 즐겼는데 구리 기둥에 미끄러운 기름을 바른 다음, 뜨거운 숯불 위에 놓아 두고는 죄인을 걸어가게 하는 포락지형(炮烙之刑)을 구경하면서 웃었다고 한다. 또한 충신 비간(比干)의 심장을 꺼내어 죽이

달기

기도 하였다. 이러한 학정과 방탕의 결과로 나라는 쇠퇴할 수밖에 없었고 주(周) 무왕이 쳐들어 왔을 때 수적 우세에도 불구하고 무너지고 말았다.

포사

포사(褒姒)는 주(周)나라 유왕(幽王)의 애첩이었는데 원래의 왕후를 폐하고 새로운 왕후가 되었으며 그녀 소생의 백복(伯服)은 태자가 되었다. 그녀의 특징은 좀체 웃지 않는 것이었다. 유왕은 그녀의 웃는 모습을 보려고 금 1천냥을 상금으로 내걸었다. 그러자 한 간신이 거짓 봉화를 올리면 제후들이 달려올 테니 포사가 웃을 것이라는 아이디어를 내놓았다. 과연 국가의 위급을 알리는 봉화(烽火)가 올라가자 제후들이 달려왔고 이를 본 포사가 웃었다고 한다. 훗날 서융(西戎)의 군대가 쳐들어 왔을 때 이번에는 진짜 위급을 알리는 봉화가 올라갔음에도 불구하고 아무도 구원하러 오지 않았다. BC 771년 유왕과 백복은 견융(犬戎)에 의해 살해되고 원래의 태자 의구(宜臼)가 평왕(平王)이 되었으며 수도를 호경(鎬京)에서 낙읍(洛邑)으로 옮기니 역사에서는 서주(西周)와 동주(東周)로 구분한다.

말희, 달기, 포사 등을 일컬어 경국지색(傾國之色)이라 한다. '나라를 기울게 한 미녀'라는 뜻이다. 이들의 공통점은 망한 왕조의 마지막 임금이 총애하였던 여인이라는 점이다. 남성 위주의 고대 사회에서 여성의 역할은 상당히 제한적이었겠지만 망국의 상징이 되고 말았던 것이다.

춘추전국시대

춘추전국시대는 춘추시대(春秋時代, BC 770~BC 403)와 전국시대(戰國時代, BC 403~BC 221)로 나누어 볼 수 있다. 춘추시대는 주왕조가 도읍을 낙읍으로 옮긴 때로부터 진(晉)나라의 대부(大夫)인 조(趙)·위(魏)·한(韓) 삼씨가 진나라를 분할하여 제후로 독립할 때(BC 403)까지의 시대를 말한다. 전국시대는 그 이후부터 진(秦)나라가 천하를 통일한 BC 221년까지다. 춘추라는 말은 공자가 엮은 노(魯)나라의 역사서인 『춘추(春秋)』에서 유래하였고, 전국이라는 말은 한(漢)나라 유향(劉向)이 쓴 『전국책(戰國策)』에서 비롯되었다.

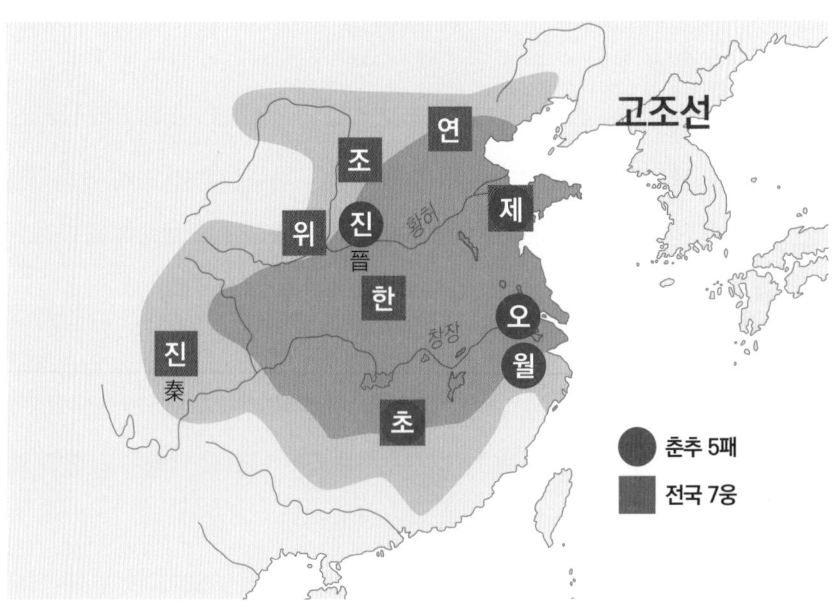

춘추시대는 서주시대의 봉건제도가 해체되고, 중앙집권체제가 형성되어 가는 과도기적 시대이다. 이미 독립적 성향을 지니고 있었던 140여 개의 제후국들은 서로 공방전을 거듭했다. 제후국들은 동주(東周) 왕실의 권위를 인정했지만 이는 형식적인 것이었고 점차 몇 개의 국가로 통합되어 갔으며 춘추시대 중기부터는 넓은 영토와 강력한 군대를 지닌 제후들이 등장하기 시작했다. 제후들 중에서도 힘이 센 맹주를 패자(霸者)라 했는데, 세력을 잡은 패자들은 작은 제후국들을 멸망시키고 지방행정 단위를 설치해 직접 지배하는 방식으로 전환했다. 각국의 군주들은 평민 출신의 인재들도 과감하게 등용하면서 중앙집권화를 추진하였고 부국강병에 힘썼다.

전국시대에는 철기의 보급과 함께 과학기술이 발전하였다. 철기는 훌륭한 무기로 활용되었으며 농기구로도 널리 사용됨으로써 정치, 경제, 군사, 사회 전반에 걸쳐 큰 변혁을 불러왔다. 각국의 산물이 원활하게 유통되었으며 큰 부자가 나타나기도 하였다. 생산력의 비약적인 발전과 함께 지식인 계층이 생겨나기 시작했는데 이때가 사상의 황금기로 제자백가(諸子百家)의 시대라고 불린다. 유가(儒家)의 공자(孔子), 묵가(墨家)의 묵자(墨子), 도가(道家)의 노자(老子), 법가(法家)의 한비자(韓非子) 등이 대표적이다.

춘추오패(春秋五霸)와 전국칠웅(戰國七雄)

제(齊)의 환공(桓公), 진(晉)의 문공(文公), 초(楚)의 장왕(莊王), 오(吳)의 합려(闔閭), 월(越)의 구천(勾踐)을 춘추오패(春秋五霸)라 한다. 한편으로는 진(秦)의 목공(穆公)이나 송(宋)의 양공(讓公)을 포함시키기도 한다. 전국 시대에 와서는 약소국들이 강대국에 병합되고 소수 강대국만 남는다. 진(秦), 초(楚), 제(齊), 연(燕), 조(趙), 위(魏), 한(韓)의 7개국을 전국칠웅(戰國七雄)이라 한다.

제자백가

제자백가(諸子百家)는 춘추전국시대에 활약한 학자와 학파를 총칭하는 말이다. 제자(諸子)는 공자, 맹자, 노자, 장자, 한비자, 묵자 등의 학자 및 사상가를 뜻하는 말이고 백가(百家)는 유가, 도가, 법가, 묵가 등의 학파를 이르는 말이다. 대표적으로 육가(六家) 혹은 십가(十家)를 손꼽는다.

유가(儒家)의 대표적 사상가는 공자(孔子), 맹자(孟子), 순자(荀子) 등이다. 외면적 사회규범을 강조하는 예(禮)와 내면적 도덕성을 중요시하는 인(仁)이 사상의 근본이다. 공자는 "예가 아니면 보지도, 듣지도, 말하지도, 움직이지도 말라(非禮勿視, 非禮勿聽, 非禮勿言, 非禮勿動)", "자신이 하고 싶지 않은 바를 남에게도 하지 말라(己所不欲, 勿施於人)"고 하였다. 맹자는 인정(仁政)과 성선론(性善論)을 주장하면서 인의예지(仁義禮智)를 각각 측은지심(惻隱之心), 수오지심(羞惡之心), 겸양지심(謙讓之心), 시비지심(是非之心)이라고 강조하였다. 순자(荀子)는 인간의 본성은 근본적으로 악(惡)하며 교육과 수양에 의해 선(善)해질 수 있다고 주장하여 법가(法家)에 많은 영향을 미쳤다.

도가(道家)의 대표는 노자(老子)와 장자(莊子)이다. 자연의 법칙을 강조하는 도(道) 사상이 중심이며 무위자연(無爲自然)이 도가 사상의 근본이다. 노자는 도는 눈에 보이지도 않고 만져지지도 않지만 만물의 근본이라 하였다. 세상 만물은 모순 속에서 대립하면서 서로 발전하는 것이며 만물은 그대로 두어도 자연의 법칙에 의해 운용되므로 세상과 다투지 말고 청정함 속에서 안일을 추구하라고 하였다. 장자는 도라는 것은 근본적 한계가 없는 것이며 사람들이 한계를 만드는 것일 뿐이라고 하였다. 도가사상은 세상이 어지러울 때, 사람들이 역경에 처했거나 실의에 빠졌을 때 위로가 되었다.

법가(法家)의 대표는 한비자(韓非子), 상앙(商鞅) 등이다. 이들은 말 그대로 법을 중시하는 학파로서 세상을 살아가는 현실을 가장 충실히 반영하였다. 한비자는 천명(天命)을 부정하고, 사람의 역량을 믿고 객관적 규율에 따라 정치를 해야 하며 국가의 흥망도 역량이 강하고 약한 것에 좌우된다고 하였다. 현실을 중시하고 공담(空談)을 배척하는 그의 저서를 읽은 진시황은 한비자를 초빙하여 가르침을 받았으며 마침내 천하통일을 달성할 수 있었다.

묵가(墨家)의 대표 사상가는 묵자(墨子)이다. 그는 '겸애(兼愛)'를 주장했다. '모든 사람은 평등하다'는 사상을 가지고 남을 자기와 같이 동등하게 대하고 차별 없는 사랑을 주장하면서 평화를 강조했다. 그는 침략적인 전쟁을 강력하게 반대하였고 실제로 전쟁을 일으키려는 나라를 방문하여 전쟁을 하지 않도록 설득하여 성공하기도 했다.

음양가(陰陽家)의 대표는 제나라 출신의 추연(鄒衍), 추석(鄒奭) 등이다. 천체의 운행이나 사계절의 변화 등 자연의 법칙을 설명하며 인간 생활도 거기에 따라야 한다는 것을 역설하였다.

명가(名家)의 대표는 공손룡(公孫龍), 등석(鄧析) 등이다. 이들은 세상이 혼란한 이유가 명(名)과 실(實)의 불일치에 있다며 '명실합일(名實合一)'을 주장했다.

이상을 보통 육가(六家)로 칭하며 여기에 종횡가(縱橫家), 농가(農家), 잡가(雜家), 소설가(小說家)를 더하여 십가(十家)라 칭한다.

종횡가(縱橫家)는 정치적 책략을 주장하며 외교술을 어떻게 구사할 것인가를 설파한 소진(蘇秦)과 장의(張儀) 등을 일컫는다. 소진은 강대국인 진(秦)나라에 대항하기 위해서는 초(楚), 제(齊), 연(燕), 조(趙), 위(魏), 한(韓)이 연합하여야 한다는 합종설(合從說)을 주장하였으며, 장의는 진나라의 입장에서 진나라와 육국이 각각 손을 잡고 발전을 꾀해야 한다는 연횡설(連橫說)을 설파하였다.

농가(農家)는 농업을 중시하고 농경에 힘써야 한다고 주장하면서 농업기술, 농업경제에 대해서 연구한 학파이다. 고대 사회에서 농업은 산업 중에서도 가장 기본적인 것이었으므로 활발한 연구가 있었다.

잡가(雜家)는 분류되지 않는 잡다한 학문이 아니라, 유가, 묵가, 명가, 법가 등을 관통하는 융합의 학문이라고 할 수 있다. 대표적으로 『여씨춘추(呂氏春秋)』를 편찬한 여불위(呂不韋)를 꼽는다.

소설가(小說家)는 거리에 떠도는 이야기나 풍속을 기록하고 이를 보고하기도 하는 관리 출신의 사람들이었다.

병가(兵家)

병가는 군사 전략과 전쟁을 연구하는 학파이다. 이 학파의 대표적인 인물은 손자(孫子), 오기(吳起), 손빈(孫臏) 등이다. 이들의 군사에 관한 사상은 후세에 많은 영향을 끼쳤으며 『손자병법(孫子兵法)』은 오늘날에도 유용한 교과서이다. "지피지기(知彼知己), 백전불태(百戰不殆)", "공기불비(攻其不備), 출기불의(出其不意)" 등이 다 손자병법의 가르침이다.

공자의 삶과 사상

공자

공자(孔子, BC 551~BC 479)는 노나라 사람이며 이름은 구(丘)이다. 공자의 선조는 상나라 황실의 후손이고 부친은 무장(武將)이었다. 하지만 부친은 그가 3세 때, 모친은 17세 때 세상을 떠나는 바람에 어려운 형편에서 성장하였다. 19세에 혼인하고 이듬해에 아들을 낳은 공자는 가축 사육 일을 하면서도 주나라의 관제와 예법에 대해서 꾸준히 공부한 끝에 당대의 최고 학자가 되었다. 52세 때는 전국의 치안과 사법을 책임지는 대사구(大司寇)의 지위에 올랐으나 실권자 계손씨(季孫氏)의 배척을 받고 왕의 신임을 잃었다.

공자는 위대한 사상가이며 인본주의자다. 55세부터 68세까지 각국을 주유하며 인(仁)과 극기복례(克己復禮)를 주장했다. 이는 당시의 혼란스러운 사회상에서 나온 것으로 자기에게 주어진 책임과 의무를 잘 감당하면서 예를 되풀이해서 잘 실행하자는 것이다. 그는 요, 순, 우, 주 문왕, 주공과 같은 성인들이 통치하던 시대의 제도를 현실에 도입하면 춘추 전국의 잔혹한 시대를 벗어날 수 있다고 생각했다. 또한 정치라는 것은 바로잡는 것이며(政者正也) 위정자의 정치적 힘은 덕(德)이라는 도덕적 힘에서 나온다고 하였다.

공자는 뛰어난 교육가이다. '유교무류(有敎無類)'라 하여 교육에는 차별이 없어야 한다고 하였다. 육예(六藝), 즉 예(禮), 음악(樂), 활쏘기(射), 말타기(御), 글쓰기(書), 셈하기(數)를 꼭 배워야 할 교과목으로 삼았으며 예, 악, 시(詩)를 중시하였다. 제자는 3천 명이나 되었으며 우수한 제자만 72명이었다.

그는 훌륭한 저술가이기도 하다. 제자들을 가르치면서도 전해오는 서적과 문서를 연구하여 『시(詩)』, 『서(書)』, 『예(禮)』, 『악(樂)』, 『역(易)』, 『춘추(春秋)』 등을 정리하여 편찬하였다. 고대 이상사회의 제도와 질서가 후대에 전해지지 못할까 걱정하여 경전의 보존과 정리에 힘썼다.

공자의 출생

사마천은 『사기(史記)』에서 공자의 부모가 야합(野合)하여 그를 낳았다고 전한다. 즉, 공식적인 혼인 절차 없이 부부가 되었음을 뜻한다. 하급 무사 출신의 아버지 숙량흘(叔梁紇)은 70세를 넘긴 나이로 첫 번째 혼인이 아니었으며 어머니 안씨(顔氏)는 열 여섯 나이의 젊은 처자였다. 공자는 태어났을 때 정수리 부분이 오목하게 패여 있고 그 주변이 솟아오른 모양을 하고 있어서 언덕 구(丘)라는 이름을 가지게 되었다. 자는 중니(仲尼)인데, 형이 있었으므로 중(仲)을 썼고 니산(尼山)에 기도 드려 낳은 아들이라는 뜻에서 명명했다.

사서오경

사서오경은 유교의 가르침이 온전히 들어있는 경전들이다. 사서(四書)는 『논어(論語)』, 『맹자(孟子)』, 『대학(大學)』, 『중용(中庸)』을, 오경(五經)은 『시경(詩經)』, 『서경(書經)』, 『역경(易經)』, 『예기(禮記)』, 『춘추(春秋)』를 일컫는 말이다.

『논어』는 사서오경 중에서도 기본이 되는 책이다. 공자와 제자들의 문답식 어록과 공자의 말씀, 행적을 기록하였으며 인생의 교훈을 요약하였다.

『맹자』는 그가 고향으로 돌아와 제자들과 토론한 것을 기록한 책이다. 맹자는 덕(德)에 의한 정치, 즉 왕도(王道) 정치를 주장하였다.

『대학』은 본래 『예기』의 일부였으나 『중용』과 함께 두 편이 독립되어 사서의 하나가 되었다. 명명덕(明明德), 친민(親民), 지지선(止至善)의 3강령(綱領)과 격물(格物), 치지(致知), 성의(誠意), 정심(正心), 수신(修身), 제가(齊家), 치국(治國), 평천하(平天下)의 8조목(條目)을 실천 항목으로 제시했다.

『중용』은 공자의 손자인 자사(子思)가 지었다고 알려져 있다. 중(中)은 한쪽으로 치우치지 않는 것이며 용(庸)은 평상심을 의미한다.

『시경』은 공자가 주나라 초기부터 춘추시대까지의 중원(中原)지방의 민요 3,000여 편 중에서 311편을 추린 민요집이다. 풍(風), 아(雅), 송(頌)으로 구성되었는데 풍은 민요이고, 아는 궁중연회에 쓰이던 곡에 가사를 붙인 것이며, 송은 주로 제사용 음악에 붙인 시이다.

『서경』은 고대의 요, 순, 우, 탕, 문왕 및 무왕 시대의 기록으로 사관에 의해 작성되었으며, 정치, 천문, 지리, 윤리, 민생 문제도 다루고 있는 국가 통치의 참고서이다.

『역경』은 『주역(周易)』이라고도 한다. 주역은 문자 그대로 주(周)나라의 역(易)을 말하는데 역은 '변한다'라는 뜻이다. 즉, 천지만물이 쉼없이 변하는 원리를 설명하고 풀이하고자 하였다. 점복(占卜)을 위한 책이며 어떻게 하면 흉운을 물리치고 길운을 맞을 것인가에 초점이 맞추어진다.

『예기』는 신분계층에 따라서 '할 수 있는 것과 할 수 없는 것'을 정리한 책이다. 공자는 의례와 예절을 체계적으로 정리하는 것을 책무로 삼았다.

『춘추』는 공자가 편찬한 사서(史書)이다. 노(魯)나라의 역사(BC 722~BC 481)를 사실적으로 기록하고 있다.

진의 통일과 진시황

진(秦, BC 221~BC 206)은 중국의 서쪽 변방에 불과했으나 주변의 황무지를 개척하고 농지를 확대하여 경제력을 키울 수 있었다. 효공(孝公, BC 381~BC 338) 시절에 이미 상앙(商鞅, BC ?~BC 338)의 개혁을 실시하여 귀족들의 특권을 폐지하고 평민이라 할지라도 뛰어난 공적을 세운 이에게는 관직과 토지를 주었다. 작은 마을을 통합한 현(縣) 제도를 실시하여 권력이 중앙으로 집중되었고 농민에 대한 직접적인 통제가 가능하게 되었다. 외교적으로는 진에 대항하는 소진(蘇秦)의 합종책(合從策)을 장의(張儀)의 연횡책(連橫策)으로 분쇄하면서 군사적으로 원교근공책(遠交近攻策)을 성공적으로 추진했다.

영정(嬴政)은 BC 247년 13세의 어린 나이에 왕에 올랐으나 장성하여 친정을 시작하자 재상 여불위(呂不韋)를 제거하고 이사(李斯)와 같은 인재를 등용하였다. 먼저 한(韓)을 멸망시키고 조(趙), 위(魏), 초(楚), 연(燕),

만리장성

제(齊)의 육국을 차례로 무너뜨린 다음 BC 221년에 마침내 전 중국을 통일하기에 이르렀다. 삼황오제(三皇五帝)에서 황(皇)과 제(帝)를 따서 황제(皇帝)라 하였고 처음이라는 뜻을 더하여 시황제(始皇帝)라 칭했다.

최초의 통일국가가 된 진나라는 군현제(郡縣制)를 실시하여 전국을 36개 군으로 하고, 지방의 행정책임자는 중앙에서 파견함으로써 중앙집권적인 전제군주제(專制君主制)를 완성시켰다. 도로망을 정비하고 수레바퀴의 폭, 문자, 도량형, 화폐 등을 통일하여 사회발전을 촉진하였다. 흉노의 위협을 방어하기 위하여 서쪽의 감숙성(甘肅省)에서 동쪽의 요령성(遼寧省)에 이르는 성벽들을 새로이 축조하거나 연결하여 만리장성(萬里長城)을 만들기도 하였다.

하지만 진시황이 사상적 통일까지 추진하는 과정에서 일어난 분서갱유(焚書坑儒)는 그에게 폭군의 이미지를 가지게 하였다. 의약서, 농업서 등의 실용서를 제외한 책들이 불태워졌으며 400여 명의 지식인들을 생매장하기도 하였다. 백성들은 만리장성 축조, 변방 수비 외에도 진시황이 살아 생전에 시작한 진시황릉, 즉 여산릉(驪山陵) 공사와 거대한 궁궐인 아방궁(阿房宮) 건설에도 동원됨으로써 큰 고초를 겪었다.

시황제가 죽자 백성들의 불만이 폭발하여 '진승(陳勝)과 오광(吳廣)의 난'이 일어나고 말았다. 2세 황제가 황위에 올랐으나 환관 조고(趙高)와 승상 이사(李斯)의 불화로 조고가 이사를 죽이고 궁중의 권력을 장악하였으며 2세 황제도 살해하였다. 조고는 진시황의 태자였던 부소(扶蘇)의 아들 자영(子嬰)을 3세 황제로 삼았다.

자영은 즉위하자마자 조고를 처단했다. 하지만 기울어지는 국력은 어찌할 수가 없었다. 자영은 BC 206년 함양(咸陽)에 들어온 유방(劉邦)에게 항복하였고 곧이어 들어 온 항우(項羽)에게 살해 당하고 말았다. 이로써 진나라는 시황제가 중국을 통일한 뒤 불과 3대, 15년 만에, 시황제의 사후 4년 만에 멸망하고 말았다.

지록위마(指鹿爲馬)

진시황 사후, 조고는 승상이 되어 권력을 쥐게 되었다. 황제의 자리까지 탐내게 된 조고는 자신에 대한 대신들의 충성심을 시험하기 위하여 황제 앞에 사슴(鹿)을 데려오게 한 다음 이를 말(馬)이라고 하였다. 황제와 몇몇 대신들이 사슴이라고 하였으나 대부분의 대신들은 조고의 보복이 두려워 말이라고 하였다. 이후 이 고사성어는 흑백과 옳고 그름을 혼동시킨다는 의미로 쓰이게 되었다.

(손가락 指, 사슴 鹿, 할 爲, 말 馬)

유방과 항우

진나라 말기에 '진승과 오광의 난'이 일어나자 과중한 노역과 법치에 시달리던 농민들은 이에 적극적으로 호응하였다. 그 중에서 강소성(江蘇省) 패현(沛縣) 출신의 유방(劉邦, BC 256~BC 195)과 강소성 오중(吳中)에서 거병한 항우(項羽, BC 232~BC 202)가 대표적이었다. 유방은 농민출신으로서 고향의 관리가 되기도 하였으나 의협의 무리를 이끌고 반란군에 합류하게 되었다. 반면에 항우는 초나라에서 대대로 장군을 지낸 명문가의 후손이었으며 초나라를 위해 끝까지 저항하였던 항연(項燕) 장군의 아들인 항량(項梁)의 조카였다.

유방

항우

진의 수도인 함양에 도착한 두 사람의 태도는 달랐다. 먼저 입성한 유방은 진의 3대왕 자영(子嬰)의 항복을 받고 재물에는 일체 손을 대지 않았으며 군기가 엄정하여 민폐를 끼치지 않았다. 그는 '약법삼장(約法三章)'을 약속하였는데 "살인자는 사형에 처하고, 사람을 상하게 한 자는 처벌을 받는다. 도둑질한 자는 감금한다. 그 밖의 모든 진나라 법은 없앤다"는 내용이었다. 가혹한 진의 통치에 시달렸던 백성들이 그를 환영했음은 당연하다. 반면 항우는 자영을 죽이고 함양의 아방궁을 불사르고 여산릉을 파헤쳤으며 재물을 약탈하는 등 인심을 잃었다. '홍문지회(鴻門之會)'에서 유방을 죽일 수 있었던 절호의 기회를 놓친 항우는 수차례의 승리에도 불구하고 결국에는 보급의 한계를 극복하지 못하고 해하(垓下)의 전투에서 패배하여 오강(烏江)에서 자결하고 말았다.

유방은 농민 출신이고 개인적인 능력은 항우보다 못하였으나 용인술이 뛰어나 그의 휘하에는 지략의 장량(張良), 행정의 소하(蕭何)가 있었으며, 장군으로는 한신(韓信)이 있었다. 또한 감정에 휘말리지 않고 현실에 맞는 행동을 하였다. 이에 반하여 항우는 명문가의 자제였지만 모든 일을 독단적으로 처리하였으며 자기에게 거역하는 자를 용서하지 못하였다. 끝내는 모사 범증(范增)조차 그의 곁을 떠나고 말았다.

과하지욕(袴下之辱)

한신이 젊은 시절, 불량배가 "나를 칼로 찌르든지 아니면 가랑이 밑으로 기어서 나가라"고 하였는데, 한신은 치욕을 참고 바짓가랑이 밑을 기었다. 큰 뜻을 이루려면 굴욕을 참고 때를 기다려야 한다는 뜻. (사타구니 袴, 아래 下, 어조사 之, 욕될 辱)

유방의 대풍가(大風歌)와 항우의 해하가(垓下歌)

유방은 성공한 후에 고향을 방문하여 큰 잔치를 열고 대풍가를 지었다. 중국을 다시 통일한 제왕의 웅대한 기상이 살아있다.

대풍가(大風歌)

대풍기혜운비양(大風起兮雲飛揚)	큰 바람이 일고 구름은 높이 날아가네
위가해내혜귀고향(威加海內兮歸故鄕)	위엄을 세상에 떨치며 고향에 돌아왔네
안득맹사혜수사방(安得猛士兮守四方)	내 어찌 용맹한 인재를 얻어 사방을 지키지 않을소냐

반면에 항우와 우미인(虞美人)의 시는 슬픈 역사의 한 장면이다. 영웅이지만 감상적이면서 엄청나게 자존심이 높았던 항우의 성격이 잘 드러나는 시라고 할 수 있겠다. 경극(京劇)과 영화로도 유명한 〈패왕별희(霸王別姬)〉에도 나온다.

해하가(垓下歌)

역발산혜기개세(力拔山兮氣蓋世)	힘은 산을 뽑고 기운은 세상을 덮을 만한데
시불리혜추불서(時不利兮騅不逝)	때가 불리하니 애마 추가 나가지를 않는구나
추불서혜가내하(騅不逝兮可奈何)	추가 나가지 아니하니 이를 어이하나
우혜우혜내약하(虞兮虞兮奈若何)	우미인이여 우미인이여 그대를 어찌하리오

화항왕가(和項王歌)

한병이략지(漢兵已略地)	한나라의 병사들이 이미 쳐들어와
사방초가성(四方楚歌聲)	사방이 다 초나라의 노래로다
대왕의기진(大王意氣盡)	대왕의 의기가 다하였으니
천첩하료생(賤妾何聊生)	천한 첩이 살아서 무엇하리오

3대 악녀

여태후(呂太后), 가남풍(賈南風), 서태후(西太后)를 일컬어 3대 악녀라 칭한다. 가남풍 대신에 측천무후(則天武后)를 꼽는 사람도 있으나 그녀는 악녀이기도 했지만 대당제국(大唐帝國)을 건설한 장본인이기도 하여 그녀 대신에 가남풍을 3대 악녀에 포함하는 사람들이 많다.

여태후의 본명은 여치(呂雉)이며 산동성 출신이다. 한 고조 유방의 황후이며 나중에 태황후, 태황태후가 되었다. 유방(劉邦) 사후 16년 동안 섭정을 하면서 후궁들에게 숱한 복수극을 벌인 것으로 유명하다. 복수의 대상으로 삼은 최초의 대상은 유방이 총애하였던 척부인(戚夫人)과 그녀의 아들 여의(如意)였다. 여태후는 먼저 지방에 있던 여의를 불러들여 독살하고, 척부인의 손과 발을 자르고 눈알을 파낸 다음 귀에는 유황을 부어 귀머거리를 만들었다. 또 약을 먹여서 벙어리를 만들고는 뒷간을 겸하는 돼지우리에 던졌다. 이를 보게 된 여태후의 아들 혜제(惠帝)는 충격을 받았고 이후 정사를 돌보지 않고 방탕한 생활을 하다가 23세의 나이로 죽고 말았다. 혜제는 정실 황후인 장씨(張氏)와는 소생이 없었고 후궁에게서만 일곱 아들이 있었는데 여태후는 일곱 명을 황후인 장씨가 키우게 하고 생모들은 모두 죽여버렸다.

가남풍은 진(晉)의 2대 황제인 혜제(惠帝) 사마충(司馬充)의 황후이다. 사실 가남풍은 키가 작고 얼굴도 못생겼으며 어질지도 못하였지만 부친인 가충(賈充)이 개국 공신이었던 까닭에 태자비가 될 수 있었다. 290년, 진나라를 건국하였던 사마염(司馬炎)이 사망하고 혜제가 제위에 올랐고 가남풍은 혜문황후(惠文皇后)가 되었다. 남편 혜제는 정신이 좀 모자란 황제였다. 그녀는 먼저 황제의 외가, 즉 자신의 시어머니 집안을 도륙하였다. 시어머니인 태황후 무도황후(武悼皇后)의 모친을 처형하자 무도황후는 단식으로 자살하고 말았다. 그 다음 대상은 태자 사마휼(司馬遹)이었다. 아들이 없었던 가남풍에게, 후궁 소생이었지만 혜제의 유일한 아들이었던 태자가 그녀에게는 눈엣가시였다. 술을 먹여 반역적인 글을 쓰게 한 다음 이를 구실로 서인(庶人)으로 강등시켰다가 살해하였다. 하지만 그녀의 불행도 시작되었다. 황제는 정신이 모자라고, 다른 아들도 없는데 태자마저 없어지니, 너도나도 황제가 되겠다며 난을 일으켰다. 이것이 '팔왕(八王)의 난'이다. 난의 와중에 사마륜(司馬倫)이 정권을 잡게 되자 그녀도 결국엔 폐서인으로 강등되었다가 독주를 마시고 죽었다.

서태후

서태후(西太后)는 함풍제(咸豐帝)의 후궁이며 동치제(同治帝)의 생모이다. 그녀의 정식 호칭은 자희태후(慈禧太后)이지만 처소가 자금성의 서쪽에 있었으므로 서태후(西太后)라는 별칭으로 불렸다. 서태후의 권력욕이 본격화된 것은 함풍제가 31세의 젊은 나이로 죽고 그녀의 여섯 살 난 아들인 동치제가 즉위하면서였다.

그녀는 먼저 함풍제의 이복

동생인 공친왕(恭親王)과 손잡고 함풍제의 유언을 받드는 8명의 대신을 제거하였다. 권력욕이 가득 찬 그녀에게는 아들마저도 방해가 될 뿐이었다. 동치제가 정치에 관심을 두지 않도록 환관들을 조정하였고 급기야 홍등가에 드나들던 동치제는 매독에 걸렸다. 치료도 제대로 못받은 황제는 20세의 젊은 나이에 요절하고 말았다. 아들에게는 후사가 없었으므로 남편의 이복동생과 자신의 여동생 사이에서 태어난 네 살짜리 광서제를 제위에 올리고 자신이 수렴청정을 하였다. 로봇 같은 존재였던 광서제는 1898년 변법자강운동(變法自彊運動)인 무술정변(戊戌政變)을 승인했으나 오히려 서태후의 반격을 받고 실패하였으며 죽을 때까지 유폐되고 말았다.

그녀는 하루에도 몇 번씩 옷을 갈아입었다. 비취와 진주로 머리 장식을 하고 비취 팔찌, 비취 반지를 꼈다. 북양함대의 예산을 전용하여 이화원(頤和園) 재건에 사용하는 바람에 전투에 쓸 포탄이 없어 청일전쟁에 패한 이야기는 악녀 이미지에 결정적이다.

이화원 석방

서한과 동한

한나라(BC 206~AD 8, 25~220)는 유교(儒教)를 국가의 기본 이념으로 삼고 주(周)의 봉건제와 진(秦)의 군현제의 중간 성격인 군국제(郡國制)를 실시하여 왕권을 강화할 수 있었다. 특히 일곱 번째 황제인 한무제(漢武帝)는 유교(儒教)를 국교로 삼았으며 중앙 집권적 관료국가를 정립하였다. 또한 흉노, 베트남, 고조선 등에 대한 대외 정복사업이 활발하게 이루어졌고 서역과의 교류가 시작된 시기였다.

서한 한무제

그러나 무제 이후로는 점차 쇠퇴의 길에 접어들게 되었는데 어린 황제가 연달아 즉위하게 되고 외척의 권한이 강화되었다. 그 결과 외척인 왕망(王莽)이 혼란을 틈타 유씨(劉氏) 왕조의 전한(前漢)을 뒤엎고 신(新)왕조를 세우기에 이르렀다. 왕망은 유교적 이상국가 건설을 내세웠으며 토지 국유화, 노비매매 금지, 화폐제도 개혁 등을 실시했으나 근본적 문제를 해결하지 못했고 농민 반란이 일어나 15년 만에 멸망하고 말았다.

동한 광무제

반란군 중에서 유수(劉秀) 형제의 부대가 가장 강력했으며 점차 다른 봉기군을 물리치고 서기 25년 후한(後漢)을 건국하기에 이른다. 광무제(光武帝)는 즉위 후 세금 경감 등의 개혁조치를 실시하면서 혼란을 잠재우고 빠르게 사회 안정을 이루어 나갔다. 광무제 이전은 수도가 서쪽의 장안(長安)이었고 이후는 동쪽의 낙양(洛陽)이었으므로 이를 구분하여 전한(前漢, BC 206~AD 8)과 후한(後漢, 25~220) 혹은 서한(西漢)과 동한(東漢)으로 부른다.

후한 말엽에는 나이 어린 황제들이 잇달아 등극하였고 외척과 환관의 세력은 날로 커지면서 사회가 혼란에 빠지게 되었다. 여러 지역에서 농민들이 반란을 일으켰는데 184년에 일어난 '황건적(黃巾賊)의 난'이 대표적이다. 중앙정부는 이를 진압하기 위해 지방호족의 도움을 받을 수밖에 없게 되었고 여러 영웅들이 제각기 힘을 겨루는 혼란의 시대가 시작되었다. 마지막 황제가 된 헌제(獻帝)는 동탁과 조조의 눈치를 보고 살아야 했으며 마지막에는 조비(曹丕)에게 황제의 자리를 물려줄 수밖에 없었다. 한(漢)이 멸망한 것이다.

실크로드의 탄생

실크로드(絲綢之路)는 고대 중국과 서역 각국의 정치·경제·문화를 이어준 교통로를 뜻한다. 총 길이는 6,400㎞이며 중국의 장안에서 시작해 하서회랑(河西回廊)과 타클라마칸 사막을 지나 파미르, 중앙아시아, 이란 고원을 넘어 지중해에 이른다. 실크로드가 개척된 것은 한의 무제(武帝) 때다. 그는 영토 확장에 관심이 컸으며 흉노, 남월, 고조선 등에 원정을 단행하기도 하였다. 특히 북방의 흉노를 견제하기 위하여 월지국과 군사동맹을 맺고자 하였다.

BC 139년 장건(張騫)은 100여 명의 수행원과 함께 장안을 떠나 월지국(月支國)으로 향했지만 얼마 가지 못해 흉노에게 붙잡히고 그곳에서 10년 동안 억류된다. 10년 후 흉노를 탈출한 장건은 드디어 월지에 이르러 동맹을 체결하

실크로드

려고 했으나 평화롭게 지내고 있던 월지는 흉노와 적대국이 되는 것을 꺼려하였다. 동맹을 맺으려 했던 당초의 목적 달성에 실패하고 귀국길에 올랐으나 귀국길에서 흉노에 또 잡혀서 고생하다가 겨우 다시 탈출에 성공하여 13년 만인 BC 126년에야 귀국하였다.

월지와의 동맹에는 성과가 없었으나 서역의 경험과 자료는 아주 훌륭한 정보가 되었다. 한무제는 장군 곽거병(霍去病)에게 명하여 흉노를 토벌하게 하였고 다시금 장건으로 하여금 서역을 개척하게 하였다. BC 119년 장건 일행은 소, 양, 비단 등을 준비하여 서역으로 떠났으며 오손국(烏孫國), 대완국(大宛國), 대월지국(大月支國), 우전국(于闐國) 등을 방문하고 돌아왔다. 두 번에 걸친 장건의 출정을 계기로 서역과의 통로가 확보되었으며 중앙아시아를 넘어 서아시아, 또 대진국(大秦國)이라 불렸던 로마와도 문물을 교류하게 되었다. 실크로드를 통해 중국의 비단, 도자기, 약재 등이 서역으로 전해졌으며 포도, 파, 마늘, 석류, 호두, 상아, 유리 등이 중국에 전래되었다.

사마천의 사기

사마천(司馬遷, BC 145~BC 86)은 한나라 시대의 사학가, 문학가이다. 아버지 사마담(司馬談)이 역법(曆法)과 도서를 관장하는 태사령(太史令)이었으므로 그도 어린 시절부터 자연스럽게 고전을 많이 접할 수 있었다. 20세부터 전국 여행을 떠나 견문을 넓히고 자료를 수집하였다. BC 110년에 아버지가 죽으면서 자신이 시작한 사기의 완성을 부탁하였고 사마천은 그 유지를 받들기로 약속하였다. 하지만 BC 99년 그의 나이 만 46세에 큰 시련이 닥쳤다. 흉노와 싸우다가 부득불 항복할 수밖에 없었던 이릉(李陵) 장군을 변호하다가 한무제의 노여움을 사게 되었다. 그러나 사기를 완성해야 한다는 책임감으로 궁형(宮刑)의 모욕을 견디고 살아남아 저술을 계속하였다.

사기는 오제(五帝)부터 한무제까지 3,000년에 걸친 역사를 서술하고 있다. 기존 역사서가 시점 순으로 서술하는 편년체(編年體) 방식이었던 것에서 벗어나 인물과 주제 중심으로 서술하는 기전체(紀傳體)를 도입한 최초의 역사서이며 문학 작품이기도 하다. 사기는 총 130권으로 구성된 방대한 규모인데 본기(本紀) 12권, 표(表) 10권, 서(書) 8권, 세가(世家) 30권, 열전(列傳) 70권으로 구성되어 있다. 본기는 오제에서 한무제에 이르는 제왕의 연대기이고 표는 연표(年表)를 말하며 서는 예서(禮書), 악서(樂書), 평준서(平準書) 등 문물과 제도를 서술했다. 세가는 제후와 왕들의 행적을, 열전은 뛰어난 인물들의 활동에 대한 기록이다.

분열과 통일

한(漢)나라 말기에 이르러 황실의 권위가 쇠락해지자 지방 군벌 세력이 등장하여 군웅이 할거하는 시기를 맞았다. 점차 위(魏), 촉(蜀), 오(吳)의 삼국으로 정리되어 삼국시대가 전개되었다가 사마씨(司馬氏)의 진(晉)이 통일을 이루었다. 하지만 통일은 오래 가지 못했다. 지방을 다스리게 한 왕족들이 스스로의 세력을 키워 끊임없이 골육상쟁의 전쟁을 벌였기 때문이다. 이후 중국은 북방에서는 오호(五胡)와 한족들이 여러 나라를 세우고 남방에서는 동진과 네 나라가 생멸하는 시대가 400년 가까이 이어졌다. 이 혼란을 마무리하고 중국을 재통일한 사람은 수문제(隋文帝)이다. 수나라 이후에 들어선 당은 태종의 '정관의 치(貞觀之治)'와 측천무후의 '무주의 치(武周之治)'를 거치며 세계의 최강대국이 될 수 있었으나 '안사(安史)의 난' 이후 국력이 급격히 기울고 말았다.

적벽대전과 삼국시대

200년, 관도(官渡)의 전투에서 원소를 무찌르고 화북 지역을 차지한 조조(曹操)는 208년 형주(荊州) 땅을 차지하기 위하여 남하하였다. 유표의 아들 유종(劉琮)은 바로 항복하였으나 유비(劉備)와 손권(孫權)은 동맹을 맺고 적벽[赤壁: 호북성 가어현(嘉魚縣)의 북동]에 진을 쳤고 조조는 강의 북쪽에 진을 치고 일전을 벌이게 되었다.

북방 출신인 조조의 군사들은 남방의 습한 공기와 풍토에 적응을 못했고, 배멀미까지 심한 상황이었다. 고민하던 조조는 쇠사슬을 이용해 배들을 묶은 다음 배 위에 판자를 깔아 흔들리지 않고 쉽게 걸어 다닐 수 있도록 했다. 이를 본 연합군측은 화공(火攻)을 펼치기로 하였는데 관건은 바람이 있어야 하는 것과 어떻게 적군의 배에 불을 붙일 것인가였다. 동짓날이 되자 겨울임에도 불구하고 동남풍이 불기 시작하였고 미리 거짓투항하기로 고육지책(苦肉之策)을 써놓은 황개(黃蓋)의 불붙은 배들이 조조 진영으로 돌격하면서 불화살을 쏘았다. 조조의 군영은 불바다가 되었고 유비와 주유는 이때를 놓치지 않고 총공격을 하니 조조군은 참패를 당하고 도망갈 수밖에 없었다.

적벽대전의 결과 화북 지역에는 조조가, 강남에는 손권이 자리를 잡았으며 유비는 형주(荊州: 호북성 일대)와 익주(益州: 사천성 일대)에 근거지를 얻게 되어 제갈량이 설파한 천하삼분(天下三分)의 형세가 완성되었다. 220년에는 조조의 아들 조비(曹丕)가 한의 헌제(獻帝)를 핍박하여 선양(禪讓) 형식으로 위(魏)의 황제를 칭하였고, 221년에는 유비가 성도(成都)에 촉한(蜀漢)을, 229년에는 손권이 건업(建業: 남경)에 오(吳)나라를 세우고 각각 황제라 칭하면서 본격적인 삼국시대(220~280)가 열리게 되었다.

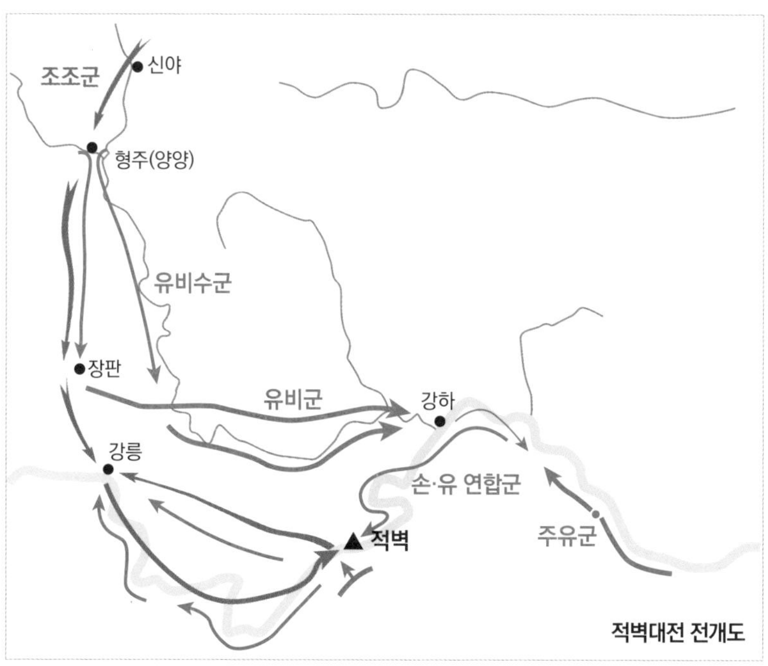

적벽대전 전개도

THEME 070

관우

관우(關羽, ? ~ 219)는 촉의 장수이다. 자는 운장(雲長)이고 무성(武聖), 관제(關帝) 등으로 숭배되며 수염이 아름답다는 뜻의 미염공(美髥公)이라는 우아한 별칭으로도 불린다. 고향은 산서성(山西省) 운성시(運城市) 염호구(鹽湖區) 해주진(解州鎭)이다.

관우는 충성과 의리의 상징이다. 유비가 조조의 공격을 피해 원소에 의지했을 때 관우는 유비의 가족과 함께 조조의 포로가 되었다. 조조는 그를 한수정후(漢壽亭侯)에 봉하는 등 극히 예우하였으나 끝내 의리를 지켜 유비에게 돌아갔다.

관우는 명장이었다. 조조에게 있을 때는 백마전투에서 원소의 명장인 안량(顔良)의 목을 베었고 적벽에서도 공을 세워 양양(襄陽) 태수로 임명되었으며 유비가 익주(益州)로 들어가

관우의 묘 관림

고 난 다음에는 형주의 수비를 맡았다. 조조가 번성[樊城: 호북성 양양(襄陽)]을 공격했을 때는 조조의 명장 우금(于禁)을 사로잡고 방덕(龐德)을 죽였다.

『삼국연의(三國演義)』는 영웅의 모습을 확대하였다. '키가 9척(180㎝)이고 수염이 2척(40㎝)에 이르는데 적토마(赤兔馬)를 타고 82근(18kg)이나 되는 청룡언월도(靑龍偃月刀)를 휘두른다', '천리주단기(千里走單騎: 천리 길을 말 한 필을 타고 간다)', '단도부회(單刀赴會: 칼 한자루만 들고 적진의 연회에 참석하다)', '온주참화웅(溫酒斬華雄: 더운 술이 식기 전에 화웅을 죽이다)', '화타(華佗)가 괄골요독(颳骨療毒: 뼈까지 번진 독을 긁어 내다) 하는데도 태연하게 바둑을 두면서 사람들과 담소했다', '유비를 찾아갈 때 오관참육장(五關斬六將: 다섯 개의 관문에서 여섯 장수를 죽이다)을 했다', '그를 죽인 여몽(呂蒙)에게 혼이 쓰여 일곱 구멍(눈2, 코2, 귀2, 입1)으로 피를 흘리며 죽었다' 등의 소설적 요소가 그를 신으로 만들었다.

그의 묘는 두 군데인데 하나는 호북성 당양(當陽)에 있는 관릉(關陵)이고 또 하나는 하남성 낙양(洛陽)에 있는 관림(關林)이다. 관우가 죽자 촉의 복수를 두려워한 손권이 관우의 머리를 낙양의 조조에게 보냈는데, 영리한 조조는 나무로 관우의 신체를 만들고 제후의 예를 갖추어 장례를 후하게 치렀다.

역대 왕조는 충의의 상징인 관우를 미화, 신격화하는 것에 적극적이었다. 이민족의 위협이 본격화된 북송시대부터 높은 시호가 계속 봉해지더니 명나라 신종(神宗)에 이르러서는 후(侯), 공(公), 군(君), 왕(王)의 칭호에서 벗어나 대제(大帝)라는 황제의 칭호가 부여되었다. 청나라 옹정제(雍正帝)는 각지에 관묘(關廟)를 세우고 공자와 같이 국가적인 제사를 지내도록 하였다. 유교에서는 그를 문형제군(文衡帝君)이라 하였고 도교에서는 협천대제(協天大帝)라 칭했으며 불교에서는 가람보살(伽藍菩薩)이라 하였다.

재신(財神) 관우

세월이 흐르면서 관우는 무성(武聖)의 지위에 더하여 재신(財神)이 되었다. 중국 식당이나 상점에 가면 관우상을 모셔놓고 발재(發財)와 만사형통을 비는 것을 자주 볼 수 있다. 이는 그의 고향이 산서성(山西省)인 것과 깊은 관계가 있는 것으로 보인다. 진상(晋商: 산서 상인)은 유명한 상인집단인데, 이들은 용맹하고 충성스러우며 신의와 의리를 목숨 같이 여기는 동향 출신의 관우를 숭배하게 되었고 이를 본 다른 지역 사람들에게도 확산되어 오늘에 이른 것으로 추정된다.

역사 속의 명마

중국의 고전, 그 중에서도 『삼국연의』를 읽다 보면 영웅들이 타고 다니는 명마 이야기가 많이 나온다. 고대의 명마는 오늘날의 람보르기니, 벤틀리, 마이바흐 같은 명차(名車)가 아닐까?

오추마(烏騅馬)는 항우(項羽)가 탔던 준마로 검은털에 흰털이 섞였다고 전한다. 항우는 자신이 머물던 마을의 호수에 용마(龍馬)가 산다는 얘기를 듣고는 용마와 겨루었으며 결국 자신의 애마(愛馬)로 삼았다는 전설이 있다.

한혈마(汗血馬)는 한무제 때 장건(張騫)에 의하여 알려지게 되었다. 하루에

천 리를 달리며 빠르게 달린 다음에는 피와 같은 붉은색의 땀을 흘린다고 하여 붙여진 이름이다. 한무제는 천마(天馬)라고 칭찬하였다고 한다.

하루에 천 리를 간다는 적토마(赤兔馬)는 가장 명마로 꼽힌다. 소설 『삼국연의』에서는 본래 동탁(董卓)이 타던 말인데 여포(呂布)에게 주었다가 여포가 죽은 뒤에는 조조가 관우에게 선물했다. 나중에 관우가 죽자 손권은 관우를 사로잡은 마충(馬忠)에게 주었으나 먹이를 먹지 않고 굶어 죽었다. 적토마를 그대로 직역하면 '털이 붉고 토끼처럼 재빠른 말'이라는 뜻이지만 적토(赤兔)는 원래 상서로운 동물로 여겨졌다고 한다. '인중유여포(人中有呂布), 마중유적토(馬中有赤兔)'라는 말은 '사람 중에서는 여포가 가장 용맹하며 말 중에서는 적토마가 최고'라는 표현이다. 또한 '혼신상하(渾身上下), 화탄반적(火炭般赤), 무반근잡모(無半根雜毛)'라 하였는데 이는 '온몸이 불타는 장작처럼 붉으며 단 하나의 잡모도 없다'라는 뜻이다.

적노(的盧)는 유비가 탔던 말이다. 눈 아래에 눈물주머니가 있고, 이마에는 흰 점이 있었다. 주인을 해치는 흉마(凶馬)라 하여 사람들이 타는 것을 꺼렸으나 유비는 괘념치 않았다. 형주의 유표(劉表)에게 신세지고 있을 때 채모(蔡瑁)와 괴월(蒯越)이 유비를 죽일 계획으로 연회를 열었으나 이 적노를 타고 넓은 단계(檀溪)를 뛰어 건너 탈출했다.

절영마(絶影馬)는 조조가 타던 말이다. 그림자가 보이지 않을 정도로 빠르다는 뜻으로 붙여진 이름이다. 조조가 장수(張繡)에게 패하여 도망갈 때 다리에 화살을 세 발이나 맞고도 계속 뛰었다고 묘사된 명마이다.

조황비전(爪黃飛電)도 조조가 탔던 말이다. 발굽(爪)이 노랗고(黃) 번개(電)처럼 나는(飛) 듯이 달린다는 이름을 가졌다. 용모가 준수하고 체구가 거대하였다고 전해지며 조조가 사냥할 때 탄 말이다.

제갈량과 사마의

제갈량(諸葛亮, 181~234)의 자는 공명(公明)이고 시호는 충무후(忠武侯)이다. 고향은 지금의 산동성 임기시(臨沂市) 기남현(沂南縣)이고 어려서 부친을 여읜 뒤 형주에 있는 숙부 슬하에서 자랐으며 숙부가 세상을 떠나자 융중(隆中)에서 은거하였다. 207년 조조에게 쫓겨 형주에 온 유비가 그를 찾아 삼고초려(三顧草廬)한 고사는 유명하다. 그는 유비에게 삼족정립(三足鼎立)의 천하삼분지계(天下三分之計)를 설파해 조조, 손권에 비하여 기반이 약한 유비가 자강할 수 있는 계책을 내어 놓았고 유비는 그를 얻은 것을 "물고기가 물을 만났다"라며 기뻐했다.

제갈량

유비가 익주를 차지하고 221년 촉한의 황제가 되었을 때 그는 승상에 올랐다. 외교적으로는 오나라와 연합하여 강대한 위나라에 맞섰고 경제는 둔전(屯田)을 실시해 식량 생산을 늘렸으며 국방은 남만(南蠻)을 정벌하여 후방을 든든히 하였다. 국력을 기울여 감행한 다섯 차례의 북벌(北伐)이 번번이 실패

사마의

하였고 결국에는 오장원[五丈原: 섬서성 보계시 기산(寶鷄市 岐山)]에서 54세의 나이에 운명하고 말았다.

사마의(司馬懿, 179~251)의 자는 중달(仲達)이며 훗날 진(晉)의 선제(宣帝)로 추존(追尊)되었다. 그의 고향은 현재의 하남성 초작시(焦作市) 온현(溫縣)이다. 조상 대대로 높은 벼슬을 한 명문가에서 태어났고 총명하였으며 유학에도 뛰어났다. 그는 조비(曹丕)가 죽자 보정대신(輔政大臣)이 되어 조예(曹叡)를 보필하였다. 대장군이 되어 제갈량의 북벌을 물리쳤으며 요동 지역의 반란을 진압하기도 했다. 둔전을 실시하여 농업 생산력을 높이기도 하였다. 조예의 사후 군권을 쥔 조상(曹爽)이 실권을 빼앗자 은둔하면서 깊이 병든 것처럼 연기해 조상 측을 안심시킨 것은 유명한 이야기다. 249년 고평릉(高平陵)에서 정변을 일으켜 조상을 살해한 뒤 권력을 장악하였고 사마씨의 세상을 준비하다가 251년에 73세의 나이로 병사하였다.

제갈량과 사마의를 서로 비교하는 일은 흥미롭다.

먼저, 제갈량은 자수성가로 승상의 지위에 올라간 사람이다. 숙부 슬하에서 크면서 스스로 공부하고 노력하여 명성을 쌓았고 자신을 알아주는 유비를 만나 승상이 되었다. 반면 사마의는 명문가의 자손으로 태어났을 때 이미 주어진 기회가 많았다.

둘째, 제갈량은 '똑똑 하면서도 부지런한, 똑부'이고, 사마의는 '똑똑하나 게으른, 똑게'라고 할 수 있다. 전투에서 제갈량은 근면성실하게 만사를 주관하면서 하나하나를 직접 챙겼지만 사마의는 그런 모습을 보이지 않았다.

셋째, 리더의 덕목이기도 한 느긋함과 인내심이다. 제갈량은 북벌이 거듭 실패함에도 불구하고 생전에 천하통일의 과업을 완수하기 위하여 노심초사하였다. 반면 사마의는 제갈량이 보낸 여자옷을 받고도 모욕을 참으면서 출전하지 않는 인내심을 보였다. 조상이 실권을 빼앗자 위기를 직감하고 병든 것처럼 연기하며 두문불출하다가 결정적 기회가 왔을 때 행동했다.

넷째, 유비가 죽으면서 유선(劉禪)의 능력이 모자라면 직접 황제가 되어 나라를 맡으라고 하였으나 제갈량은 이를 사양하고 끝까지 충성을 다하였다. 반면에 사마의는 쿠데타를 일으켜 새로운 왕조의 기반을 구축했다.

제갈량이 후세 사람들에게 추앙받는 이유는 무엇인가? 세력이 약한 촉한의 지도자로서 그의 결정에 국가의 명운이 좌우되었던 상황을 돌이켜 보면 밤잠을 줄이며 만사를 챙기는 모습이 그려진다. 국가의 힘이 압도적으로 우세한 위나라의 사마의하고는 입장이 달랐다는 얘기다. 출사표(出師表)를 읽어보면 그의 충심이 그대로 전달되는 듯하다. 어렵고 힘들지만 준비하고 또 준비하며 실행하는 그의 충심을 존경하는 것이다.

"강한 자가 살아남는 것이 아니라 살아남은 자가 강한 것이다"라는 말이 있다. 사마의에게 어울리는 말이다. 그는 54세에 운명한 제갈량보다 19년을 더 살아 73세까지 살았다. 이인자(二人者)의 삶을 살면서 끝까지 인내하고 기회를 기다린 그의 태도는 많은 것을 시사한다.

위진남북조시대: 북조

위진남북조시대(魏晉南北朝時代, 220~589)는 한의 멸망(220) 후에 세워진 위, 오, 촉의 삼국시대부터 수(隋)나라가 중국을 재통일(589년)하기까지의 369년을 의미한다. 위(魏)는 조조와 조비의 위나라를 의미하며 진(晉)은 서진(西晉)은 물론 북방의 유목 민족에게 장강 북쪽을 내주고 건업(建業: 남경)에 수립한 동진(東晉)을 포함한다.

위, 오, 촉의 삼국시대는 그리 오래가지 못하였다. 263년 위에 의하여 촉이 먼저 망하고, 280년에는 위의 뒤를 이은 진(晉)의 사마염(司馬炎)이 오를 침략하여 멸망시켰다. 한(漢)이 망한 지 60년 만에 중국을 재통일한 것이다.

하지만 서진(西晉: 수도 낙양) 또한 오래가지 못하였다. 지방의 호족 세력을 약화시키기 위해 황실 일족을 지방의 왕으로 삼았는데 이들의 힘이 강해지자

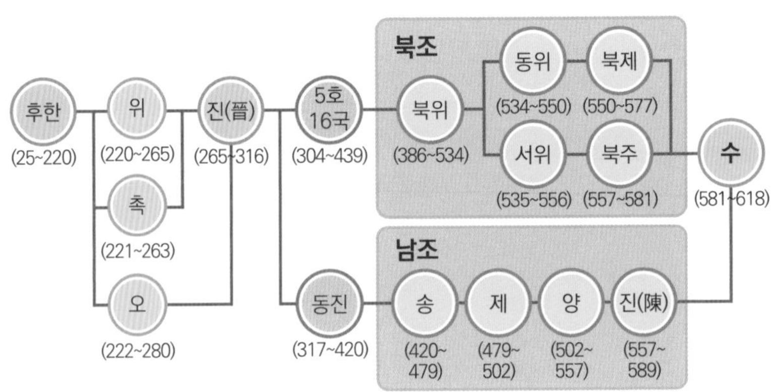

위진남북조시대

황제 자리를 차지하기 위하여 서로 치열하게 싸우는 '팔왕의 난(八王의 亂)'이 16년간이나 지속되어 국력을 소모하였다. 혼란의 와중에 유목 민족을 용병으로 고용하기도 하였는데 흉노의 귀족인 유연(劉淵)은 한(漢)을 세웠다. 그의 아들 유총(劉聰)은 낙양을 함락시키고 진(晋)의 회제(懷帝)를 사로잡는 '영가지란(永嘉之亂)'을 일으켜 백성들의 삶은 더욱 피폐하게 되었다. 몇 년 후 진의 마지막 황제인 민제(愍帝)마저 죽임을 당하여 서진(265~316)은 건국 51년, 통일 36년(280~316) 만에 이민족인 흉노에게 망하고 말았으며 혼란과 분열의 시대를 맞이한다.

장강(長江)의 북쪽에서는 오호(五胡: 匈奴, 鮮卑, 羯, 羌, 氐)와 한족이 16국을 번갈아 세우는 오호십육국시대(五胡十六國時代)의 혼란이 있었다. 439년에 북위(北魏, 386~534)가 북방을 통일하고 전성시대를 구가하다가 동위(東魏)와 서위(西魏)로 갈라서고 이를 북제(北齊)와 북주(北周)가 각각이었다. 이 시기는 정치적으로는 매우 혼란하였지만 유목 민족들의 지배에 따라 농경문화와 유목문화가 서로 융합되면서 개방적이고 역동적인 문화가 융성하게 되었다.

북조의 전성기는 선비족의 탁발부(拓跋部)가 세운 북위이다. 북위는 5호의 여러 나라를 차례로 멸망시키고 북방을 통일하였다. 효문제(孝文帝)는 적극적인 한화정책(漢化政策)을 추진했는데 수도를 평성[平城: 대동(大同)]에서 낙양으로 옮겼으며 선비족의 풍속, 언어, 의복을 폐지하고 심지어 자신들의 성씨인 탁발(拓跋)씨를 원(元)씨로 바꾸었으며 한족과의 혼인을 장려하고 조정 관원들부터 한어(漢語)를 쓰게 하였다. 또 불교를 적극 후원하여 건설해 왔던 대동(大同)의 운강석굴(雲崗石窟)을 완성하였다. 낙양으로 천도한 이후에는 운강석굴 만큼이나 웅장한 용문석굴(龍門石窟)을 조성하기도 하였으며 소림사(少林寺)를 건립하게 하였다.

위진남북조시대: 남조

강남 지방을 다스리고 있던 왕족 사마예(司馬睿)는 서진이 멸망하자 건업(建業: 남경)에 다시금 진 왕조를 부활시키니 이를 동진(東晉)이라고 한다. 동진(317~420)의 뒤를 이어 송(宋), 제(齊), 양(梁), 진(陣)이 연이어 흥망을 거듭하였다. 손권이 세운 동오(東吳)를 포함하여 육조(六朝)라 칭한다.

이 시기 북쪽의 혼란을 피해 많은 한족들이 남쪽으로 이주하였으며 강남 개발이 본격화되어 농업생산력이 크게 늘어났다. 이는 문화와 예술이 화려하게 꽃 피울 수 있는 토양이 되었으며 문학, 서예, 미술 등에서 중국을 대표하는 인물이 많이 나왔다.

도연명

시인 도연명(陶淵明)은 벼슬살이를 하면서 아첨해야 하는 생활에 염증을 느껴 "다섯 되 쌀 때문에 허리를 굽힐 수는 없다"며 사직하고는 농사를 짓는 전원시인(田園詩人)이 되었다. 농사와 농민들의 염원을 반영하는 시를 많이 지었는데 「귀거래사(歸去來辭)」와 「도화원기(桃花源記)」를 남겼다.

서예에서는 서성(書聖)이라 불리는 왕희지(王羲之)의 「난정집서(蘭亭集序)」가 유명하다. 353년의 봄날에 난정(蘭亭)에서 열린 시회(詩會)에 참가한 41명의 시를 모은 『난정집(蘭亭集)』이 만들어졌고 그 서문을 왕희지가 썼는데 이것이 바로 「난정집서(蘭亭集序)」이다. 당태종(唐太宗)은 이 글씨를 특히 좋아해 무덤까지 가져갔다고 한다.

미술에서는 고개지(顧愷之)의 인물화가 유명한데 건강(建康: 남경)의 와관사(瓦官寺)벽에 그린 유마힐상(維摩詰像)으로 이름을 떨쳤으며, 〈여사잠도(女史箴圖)〉는 '부녀자가 갖추어야 할 덕목'이라는 뜻의 여사잠을 그림으로 표현한 것이다. 〈낙신부도(洛神賦圖)〉는 조조의 아들 조식(曹植)이 지은 「낙신부」를 그림으로 그린 것이다. 모두 진품은 전하지 않고 후세의 모작만 남았다.

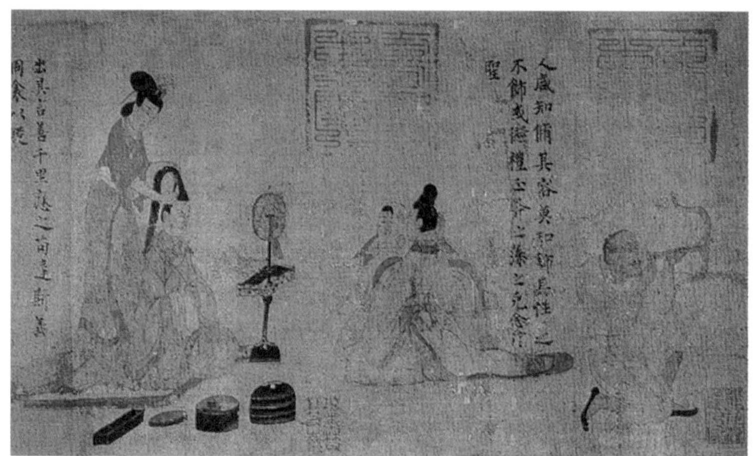
여사잠도

수의 통일과 고구려 원정

수문제(隋文帝) 양견(楊堅)은 581년 북주(北周) 정제(靜帝)의 양위를 받은 다음, 나라 이름을 수(隋, 581~618)라고 하였다. 589년에는 남조(南朝)의 진(陳)을 정복하여 위진남북조(220~589)의 긴 혼란기를 끝내고 중국을 다시 통일하였다. 그는 진시황에 버금간다는 평가가 있을 정도로 훌륭한 인물이었다. 검소한 식사를 하고 법을 엄격하게 적용하였으며, 후궁도 두지 않는 모범적인 제왕이었고 과거제로 관리를 선발하기도 하였다. 백성들의 삶도 안정을 찾아 호구수(戶口數)가 400만 호에서 900만 호로 늘어났다.

수양제

이에 반하여 형제와 아버지를 죽이고 제위에 오른 수양제(隋煬帝)는 문제와 여러 면에서 대비되는 인물이었다. 사치와 향락에 빠져 지냈으며 대운하(大運河) 같은 대규모 토목 공사를 벌였고 무리한 전쟁을 벌이기도 하였다. 하지만 대운하는 만리장성에 필적하는 큰 업적이라고 평가하는 이들도 많다. 북으로는 북경, 남으로는 항주에 이르는 2,000㎞의 운하인데 황하, 양자강을 비롯한 다섯 개의 강을 연결하는 대동맥이 되었다.

수문제와 수양제는 2대에 걸쳐 고구려를 침공하였다. 598년에 수문제는 30만 대군을 동원하여 고구려를 침공하였으나 수군(水軍)이 강이식(姜以式) 장군의 고구려 수군에 패하는 등 고전을 면치 못하다가 철수하였다. 612년에는 수양제의 백만대군이 지금의 북경에 집결하여 출발하였다. 요동성의 철벽 같은 방어에 막혀서 고전하던 수나라 군대는 30만의 정예부대가 평양성을 공격하기에 이르렀으나 을지문덕(乙支文德)의 유인책에 걸려서 살수(薩水)에서 대패하였고 겨우 2,700명이 살아서 돌아갔다고 한다. 그러나 수양제는 여기에서 그치지 않고 2차, 3차에 걸친 원정을 단행했으나 번번이 실패했고 반란이 그치지 않았다. 국력을 많이 소모한 나머지 결국 618년에 양제가 친위대 대장에게 살해 당함으로써 수나라는 37년 만에 망하고 말았다.

여수장우중문시(與隋將于仲文詩): 을지문덕이 수나라 우중문에게 준 시

신책구천문(神策究天文) 귀신과 같은 책략은 하늘의 이치를 다했고
묘산궁지리(妙算窮地理) 오묘한 계산은 땅의 이치를 꿰뚫었도다
전승공기고(戰勝功旣高) 전쟁에 이겨 공이 이미 높으니
지족원운지(知足願云止) 원컨데 족함을 알고 그만 두기를 바라노라

당의 건국과 정관의 치

수(隋) 말기 태원(太原) 유수(留守) 이연(李淵)은 반란군에 가담하였다가, 수양제를 몰아내고 당(618~907)을 건국하니 그가 곧 당 고조(高祖)이다. 둘째 아들 이세민(李世民)은 무너져 가는 수나라에 대해 반기를 들 것을 아버지에게 적극 권유하였고 반란군과의 전쟁에서도 이기는 등 당의 건국에 결정적인 역할을 하였다. 2대 황제에 오르니 그가 바로 당 태종(唐太宗, 599~649)이다.

당태종

당태종의 통치기간은 태평성대로 평가되며 그의 정치는 제왕의 모범으로 여겨지고 있는데 신하들과의 문답을 기록한 『정관정요(貞觀政要)』는 제왕학(帝王學)의 기본서라고 할만하다. 그는 평소에 "천하는 한 사람을 위한 것이 아니라 만인의 것이다"라고 하면서 백성들의 고충을 해결하고자 하였다.

이건성의 부하였던 위징(魏徵)을 등용하여 듣기 싫은 소리도 경청하고 받아들임으로써 명군의 이름을 얻을 수 있었다. 위징은 태종에게 "태평성대일수록 위태로울 때를 생각하고 이를 대비하여야 한다(居安思危)"는 유언을 남겼다. 태종은 "나는 이제 나를 볼 수 있는 거울을 잃어버렸다"라며 슬퍼했다.

율령(律令)을 정비하여 3성 6부의 중앙관제를 수립하고 토지제도, 세제, 병역제도 등을 개편하였으며 과거제를 실시하였고 국자감을 설립하여 인재들을 교육하게 하였다. 대외적으로는 고구려 원정에서 안시성(安市城)을 함락시키지 못하고 실패하였으나 동돌궐을 멸망시켰으며 토번(吐蕃)에는 문성공주(文成公主)를 시집 보내어 우호관계를 맺는 등 변경을 안정시켰다. 고승 현장(玄奘)은 숱한 난관을 뚫고 천축(天竺)에 가서 불경 6백여 권을 가지고 돌아와 번역하였다.

황제 등극 과정에서 피를 흘리기는 하였으나 신하들의 충언을 잘 듣고 이를 정책에 적극적으로 반영하여 당나라의 번영과 태평성대를 이루었으므로 역사에서는 이때를 일컬어 '정관의 치(貞觀之治)'라 한다.

현무문의 변(玄武門之變): 626년 7월 2일

첫째 이건성(李建成)과 넷째 이원길(李元吉)은 돌궐이 변경을 침공하자 이를 이용하여 둘째 이세민의 병권을 빼앗고 죽이려 하였다. 하지만 이세민 측은 이를 알고 선수를 쳤다. 장안성 북문인 현무문(玄武門)에서 둘을 화살로 쏴죽이고 정권을 장악하였으며 두 달 후에는 고조(高祖)도 태상황(太上皇)으로 물러나게 하였다.

문성공주와 송찬간포

문성공주(文成公主, ?~680)는 똑똑하고 아름다웠으며 불교를 깊게 믿었다. 고향은 산동성 제녕시(濟寧市) 임성(任城)으로 알려져 있다. 공주라고 전할 뿐, 누구의 딸인지는 기록이 확실하지 않지만 당 태종의 육촌인 이도종(李道宗)의 딸일 것으로 추정한다. 이는 이도종이 임성왕(任城王)에 책봉된 적이 있으며 공주가 시집갈 때 호송의 책임자였기 때문이다.

문성공주

토번(吐蕃: 티베트)과의 전쟁을 하던 당 태종은 혼인 요청을 받고도 몇 차례 거절하다가 화의가 성립된 다음에야 혼인을 허락하였다. 641년 공주는 장안을 떠나 서녕(西寧)과 일월산(日月山)을 거쳐 납살(拉薩: 라싸)에 도착하였다. 송찬간포(松贊干布)는 군신들을 데리고 현재의 청해성 마다현(瑪多縣)으로 마중을 나왔다.

공주는 시집갈 때 불경과 불상, 책, 곡식과 채소의 씨앗, 약재, 차 등을 가지고 갔는데 불교를 전파하였음은 물론 문화 발달에도 기여하였다. 그녀는 티베트에서 '갑목살(甲木薩)'로 존경 받는데 이는 '한녀살(漢女薩)'로 한족 여자 보살이라는 의미의 존칭이다. 남편이 33세의 젊은 나이에 죽은 후에도 30년을 더 살면서 티베트인의 많은 사랑을 받았다.

송찬간포

송찬간포(617~650)는 토번의 제33대 국왕인데 13세의 어린 나이에 제위에 올라 토번을 통일하고 발전시킨 군주이다. 수도를 납살로 옮기고 포달랍궁(布達拉宮)을 세웠으며 영토를 확장해 인도, 네팔, 중국을 위협하였다. 정치, 경제, 군사, 문화 등 각 분야의 제도를 수립하고 개혁을 단행하였다. 귀족들의 자제를 장안으로 보내 선진문물을 배우도록 하였고 인도 문자를 응용한 티베트 문자를 만들어 본인 스스로 문자를 배우고 『마니전집(嘛呢全集)』이라는 저서를 남기기도 했다. 인도와 중국에서 불교를 들여왔으며 대소사(大昭寺: 조캉사원)와 소소사(小昭寺: 라모체 사원)를 세웠다.

포달랍궁

여황제 측천무후

측천무후(則天武后, 624~705)의 본명은 무조(武照)이며 무측천(武則天)이라고도 불린다. 무후는 당고종(唐高宗)의 황후를 뜻하는 이름이다. 본래 고종의 아버지인 당태종의 후궁이었으며 태종의 사망 이후에 비구니가 되었다. 하지만 아버지의 후궁을 눈여겨 보았던 고종에 의하여 다시 황궁으로 돌아왔다.

그녀는 자신의 야심을 위해서라면 경쟁자는 물론이고 자식도 죽이는 냉혹한 여인으로 유명하다. 먼저 경쟁관계였던 왕황후(王皇后)를 모함하여 죽일 때는 자신의 갓난 딸을 스스로 죽이고는 왕황후의 짓이라며 덮어씌웠다고 한다.

황후의 자리에까지 오른 그녀는 고종이 양위하려고 했던 첫째 아들은 독살하고, 둘째는 태자로 삼았다가 바로 서민으로 만들고 자결하게 했으며, 셋째 아들 이현(李顯)을 태자로 삼으니 그가 당고종 사후에 즉위한 중종(中宗)이다. 하지만 중종의 황후인 위후(韋后)가 정권을 장악하려 하자 중종을 폐하고 넷째 아들인 이단(李旦)을 즉위시키니 예종(睿宗)이다. 그러나 그녀의 야망은 거기에서 그치지 않았다. 67세이던 690년에 예종으로부터 황위를 물려받고는 그를 감금하였다. 스스로를 성신황제(聖神皇帝)라 칭하고 15년

동안 중국을 통치한 유일의 여황제가 탄생한 것이다.

나라 이름을 대주(大周)라 하고 도성을 낙양으로 옮기고 신도(神都)로 바꾸어 불렀다. 주나라의 전통을 따라 역법과 관직명도 새로이 제정하였다. 과거제도를 정비하여 전국적으로 수많은 인재를 등용했는데 특히 재상 적인걸(狄人杰) 등을 등용하여 조정의 역량을 강화하였다. 경제발전으로 400만 호가 안 되던 인구가 말년에는 600만 호로 늘어나게 되었으며 국방도 튼튼하게 되었다. 후세의 역사가들은 그녀의 통치시기를 태종의 '정관의 치(貞觀之治)', 현종의 '개원의 치(開元之治)' 와 더불어 '무주의 치(武周之治)'라 부르면서 높게 평가하고 있다.

그녀는 남편 고종의 무덤인 건릉(乾陵)에 같이 묻히게 되었다. 임종하기 직전에는 장간지(張柬之) 등이 정변을 일으켜 중종(中宗)을 다시 복위시켜 당 왕조가 부활되었다. 그녀의 비석은 글자가 없는 무자비(無字碑)이다. 후세 사람들은 여러가지 이유를 말하는데 너무 업적이 많아서, 잔인한 일을 너무 많이 해서 혹은 훗날 역사의 평가에 맡긴다는 의미 등등이 그것이다.

측천무후의 후계

그녀는 말년에 황제 자리를 무씨(武氏) 조카에게 넘길 것인지 이씨(李氏) 아들에게 넘길 것인지를 고민하였는데 적인걸이 "아들을 태자로 삼으면 후손들이 길이길이 태묘에 모시고 제사를 지내겠지만 고모를 모시고 제사를 지내지는 않는다" 라고 말하자 자기 아들을 태자로 삼기로 결심하였다.

당현종과 안사의 난

현종(玄宗, 685~762)은 집권 초기 신하들의 충성스러운 이야기를 잘 듣고 우수한 인재들을 등용해서 당나라를 부강하게 하여 '개원의 치(開元之治)'라는 평가를 받았다. 그러나 통치 말년에 이르러 사치와 방탕에 젖었고 특히 아들의 후궁이었던 양옥환(楊玉環: 楊貴妃, 양귀비)에 빠져 정사를 소홀히 하였다. 양귀비의 육촌 오빠인 양국충(楊國忠)의 횡포가 심해졌고 구밀복검(口蜜腹劍)의 간신 이임보(李林甫)를 중용하면서 인재들은 사라지고 아첨꾼들이 득세하였다. 사회적으로는 자경 농민층이 붕괴되어 유민(流民)으로 떠돌았고 병농일치(兵農一致)의 부병제(府兵制)가 무너지고 모병제(募兵制)로 바뀌게 되었다. 중앙권

안록산

력이 약화되면서 변방의 절도사들은 유민과 이민족을 모아 세력을 키울 수 있었다.

이광필 장군

이윽고 755년, 절도사 중에서도 그 세력이 가장 강했고 현종과 양귀비의 신임도 두터웠던 안록산(安祿山)이 양국충을 토벌한다는 명분을 걸고 반란을 일으켰다. 현종은 70이 넘은 늙은 몸으로 양귀비와 함께 촉(蜀)으로 피란을 떠났으나 장안에서 멀지않은 마외역(馬嵬驛)에 이르자 친위대가 병란을 일으켜 양국충을 죽이고 양귀비도 죽일 것을 강하게 요구해 어쩔 수 없이 양귀비에게 자결을 명했다.

한편 반군은 내부 분열이 일어나 안록산의 아들 안경서(安慶緖)가 부친을 죽였으며 안록산의 부장이었던 사사명(史思明)이 다시 안경서를 살해하였다. 마지막으로 사사명의 아들 사조의(史朝義)가 부친 사사명을 죽이고 우두머리가 되었으나 패전을 거듭한 끝에 자살함으로써 안록산의 난, 일명 안사의 난(安史의 亂, 755~763)은 그 끝을 맺게 되었다. 한편 반란을 진압한 당나라 장군들 중에서는 이광필(李光弼)과 곽자의(郭子儀)의 이름이 높았다.

안사의 난은 평정되었지만 절도사들의 권한은 강해지고 통치 지역도 넓어져 중앙권력에 도전하게 되었다. 급기야 875년에 소금 밀매업자 출신인 황소가 '황소의 난(黃巢의 亂)'을 일으켰다. 난은 가까스로 진압되었으나 황소의 부장 출신으로 조정에 귀순하였던 주온(朱溫: 朱全忠)에 의해 당은 907년, 건국 290년 만에 망하고 말았다.

4대 미녀

중국의 4대 미녀는 춘추시대 월나라의 서시(西施), 서한(西漢)의 왕소군(王昭君), 동한(東漢)의 초선(貂蟬), 당나라의 양귀비(楊貴妃)를 말한다. 이 중에서 초선은 소설 『삼국연의(三國演義)』에 나오는 가공의 인물이지만 나머지 3명은 역사 기록에 있는 실제 인물이다. 이들의 미모를 일컬어 침어낙안(沉魚落雁), 폐월수화(閉月羞花)라고 한다.

서시는 지금의 강소성 소흥(紹興)의 한 마을에서 태어났다. 서쪽 마을에서 살았기 때문에 서촌(西村)에 사는 시씨(施氏)라는 뜻에서 서시라고 불렸다. 그녀의 별명은 침어(沉魚)인데 물에 비친 그녀의 모습이 하도 고와 물고기들이 부끄러워 물 속으로 가라앉았다고 하여 생긴 별명이다. 오왕 부차(夫差)에게 패배한 후 상담(嘗膽)하면서 복수의 칼을 갈던 월왕 구천(句踐)은 미인계를 쓰기로 하고 전국에서 미녀를 뽑았는데 이때 선발된 여인이 서시였다. 구천의 부하였던 범려(范蠡)는 그녀를 부차에게 바쳤으며 서시를 본 부차는 오자서(伍子胥)의 강력한 반대에도 불구하고 그녀를 곁에 두었다. 서시에

서시

게 반한 부차는 사치와 향락에 빠졌고 결국은 구천에 의해 패망하고 말았다.

왕소군은 한나라 원제(元帝)의 궁녀였다. 장안을 방문한 흉노의 선우(單于)는 황제의 사위가 될 것을 청하면서 공주와 혼인하고 싶다고 했다. 딸을 흉노에 보내기 싫었던 황제는 궁녀 중에서 한 명을 보내기로 했는데 그게 바로 왕소군이었다. 당시 수많은 궁녀를 일일이 볼 수 없던 황제는 화공(畵工)으로 하여금 그림을 그리게 하고 이것을 보고 승은을 내릴 궁녀를 고르고는 했다. 궁녀들은 화공에게 뇌물을 주고 초상화를 아름답게 그려 황제를 모시고자 하였는데, 형편이 넉넉하지 못했던 왕소군은 뇌물을 줄 수 없어 못생긴 얼굴로 그려졌고 결국 흉노로 시집갈 궁녀로 선발되고 말았다. 왕소군이 떠나던 날, 그녀를 처음 본 원제는 그녀가 절세의 미인이라는 것을 알게 되었으나 이미 때는 늦은 다음이었다. 왕소군의 별명은 낙안(落雁)이다. 하늘을 나는 기러기도 그녀의 미모를 보고 날개짓을 잊어버려 땅에 떨어졌다는 뜻이다.

왕소군

초선은 『삼국연의』에 등장하는 몇 안 되는 여자 등장인물이다. 미모가 얼마나 출중하였던지 초선이 달을 보고 있으면 그녀의 미모에 달이 부끄러워 구름 뒤로 숨었다고 하여 폐월(閉月)이 별명이 되었다. 사도(司徒) 왕윤(王允)은 집안의 가기(歌妓)였던 초선을 딸처럼 아꼈다. 그녀는 자신을 자식처럼 돌보

초선

양귀비

아준 왕윤의 계책에 따라 동탁(董卓)과 여포(呂布)의 사이를 갈라 놓는 역할을 하게 되며 여포는 결국 동탁을 제거하고 초선을 자신의 여인으로 만들게 된다. 그 후 여포와 초선은 잘 살았으나 훗날 조조(曹操)가 여포를 죽일 때 자결했다고 한다.

양귀비(楊貴妃)의 본명은 양옥환(楊玉環)이다. 원래는 당현종의 18번째 아들인 수왕(壽王) 이모(李瑁)의 비(妃)가 되었으나, 시어머니인 무혜비(武惠妃)가 죽게 되자 외로워진 현종의 짝을 찾던 환관 고력사(高力士)의 눈에 들게 되었다. 바로 후궁이 되는 것은 문제가 있었으므로 도교(道教)의 도사(道士)를 거치게 하여 속세의 과거사를 지우게 한 다음 귀비로 책봉하게 된다. 현종은 그녀를 '말을 이해하는 꽃', 즉 '해어화(解語花)'라고 불렀다. 그녀의 별명은 수화(羞花)이다. 꽃이 부끄러워하는 미모라는 뜻이다.

3대 간신

중국 역사에는 수많은 간신이 있었지만 그 중에서도 최악으로 평가받는 3대 간신이 있으니 당현종 시절의 이임보(李林甫), 남송 고종 시절의 진회(秦檜), 명나라 가정제(嘉靖帝) 시절의 엄숭(嚴嵩)이 그들이다. 이들은 말을 잘하고 거짓말에 능하며, 권력자의 속마음을 읽는 특별한 재주가 있고, 자신의 마음을 감추는 위장술이 뛰어나다는 공통점이 있다. 또한 이들이 모신 황제들은 국사에 마음이 떠나 있거나 무사안일 하였고, 종교에 깊이 심취한 혼군(昏君) 혹은 암군(暗君)이었다는 사실도 닮은 점이다.

이임보

이임보는 원래 당고조(高祖) 이연(李淵)의 먼 친척뻘이었다. 궁중에 진출한 이후에는 후궁, 환관들과 각별하게 지내면서 황제의 의중을 미리 파악하는 데 집중하였으며 겉으로는 누구와도 친하게 지내려고 하였다. "온갖 달콤한 언사를 하지만 뱃속에는 칼을 품고 있다"라는 구밀복검(口蜜腹劍)은 바로 그 때문에 생겨난 말이다. 황제의 의중에 있는 말과 행동으로 점차 신임이 깊어지게 되었고 734년에는 전임재상 장구령(張九齡)을 밀어내고 드디어 재상의 자리를 차지하게 된다. 그는 18년 동안 재상의 자리에 있으면서 현종이 중용하려는 인재가 있으면 다른 사람을 시켜 그 사람을 참소하게 하고 충신들을 쫓아내 무능한 자들로 자리를 채워나갔다. 그가 죽자 죄상이 다 드러났으며 재산은 몰수되었고 시체는 부관참시(剖棺斬屍: 무덤을 파서 관을 부수고 시체의 목을 베는 형벌)를 당하고 말았다.

진회(秦檜)는 남송의 고종시대 사람이다. 960년에 건국된 송나라는 문치주의를 표방하면서 국방력이 점차 약화되었다. 급기야 1127년에는 금(金)나라의 침공으로 휘종, 흠종 황제를 포함한 3,000여 명이 포로로 끌려가는 '정강지변(靖康之變)'이 일어난다. 흠종의 동생 고종은 강남으로 피신하여 항주(杭州)에 도읍을 정하니 이때부터가 남송(南宋)시대이다. 진회도 금나라로 끌려가서 3년 동안 고생을 하다가 탈출하여 남송에 합류하였는데 그는 금나라가 강하다는 것과 포로 생활의 참담함을 잘 알고 있었기에 대표적인 주화론자(主和論者)가 되었다. 중국인들이 그를 미워하는 가장 큰 이유는 민족의 영웅인 악비(岳飛)를 모함하여 죽였기 때문이다. 대표적 주전파(主戰派)인 악비의 연전연승은 주화파인 진회뿐만 아니라 더 이상의 전쟁 없이 비단과 은을 금나라에 바치면서 편안하게 본인의 황제 자리를 보전하려던 고종(高宗)에게도 달갑지 않은 일이었다. 진회는 1155년에 죽었으나 평안하지는 못한 것 같다. 항주에 있는 악비의 무

진회

덤인 악왕묘(岳王廟)에 가면 그 입구에 무릎을 꿇고 있는 진회와 아내 왕씨의 동상을 볼 수 있다. 중국인들은 지금도 진회 부부에게 욕을 하고 침을 뱉으며 저주하고 있다.

엄숭

엄숭(嚴嵩)은 과거를 통해 관직에 진출하였으며 시문에도 뛰어났다고 한다. 명나라의 가정제(嘉靖帝)가 즉위하고 황제를 곁에서 모시는 기회가 오자 그는 특기를 발휘하여 황제의 비위를 맞추기 시작했으며 재상 자리에 오른 다음에는 20년 이상을 벼슬을 팔고 국고를 뒤로 빼돌리면서 축재를 하였다. 그의 아들 엄세번(嚴世蕃) 또한 부친 못지않게 교활하고 탐욕적인 방법으로 재산을 모았다. 그러나 시간이 지나면서 그의 탐욕스러움이 알려지게 되었고 황제의 신임을 잃었다. 결국 엄숭은 삭탈관직을 당하였고 엄세번은 참형을 당하고 만다. 엄숭이 병들어 죽었을 때는 관(棺)을 갖출 형편이 안 되었고 문상을 오는 사람도 없었다고 한다.

중화의 품으로

오대십국의 혼란을 마무리하고 중국을 다시 통일한 송은 경제가 발달하고 문화가 꽃핀 국가였다. 하지만 문치주의를 펴는 바람에 문약에 빠지게 되어 요, 금, 서하 등 유목민족 국가의 시달림을 받은 결과 남쪽으로 쫓겨나고 말았다. 칭기즈칸의 손자인 쿠빌라이가 세운 원나라는 100년을 채우지 못했으나 국제적인 제국이었다. 이민족을 물리치고 한족이 세운 명나라는 영락제에 이르러 수도를 북경으로 옮기고 자금성을 건축했으며 정화의 대함대를 원정 보내기도 하였다. 이어서 등장하는 여진족의 청나라는 강희, 옹정, 건륭 세 황제를 거치면서 국력이 크게 신장되었으며 현재 중국의 영토가 거의 완성되었다.

오대십국의 혼란

강대한 제국이었던 당(唐)이 멸망한 후 중국은 다시 수십 년간 혼돈의 시기로 접어들었다. 중원에서는 주온(朱溫)이 후량(後梁)을 건국하였으나 후당(後唐), 후진(後晉), 후한(後漢), 후주(後周)의 다섯 왕조 오대(五代)가 짧게는 4년, 길게는 17년 만에 생멸을 거듭하였다. 강남과 파촉 등에서는 초(楚), 전촉(前蜀), 오월(吳越), 민(閩), 남한(南漢), 오(吳), 형남(荊南), 후촉(後蜀), 남당(南唐), 북한(北漢)의 십국(十國)이 흥망을 거듭했다. 역사학자들은 이 시기를 오대십국(五代十國, 907~979)이라고 부른다.

이 시기 후진의 석경당(石敬瑭)은 즉위하기 전 후당과의 전쟁에서 위기에 처하자 거란의 야율덕광(耶律德光)에게 구원을 청하면서 거란의 군주를 아버지로 모시겠으며 연운 16주[현재의 북경(燕)과 대동(雲) 부근 16개 주]를 바치겠다고 약속하였다. 황제가 된 석경당은 이 지역을 거란에게 바쳤는데 훗날 송(宋)이 여러 번의 회복 시도를 했음에도 불구하고 거란족 요(遼), 여진족 금(金)의 산천이 되었고 이는 몽골족의 원(元)까지 이어지게 된다.

후진의 석경당

후주의 금군사령관(禁軍司令官)이었던 조광

윤은 960년 요나라가 국경을 침범하였을 때 군사를 이끌고 출전하였다. 당시 황제는 7세의 어린 나이였고 정국은 불안정했다. 군대가 변경(汴京) 교외의 진교역(陳橋驛)에 이르러 술을 마시고는 휴식을 하게 되었다. 아침에 일어난 조광윤에게 장수 몇 명이 달려들어 용포(龍袍)를 입히고는 만세를 불렀다. 군사 쿠데타가 발생한 것이다. 이를 '진교병변(陳橋兵變)'이라 한다. 조광윤은 후일 국호를 송(宋)이라 하고 수도를 동경[東京: 변경(汴京), 개봉]으로 정하였다.

5대 10국의 흥망성쇠

정권	왕조	시기	정권	왕조	시기
오대(五代)	후량(後梁)	907~923	십국(十國)	초(楚)	907~951
				전촉(前蜀)	907~925
	후당(後唐)	923~936		오월(吳越)	907~978
				민(閩)	909~945
	후진(後晉)	936~947		남한(南漢)	917~971
				오(吳)	918~937
	후한(後漢)	947~950		형남(荊南)	924~963
				후촉(後蜀)	934~965
	후주(後周)	951~960		남당(南唐)	937~975
				북한(北漢)	951~979

송의 흥망

960년 후주(後周)의 중신 조광윤(趙匡胤)은 거란족 토벌에 나섰다가 말머리를 돌려 황위를 빼앗고 송(宋, 960~1279) 왕조를 열었으며 2대 황제 송태종이 십국(十國)의 하나인 북한(北漢)까지 점령하여 송의 통일을 완성하였다. 송나라는 문치주의를 채택하여 지방 절도사들의 세력을 약화시키고 관료들은 과거를 통해 선발함으로써 황권을 더욱 강화할 수 있었다.

송나라는 동시대 세계 최고의 문화 대국이며 경제 대국이 되었다. 인구가 1억이 넘고 당시 전세계 GNP의 60%를 차지한 것으로 추산되고 있다. 수도 개봉은 〈청명상하도(清明上河圖)〉에서 볼 수 있듯이 시장과 상점이 번성하고 인구 100만이 넘는 세계 최대의 대도시였다. 도자기 제작 기술이 발달하여 송자(宋磁)의 명품이 탄생하였다. 유학(儒學)에서는 남송의 주희(朱熹)가 주자학(朱子學)을 완성하여 고려와 조선에 지대한 영향을 끼쳤다.

송태조

그러나 문치주의의 폐해로 군대가 약해지고 관료집단 사이에 당파 싸움이 심해지면서 강성해지는 북방 유목민족의 남하를 저지하지 못하였다. 1004년에는 거란족의 요(遼)와 '전연지맹[澶淵之盟: 전연은 하남성 복양시(濮阳市)]'을 맺어 매년 비단 20만 필, 은 10만 냥을 바치기로 하였고 1044년에는 서북 지역의 강자인 서하(西夏)와도 비단, 은, 차를 주는 형식으로 강화를 맺었다. 1127년에는 여진족이 세운 금나라의 침입을 받아 휘종(徽宗)과 흠종(欽宗)이 포로로 잡혀가고 나라가 망하는 '정강의 변(靖康之變)'이 일어나고 말았으니 이때까지를 북송(北宋, 960~1127)이라고 한다. 하지만 남쪽으로 밀려난 후에도 임안(臨安: 항주)에 수도를 두고 몽골에 망하기 전까지 왕조를 다시 이어가니 이를 남송(南宋, 1127~1279)이라 한다.

송나라는 경제가 발달하고 문화도 융성했으나 문치(文治)에 너무 흐른 나머지 외부의 침략을 막아낼 힘이 부족했다. 신종(神宗)과 철종(哲宗) 대에 있었던 왕안석(王安石)의 신법 개혁도 그 꽃을 피우지 못하고 좌절하였으며 오히려 신법당과 구법당으로 나누어 당파 싸움이 격화되었다. 휘종은 국사에는 관심이 없고 예술품과 기이한 바위에만 심취한 예술지상의 황제였다. 은과 비단을 이민족에게 바치며 평화를 유지하고자 하였으나 돈으로 산 평화는 영원할 수 없었다. 무(武)를 소홀히 하고 문약(文弱)에 빠진 나라는 경제적으로 부유하고 문화적으로 번창하여도 망할 수 있음을 보여준 것이다.

왕안석과 사마광

왕안석(王安石, 1021~1086)은 강서 무주(撫州) 임천(臨川)출신이다. 어려서부터 스승도 없이 독학으로 다양한 서적을 꾸준히 읽으면서 지식을 쌓은 결과 23세에 과거 급제하여 관리의 길을 걷게 되었다. 지방 관직을 오랫동안 전전하였는데 이 경험은 후일에 개혁을 추진할 때 귀중한 경험이 되었다. 그는 뛰어난 문필가이며 유학자이기도 하였다. 문장과 시에 뛰어나 당송팔대가(唐宋八大家)의 한 사람으로 꼽히고 있으며 주례(周禮), 시경(詩經), 서경(書經) 등의 독창적인 해석에도 뛰어났다.

1067년 19세에 황제에 등극한 신종(神宗)은 정치적 개혁을 추진하고자 했다. 1069년 참지정사(參知政事)에 오른 왕안석은 신법(新法)을 만들어 본격적으로 개혁 정책을 추진했다. 공물 운송을 관청이 통제하도록 하는 균수법(均輸法), 소농(小農)에게 식량과 자금을 빌려주는 청묘법(青苗法), 효율적 향촌 방위를 목적으로 한 보갑법(保甲法)과 보마법(保馬法) 외에 토지를 소유하는 정도에 따라 세금을 차등 부과하는 방전균세법(方田均稅法)을 실시했고 과거시험을 개혁하여 실무 위주의 임용시험이 되도록 했

왕안석

다. 개혁은 필연적으로 대지주, 대상인, 고리대금업자 등의 반발을 사게 되었고 조정 내에서는 그를 비판하는 보수파의 목소리가 점점 더 커지게 되었다. 이러한 상황에서 기근마저 겹쳐 백성들의 삶이 피폐해지자 신종도 그를 좌천시킬 수밖에 없었고 신법은 동력을 잃어갔다. 1085년 신종이 죽고 철종이 즉위하자 구법당이 권력을 쥐었으며 신법이 하나하나 폐지되는 상황에서 그는 죽음을 맞이하였다. 그의 사후에 개혁은 물 건너가고 신법당, 구법당이 나뉘어서 치열한 당파 싸움을 계속하면서 송의 몰락을 재촉하게 되었다.

사마광(司馬光, 1019~1086)은 산서성 하현(夏縣) 속수향(涑水鄉) 출신이다. 19세에 진사 급제하여 한림학사(翰林學士), 문하시랑(門下侍郎) 등의 관직을 거쳤고, 주(周)에서 후주(後周)에 이르는 1360년간의 역사서인 『자치통감(資治通鑑)』을 19년에 걸쳐 완성하기도 하였다.

사마광

신종이 죽고 철종이 10세의 나이로 황제가 되었다. 할머니 고태후가 섭정을 하게 되었는데 신법을 싫어한 그녀는 사마광을 재상으로 삼았고 신법은 폐지되는 길을 걷게 되었다. 필생의 라이벌이었던 왕안석과 사마광은 묘하게도 같은 해에 사망하였다.

지석격옹(持石擊甕: 돌로 항아리를 깨다)

사마광이 7세 때의 일이다. 같이 놀던 아이 하나가 물이 가득 찬 항아리에 빠져 버렸다. 아이들은 놀라서 도망치고 말았지만 사마광은 잠시 생각하더니 돌을 가져와 항아리를 깨트려 버렸다. 물은 쏟아졌고 아이는 무사할 수 있었다. (가질 持, 돌 石, 칠 擊, 항아리 甕)

민중의 영웅 포증

포증(包拯, 999~1062)은 안휘성(安徽省) 합비(合肥) 사람이다. 포공(包公) 혹은 포청천(包清天)으로 불리며 대표적 청백리(清白吏)이다. 1027년 진사에 합격해 감찰어사(監察御史), 개봉부지부(開封府知府), 추밀부사(樞密副使)에 이르렀다.

그는 사적인 관계에 흔들리지 않고 공평하게 일을 처리한 것으로 유명하다. 부당한 세금을 없애고 황족과 귀족들의 횡포로 피해를 보는 민중의 억울한 사건을 명쾌하게 해결해 주었고 강도, 도적을 소탕하기도 하였다. 부패한 관리들을 엄하게 처벌하였고 검소한 생활을 하여 청관(清官)으로 칭송되었다.

판관 포청천으로 유명한 포증

얼굴이 검었다고 하며 드라마 등에서는 이마에 초승달이 있는 것처럼 표현되었으나 실제로 그렇지는 않았다고 한다. 사후에 민중의 우상이 되어 『포공안(包公案)』, 『삼협오의(三俠五義)』, 『칠협오의(七俠五義)』 등 문학작품의 주인공으로 등장하였으며 무속에서 신(神)이 되었고 다섯 번째 지옥을 주관하는 심판관이 되었다는 전설도 생겼다.

그의 이야기는 라디오, TV, 영화, 연극 등으로 꾸며지고 있으며 한국에도 〈판관 포청천〉이라는 드라마가 방영되어 크게 인기를 얻은 바 있다. 지금도 개봉부(開封府)에 가면 세 가지 작두를 볼 수 있는데 개, 범, 용의 머리를 하고 있으며 각각 평민, 관리, 황족을 심판할 때 사용하였다고 한다. 억울한 일을 당한 사람들이 찾아와 하소연하는 모습을 실제로 볼 수 있다.

포공단안(包公斷案: 포공이 단안을 내리다)

어느 날, 개봉부(開封府)에 북소리가 울렸다. 백발의 노파가 억울함을 하소연 하러 온 것이었다. 노파의 얘기는 충격적이었다. 포공의 조카인 포면(包勉)이 지부(知府: 행정 책임자)인 숙부의 권세를 믿고 노파의 가족 3명을 살해했던 것이다. 분노한 포공은 조카를 잡아들여 옥에 가두었다. 포공은 밤에 잠을 이룰 수 없었다. 포공의 모친은 그가 어렸을 때 세상을 떠났으므로, 그를 키운 것은 형수였다. 즉, 사람을 죽인 조카의 어머니였던 것이다. 조카를 죽이면 어머니와 다름없는 형수에게서 자식을 뺏는 것이고, 그렇다고 사람을 3명이나 죽인 범죄자를 살리기도 어려웠다. 밤새 뒤척이던 포공은 단안을 내렸다. 조카를 사형에 처한 것이다. 진정한 대의멸친(大義滅親)을 행한 것이다.

유목민족의 남하와 북송의 멸망

북쪽 추운 지역의 초원에서 생활하는 유목민에게는 따뜻한 기후에서 농사를 안정적으로 지을 수 있는 남쪽이 항상 동경의 대상이다. 당나라가 망하고 오대십국(五代十國)의 혼란기가 되자 유목민들의 남방 진출은 점점 더 활발해졌고 요(遼), 금(金), 원(元)을 거치면서 마침내 중국 전역을 차지하게 되었다.

오대(五代)의 나라들 중에서 후당, 후진, 후한의 지도부들은 돌궐족이었다. 거란(契丹)은 916년에 현재의 내몽골 지역에 거란국(契丹國)을 건설하였으며 10년 뒤에는 발해를 멸망시키기도 하였다. 거란의 2대 황제 태종은 후진(後

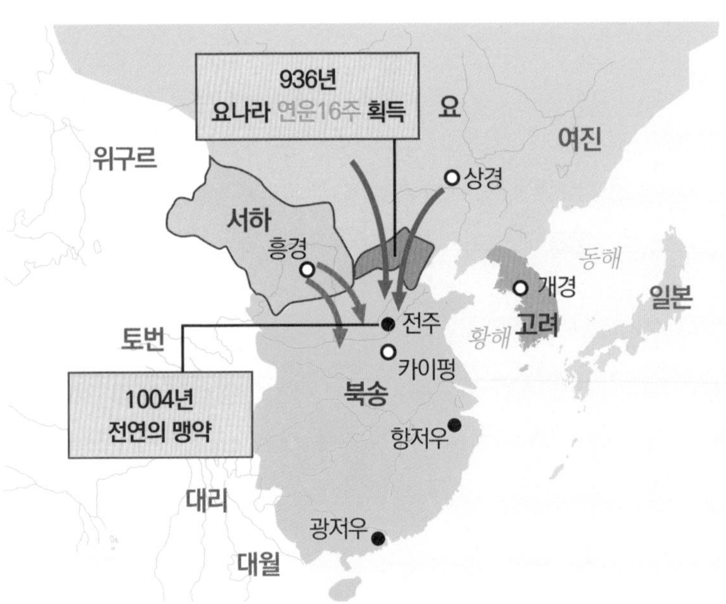

북송·요·서하의 대립

晉)의 석경당(石敬瑭)에게 군사를 지원하고 만리장성 남쪽의 연운 16주(燕雲十六州)를 획득하였으며 나라 이름을 대요(大遼)라고 개칭하였다. 6대 황제인 성종(成宗) 때에는 소손녕(蕭遜寧)을 시켜 고려를 침략하였으며 1004년에는 송과 '전연지맹(澶淵之盟)'의 화약(和約)을 맺어 송은 형이 되고 요는 동생이 되는 대신에 송이 매년 은 10만 냥과 비단 20만 필을 요에 보내기로 하였다. 이후 요는 국력이 크게 신장하게 되었다. 그러나 국가의 중심을 북방에 둔 한계를 극복하지 못하고 1125년에 여진족(女眞族)이 세운 금나라에 망했다.

1038년 서북지방(청해, 감숙, 영하, 섬서 등)에서 티베트계의 탕구트족인 이원호(李元昊)가 대하(大夏: 西夏)를 세우고 수도는 흥경[興京: 은천(銀川)]에 두었다. 요와 서하를 동시에 상대하기 힘들었던 송은 1044년 '경력화의(慶曆和議)'를 맺고 서하가 송의 신하국이 되는 대신에 송은 매년 은 5만 냥, 비단 13만 필, 차 2만 근을 보내기로 하였다.

동북지방에 살던 여진족은 1115년 아골타(阿骨打)의 지휘 아래 부족의 통합을 이룬 뒤 나라를 세우고 대금(大金)이라 하였다. 당시 북쪽 초원의 요나라는 내부의 권력 다툼이 심했으며, 북송 역시 왕안석(王安石)의 개혁이 실패하고 구법당, 신법당의 당쟁이 격화되고 있었다. 황제인 휘종(徽宗)은 정치에는 관심이 없고 오직 예술에만 몰두하는 상황이었다. 금의 2대 황제 태종은 1125년에 요나라를 멸망시켰으며 그 여세를 몰아 2년 뒤인 1127년에는 북송의 수도 동경(東京: 개봉)을 함락한 뒤 휘종, 흠종(欽宗)과 함께 포로 3,000명을 잡아가니 이를 당시 연호를 따서 '정강지변(靖康之變)'이라 부른다. 금나라는 13세기 초부터 몽골의 위협을 받기 시작하였는데 1215년에는 칭기즈칸이 금의 수도였던 중도(中都: 북경)를 공격하여 개봉으로 천도할 수밖에 없는 지경에 이르렀고 1234년에 칭기즈칸의 아들인 오고타이에 의해 멸망했다.

악비와 진회

악비(岳飛, 1103~1141)는 하남성 탕음현(湯陰縣)출신이다. 어려서부터 병서 읽기를 좋아했으며 특히 활쏘기에 능하였다고 한다. 북송 말부터 전투에 참전하여 남하하는 금나라 군대를 맞아 여러 차례 승리를 거두었고 32세의 젊은 나이에 절도사가 되었다. 악비의 군대는 백성들의 재물을 약탈하지 않았으며 규율이 엄격하여 금나라 군사들은 모두 악비의 군대를 두려워하였다.

악비는 한세충(韓世忠)과 더불어 대표적인 주전파(主戰派)로서 북벌을 주창했으나 당시 남송 조정은 진회(秦檜, 1090~1155)를 비롯한 화친파(和親派)가 세력을 장악하고 있었고 고종(高宗)은 강남을 벗어나 북벌까지 감행하는 것에는 아주 소극적이었다. 금나라와 내통한 진회 일당은 악비와 그 아들 악운(岳雲), 장헌(張憲)등을 반역했다고 모함하여 죽였는데 악비의 나이 불과 39세였다. 악비의 등에는 정충보국(精忠報國)이라는 글자가 새겨져 있었다고 하며 그가 지은 송사(宋詞)인 「만강홍(滿江紅)」에는 금나라를 반드시 쳐부수겠다는 우국충정이 넘친다. 중국인들은 그를 구국의 영웅이자 이민족의 침략에 저항한 민족영웅으로 신격화하여 악왕(岳王)이라 부르면서 추앙하고 있다.

악비

악비의 묘 앞에는 진회와 그의 처가 사죄하는 모습의 조각상이 있다

반면 그를 모함하여 죽인 진회는 역적과 간신의 굴레를 쓰게 되었다. 중국인이 즐겨 먹는 음식 중에 유조(油條: 요우티아오)가 있다. 밀가루 반죽을 길게 하여 기름에 튀긴 것이다. 이 음식의 원래 이름은 유작회(油炸檜)인데 "진회를 기름에 튀겨서 먹는다"의 의미를 가진 것이다. 진회의 회(檜: huì)와 튀김을 뜻하는 회(燴: huì)의 발음이 같아서 음식 이름을 그렇게 붙인 것이다. 항주의 서호(西湖)에 있는 악왕묘(岳王廟) 입구에는 진회와 그의 처 왕씨(王氏)가 무릎을 꿇고 있는 상(像)이 있는데 지나가는 사람들은 침을 뱉으면서 진회를 원망하고 원통하게 죽은 악비의 영혼을 달래고 있다.

유조

4대 발명품

중국의 4대 발명품은 제지술(製紙術: 造紙術), 화약(火藥), 나침반(羅針盤: 指南針), 인쇄술(印刷術)을 꼽는다. 이 중에서 한대에는 제지술, 송대에는 나침반, 인쇄술이 본격적으로 개발되어 이슬람, 유럽에 전해져 인류 발전에 기여했다.

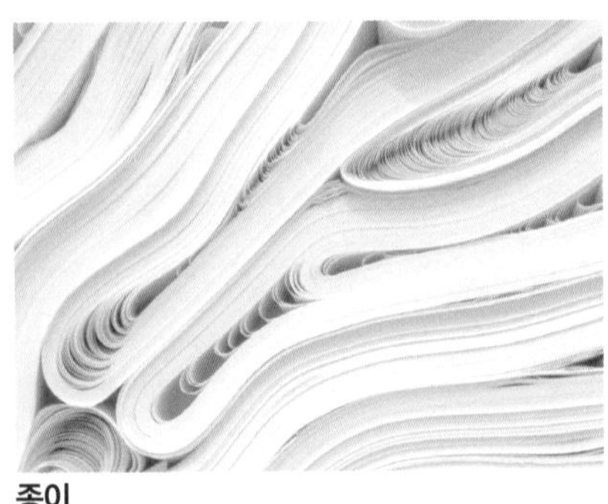
종이

종이는 한나라 시절에 환관 채윤(蔡倫)이 발명하였다고 전해진다. 당나라 때 이슬람 지역과 서유럽에도 전해졌다. 종이가 발명되기 전에는 죽간(竹簡), 목간(木簡), 직물류, 양피지, 파피루스 등에 글씨를 써서 기록하였으나 종이가 발명된 후에는 서적을 대량으로 출판할 수 있게 됨으로써 문화 발전에 크게 이바지하였다.

화약(火藥)은 초석, 유황, 목탄 세 가지를 혼합하면 폭발력이 세다는 점에 착안한 것이다. 군사용 화살로 사용한 것은 당나라 말기였으나 포탄으로 제작하고 사용하게 된 것은 송나라이다. 원(元)의 군사력이 강했을 때 인도, 아랍을 거쳐 유럽으로 전파되었다.

화약

나침반

나침반(羅針盤)은 원래 풍수지리 및 점성술을 위해 고안되었으나 11세기 무렵에는 해상항해에 이용하게 되었으며 이슬람과 서유럽에까지 전파되었다. 해, 달, 별을 보며 항해하던 시대를 벗어나 항해기술이 발달하였고 원양항해가 가능하게 됨에 따라 신대륙 발견에도 공헌하였다.

인쇄술(印刷術)의 발명 시기는 분명치 않으나 당나라 이전에 존재했다고 한다. 처음에는 목판에 글씨를 새긴 조판(雕版) 인쇄술이었는데 다른 책은 찍어낼 수 없을 뿐만 아니라 내용을 고치는 것도 불가능하였다. 활자(活字) 인쇄가 가능하게된 것은 11세기 중엽 북송의 필승(畢昇)이라는 사람이 찰흙을 아교로 굳힌 활자를 발명하고 나서이다. 글자를 자유롭게 바꿀 수 있어 노동과 비용을 혁신적으로 절감할 수 있게 되었다. 인쇄술 또한 원나라 시대 서양으로 전파되었다.

원의 건국과 몰락

1206년 몽골의 부족장들은 테무친(鐵木眞, 1162~1227)을 칭기즈칸으로 추대하였다. 그는 동쪽으로 금나라를 압박하여 남하하게 하였으며 서쪽으로는 호라즘 정벌에 나서서 중앙아시아의 대부분을 점령하였다. 1226년에는 중국 서북 지역의 서하(西夏: 大夏) 정벌에 나섰다가 병을 얻어 이듬해에 사망하였다.

그에게는 정실 소생의 네 아들이 있었는데 주치, 차가타이, 오고타이, 툴루이가 그들이다. 사후에 대칸(大汗)의 지위는 아들과 손자들인 오고타이, 구유크, 몽케, 쿠빌라이의 순서로 계승 되었다. 1234년 오고타이는 금나라를 멸망시켰으며 쿠빌라이는 1271년 수도를 대도(大都: 북경)로 옮기고 국호를 대원(大元, 1271~1368)이라고 칭하였다. 고려, 일본, 베트남에 대한 원정을 수차례 강행하였고 1279년에는 남송의 마지막을 무너뜨려 중국을 완전히 지배할 수 있게 되었다.

인구가 적었던 몽골족은 신분에 의한 차별정책을 철저히 시행하였다. 몽골인, 색목인, 한인, 남인으로 구분하여 끝까지 저항하였던 남송인(南宋人)들을 더욱 차별하였다. 원나라는 말기에 이르러서 황제들이 자

칭기즈칸

주 교체되었고 라마교에 대한 과도한 신봉으로 재정의 낭비와 물가상승 폐해가 나타나 민중들의 삶이 어렵게 되었다. 1351년에는 백련교도(白蓮教徒)들이 머리에 붉은 수건을 두르고 봉기를 일으키니 이것이 홍건적(紅巾賊)의 난이다. 여러 반란 세력의 하나였던 주원장(朱元璋)은 이들을 차례차례 제압하고 1368년 남경에서 황제가 되어 국호를 대명(大明)이라 하였으며 몽골을 몰아내고 한족의 나라를 다시 세웠다. 이로써 원나라는 건국 후 100년도 지나지 않아 중국에서 물러났다.

원세조 쿠빌라이

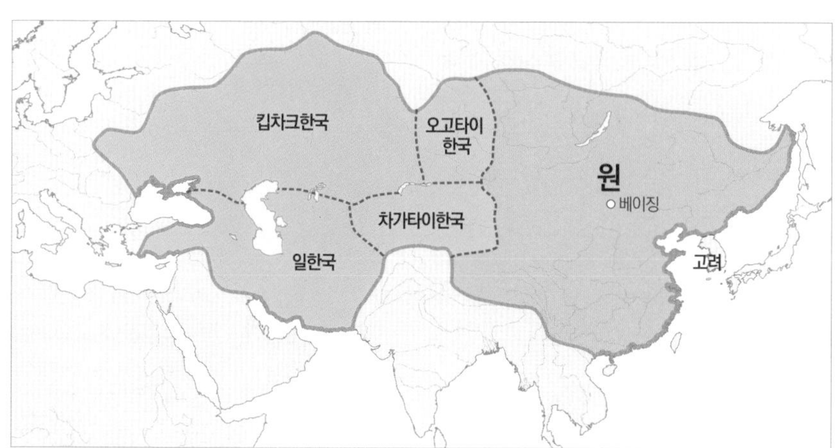

몽골 제국의 최대 영토

마르코폴로와 동방견문록

마르코폴로

마르코폴로(Marco Polo, 1254~1324)는 이탈리아의 베니스에서 상인의 아들로 태어났다. 17세가 되던 해인 1271년에 아버지와 숙부를 따라서 동방으로의 여행에 나섰다. 베니스를 출발한 다음 튀르키예를 거쳐 호르무즈 해협에 이르렀다. 위험한 해로를 피해 비교적 안전한 육로를 택한 이들은 파미르 고원과 타림분지를 지나 중국의 하서(河西) 지역에 도착할 수 있었다. 이들은 마침내 오랜 여행 끝에 1274년 내몽골의 상도(上都)에서 쿠빌라이를 만났다. 마르코폴로는 그 후 17년간 중국에 머무르면서 쿠빌라이의 명을 받아 대도(大都: 북경), 산서(山西), 산동(山東), 절강(浙江), 섬서(陝西), 사천(四川), 운남(雲南) 등을 여행하면서 보고 들은 것을 세조 쿠빌라이에게 소상하게 설명하였으며 『동방견문록』에도 실리게 되

었다. 후일 페르시아로 시집가는 원나라 공주의 호송단에 끼어 남지나해, 아라비아, 호르무즈를 거쳐 베니스로 돌아오니 40세가 넘은 1295년이었다.

귀향 후 그는 베니스와 제노바의 내전에 참여하여 제노바 측의 포로가 되었는데 이때 감옥에서 작가인 루스티켈로를 만나게 되었다. 마르코폴로는 자신의 경험을 루스티켈로에게 들려주었고 작가는 이것을 기록하여 『동방견문록(東方見聞錄)』을 완성했다. 이 책은 당시 유럽인들에게 중국, 일본에 대한 호기심을 자극하면서 엄청난 반향을 불러 일으켜 일약 베스트셀러가 되었다. 후일 신대륙을 발견한 콜럼버스는 이 책을 여러 차례 탐독하였으며 책에 나오는 황금이 가득한 동방의 나라를 찾아 나섰다. 결국 콜럼버스의 신대륙 발견은 『동방견문록』이 촉매제가 되었던 것이다.

명의 건국과 주원장

명(明, 1368~1644) 태조 홍무제(洪武帝) 주원장(朱元璋, 1328~1398)은 본래 농민이었다. 17세가 되던 해 가뭄이 들고 전염병이 유행하여 부모와 형들이 모두 죽고 말았다. 황각사(皇覺寺)에 들어가 중이 되었다가 홍건적의 난이 일어나자 곽자흥(郭子興)의 부대에 합류하여 공을 세우면서 서서히 세력을 불려 나가게 되었고 진우량(陳友諒), 장사성(張士誠) 등의 강적들을 차례차례 물리쳤다. 1368년 마침내 남경에 수도를 정하고 국호를 대명(大明), 연호를 홍무(洪武)라 하였다. 같은 해 북쪽으로 진격하여 원나라의 수도였던 대도(大都: 북경)를 점령하니 한족(漢族)이 다시 중국을 지배하게 되었다.

주원장

황제가 된 홍무제는 육유(六諭)를 반포하여 백성들의 윤리교육을 실시하였고 토지 측량을 꼼꼼하게 실시하여 어린도책(魚鱗圖冊: 남송 이후의 토지대장)을 정비하였다. 또 수리사업과 둔전을 추진하여 농업 생산력을 높였으며 조세와 부역의 징수를 공평하게 하고자 하였다. 하지만 그는 누군가가 황제 자리를 빼앗을까 두려워하였다. 금의위(錦衣衛)라는 특무기관을 설립하여 사찰을 강화했고 의심스러우면 가혹하게 처벌했다. 승상 호유용(胡惟庸), 대장 남옥(藍玉) 등의 역모와 관련하여 처벌된 인원이 각각 1만 5천 명씩이었다. 또한 '문자의 옥(文字의 獄)'으로 죽은 사람이 허다하였다.

육유(六諭: 여섯 가지 가르침의 말씀)

백성들도 윤리 교육이 필요하다고 생각한 홍무제가 1397년에 반포한 여섯 조항으로 된 황제의 가르침이다. 그 내용은 "부모에게 효도하라(孝順父母), 웃 어른을 공경하라(尊敬長上), 향리 사람들과는 화목하게 지내라(和睦鄕里), 자손을 올바르게 가르쳐라(敎訓子孫), 각자의 생활과 직무에 충실하라(各安生理), 옳지 않은 일은 하지 말라(毋作非爲)"이다. 매월 여섯 번씩 마을의 연장자가 길에서 목탁을 치면서 외치게 하였다.

문자의 옥(文字의 獄)

중국의 왕조에서 벌어진 숙청의 한 방식으로, 문서에 적힌 문자나 내용이 황제나 체제에 대한 비판을 담고 있다 하여 문서를 쓴 자를 벌하였는데 대부분 억울하게 처벌받는 경우가 많았다.

주원장의 열등감

자신이 승려와 홍건적 출신이었다는 사실에 열등감이 많았는데 발음이 비슷한 동음이의어(同音異義語)로 황제를 비방한다는 죄목을 씌우는 경우가 많았다. 道(dao)와 盜(dao), 則(ze)과 賊(zei)은 도적을 뜻한다고 하였고 승(僧: 중), 광(光: 빛), 독(禿: 대머리)은 승려를 의미한다 하여 쓰지 못하게 하였다.

THEME 092

영락제의 업적

성조(成祖) 영락제(永樂帝, 1360~1424)는 태조 홍무제의 넷째 아들 주체(朱棣)이다. 조카인 2대 황제 혜제(惠帝) 건문제(建文帝)와 3년에 걸친 전쟁을 벌여 1402년 황제에 오르니 이를 일컬어 '정난의 변(靖難之變)'이라 한다.

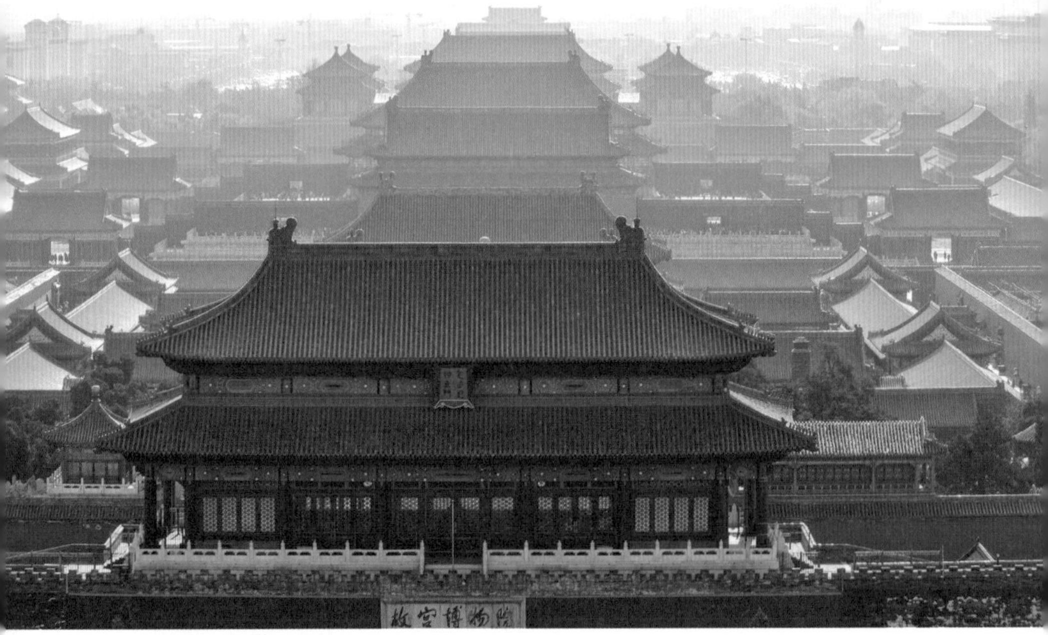

영락제가 건설한 자금성

원래 연왕(燕王)으로 책봉되어 근거지가 북경이었던 그는 황제 즉위 4년 후 자금성(紫禁城)의 건립을 시작했으며 궁궐이 완공된 1421년에 북평(北平: 북경)으로 수도를 옮겼다. 자금성은 명청(明淸)을 거치면서 역대 24명 황제들의 궁궐이 되었다.

그는 중국의 변방을 튼튼하게 하기 위해 노력하였다. 고비사막 북쪽에 있던 몽골족을 견제하기 위하여 다섯 차례나 원정을 나섰고 결국은 원정 중에 사막에서 죽음을 맞았다. 귀주(貴州), 티베트, 베트남까지 영향력을 미쳤으며 여진족과 왜구를 정벌하기도 하였다. 환관 정화(鄭和)를 시켜 1405년부터 1433년까지 일곱 번에 걸친 대항해에 나서기도 하였는데 동남아, 인도, 아라비아를 거쳐 아프리카의 동안에 이르렀으며 여러 나라로부터 조공을 받기도 하였다. 1차 원정 때 선단의 규모는 배가 62척이었으며 2만 7,800명의 인원이 탑승하였다. 정화가 3년 9개월의 1차 원정을 마치고 귀국할 때 각국의 사절들도 동행하였는데 영락제를 만나 선물을 바쳤다고 한다.

그는 백과사전이라 할 수 있는 『영락대전(永樂大典)』을 편찬하게 하였는데 학자 2천 명 이상이 동원되어 3년 간의 작업 끝에 완성하였다. 목록이 60권에 달하고 책은 2만 권이 넘는 방대한 분량이었다.

방효유(方孝孺)의 충절

영락제는 건문제의 스승이었던 방효유를 정중하게 대접하였다. 당시 최고의 학자로 존경 받던 그를 자신의 사람으로 만들고 싶었기 때문이다. 영락제는 방효유를 불러 자신의 즉위 조서를 쓰도록 좋은 말로 회유하였다. 종이 위에 붓으로 조용하게 글씨를 쓰기 시작했는데 '연적찬위(燕賊簒位)' 네 글자가 있을 뿐이었다. 연나라의 도적놈이 제위를 찬탈했다는 뜻이었다. 방효유는 입이 찢기는 등 참혹하게 죽었고 구족(九族)에 더하여 친구, 선후배, 제자 등을 포함한 십족(十族)이 처형되었다.

정화의 대원정

정화(鄭和, 1371~1433)의 원래 성씨는 마(馬)이며 곤명(昆明)의 회족(回族) 출신이다. 1381년, 나중에 영락제가 된 연왕 주체는 원나라의 잔존 세력이 남아 있던 운남(雲南)의 곤명(昆明) 지방을 정벌하였는데 이때 정화는 포로로 잡혀서 거세된 후 환관(宦官)이 되었다. 영락제가 황제가 되는 과정인 '정난의 변'에서 공을 세워 내관태감(內官太監)이 되었으며 정(鄭)이라는 성을 하사받았다. 그 후 1405~1433년간 영락제와 선덕제의 명을 받아 총 7회에 걸친 해외원정을 지휘하였다.

1405년 6월, 정화는 62척의 배에 2만 7,800명의 선원으로 구성된 함대를 이끌고 대원정을 떠났는데 콜럼버스의 함대가 배 3척에 88명의 선원으로 구성되었던 것과 비교하면 가히 그 규모를 짐작할 수 있겠다.

원정의 목적에 대해서는 여러 가지 견해가 있으나 해외 여러 나라와의 조공 및 책봉 관계를 맺고 해상교역로를 개척하기 위한 것이라는 설이 지배적이다. 동남아시아의 베트남, 태국, 인도, 스리랑카, 페르시아, 아라비아, 소말리아, 케냐까지 30여 나라에 명나라의 거대한 함선이 방문하였으며 책봉과 조공의 관계를 가지게 되었다. 하지만 지속적으로 해상활동이 이어지지 않고 해금(海禁)을 통한 폐쇄정책을 펴는 바람에 서양보다 뒤쳐지게 된 것은 아쉬운 부분이다.

THEME 094 토목지변과 탈문지변

왕진(王振)은 울주[蔚州: 하북성 울현(蔚縣)] 사람이었는데 과거시험에 낙방을 거듭하고 죄를 짓게 되어 귀양을 가게 되자 스스로 거세하고 환관이 되었다. 입궁한 후에는 동궁에서 태자를 모시게 되었는데 그 태자가 나중에 영종(英宗: 正統帝)으로 등극하였다. 영종은 국사는 돌보지 않고 놀기만 했으므로 왕진이 국정을 처리하였고 그는 권력을 휘두르게 되었다.

1449년, 몽골 오이라트 부족의 수장인 에센(也先)이 사절단과 말을 데리고 와서 이에 대한 상금과 공주와의 혼인을 요구하였으나 거절당하자 변방을 침입하게 되었다. 자신의 고향에 있는 재산이 걱정된 왕진은 영종에게 친정(親征)을 적극 건의하였고 황제가 친히 전쟁에 나섰으나 선봉 부대가 패배하였다. 후퇴하는 와중에도 왕진의 재물을 실은 수레의 도착을 기다리느라 방위가 허술한 곳인 토목보(土木堡)에서 숙영을 하였다. 그날 밤 곧 들이닥친 적군에게 영종은 사로잡히고 말았으며 간신 왕진은 근위

영종의 친정도

대 장수의 철퇴에 맞아 죽었는데 이 사건을 '토목의 변(土木之變)'이라 한다.

영종이 포로가 되어 잡혀간 후 동생 대종(代宗: 景泰帝)이 즉위하였다. 그런데 에센은 영종을 잡아갈 때 큰 보상을 기대했으나 뜻대로 되지 않자 영종을 돌려보내 주었다. 돌아온 영종은 상황(上皇)이 되기는 하였으나 남궁(南宮)에 유폐되어 연금을 당하는 신세가 되었다. 하지만 1457년 대종이 병으로 눕게 되자 장군 석형(石亨), 태감 조길상(曹吉祥) 등이 자금성의 문을 확보하고 영종을 복위시키니 이를 '탈문지변(奪門之變)' 혹은 '남궁복벽(南宮復辟)'이라 한다.

두 사건 모두 환관들의 영향력이 얼마나 컸는지를 잘 보여준다. 황제의 권한을 대신 행사할 정도에 이르러 마침내는 국정을 망치게 되었고 황제가 전투 중에 포로가 되었다가 돌아오는 치욕을 당했던 것이다.

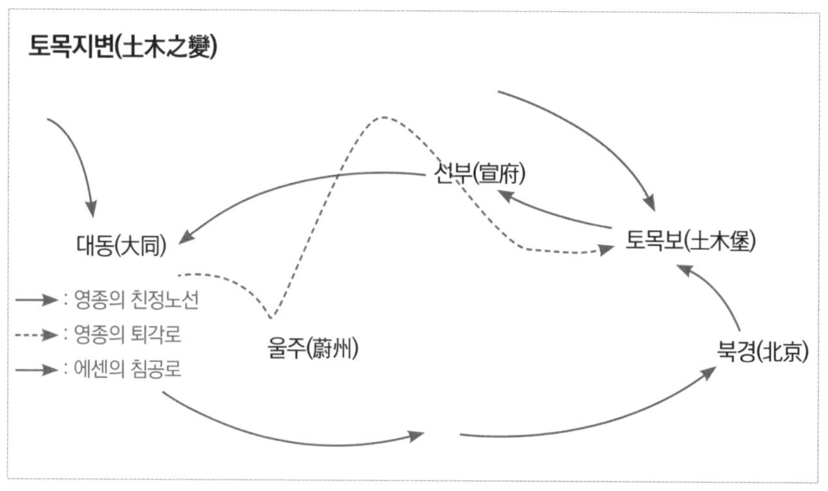

이자성의 난과 명의 멸망

명나라 말기, 정치는 부패하였고 청(淸)의 세력 확장으로 군사비 지출이 늘어나 백성들의 삶이 곤궁하게 되었다. 섬서(陝西)에는 기근까지 겹치게 되어 농민반란으로 발전하게 되었고 이자성(李自成, 1606~1645)도 반란군에 가담하였다. 이자성의 농민군은 규율이 엄격하였고 토지 분배와 조세 감면을 내걸어 농민들의 호응이 컸다. 1643년에는 서안(西安)을 점령하였고 이듬해 국호를 대순(大順)이라 하고 황제에 올랐다.

이자성은 백만의 봉기군을 두 갈래로 나눠 북경으로 진군했다. 명의 마지막 황제 의종(毅宗) 숭정제(崇禎帝)는 자금성의 뒷산인 매산[煤山: 경산(景山)]에 올라 나무에 목을 매어 자살하였다.

이자성은 귀족과 관료들이 백성들에게서 빼앗은 재물을 몰수하여 봉기군의 군비를 보충하였다. 한편 산해관(山海關)을 지키던 장군 오삼계(吳三桂)는 이자성에게 투항하라는 아버지의 편지를 받고 북경의 상황을 알아보았는데 아버지가 투옥되고 재산마저 몰수되었다는 사실을 알고 투항을 거부하였다. 이자성은 산해

이자성

관으로 진격하여 오삼계를 토벌하고자 하였으나 청군(淸軍)을 불러들인 오삼계에게 패하게 되었고 북경을 포기하고 서안으로 피할 수밖에 없었다. 그 후 이자성은 청군과 오삼계의 연합군이 서안으로 쳐들어오자 호북성으로 피했다가 지역 자위군의 기습을 받아 죽고 말았다.

1644년 10월, 청의 다이곤(多爾袞: 도르곤)은 순치제를 심양에서 북경으로 데려오고 북경을 수도로 하였다. 이자성의 난은 결과적으로 명을 멸망시키는 역할은 다했으나 이민족이 세운 나라인 청(淸)의 지배를 불러오고 말았다.

한편, 이민족의 침입을 막기 위하여 역대 왕조를 거치면서 쌓아 올렸던 만리장성은 결국 내부에 의해서 열리고 말았다. 성이 견고한 것이 중요한 게 아니라 그것을 지키는 사람들의 의지가 중요하다는 교훈을 되새길 수 있다.

산해관

정성공의 대만 진출

정성공(鄭成功, 1624~1662)의 부친 정지룡(鄭芝龍)은 해적 출신으로 중국, 타이완, 일본을 무대로 무역을 해서 큰 부자가 되었으며 명나라 조정에 들어와서는 총독(總督)을 지냈고 명이 망하자 복주(福州)에서 융무제(隆武帝)를 옹립하여 부흥운동을 하였다. 정성공의 모친은 일본인이며 그의 일본식 이름은 전천복송(田川福松: 다가와 후쿠마쓰)이다.

정성공은 1646년에 부친 정지룡이 청나라에 귀순할 때 따르지 않았으며 명나라 부흥 운동을 계속하기로 결심하고 하문(廈門)을 거점으로 싸우면서 병력과 전함을 모아서 북벌을 시작했다. 1658년에는 남경까지 진출하였으나 패배하였다. 대륙에서의 부흥 운동이 한계가 있다는 것을 절감한 정성공은 대만에 진출하여 거점으로 삼기로 하였다. 당시 대만은 네덜란드의 동인도회사가 40년 가까이 통치하고 있는 상태였다. 1661년 3월 정성공은 금문(金門)을 출발하여 조호(澈湖)를 거쳐 적의 전함을 격침한 다음 적감성[赤嵌

城: 대남(臺南)]을 공격하여 함락하였다. 12월에는 네덜란드인들의 항복을 받아낼 수 있었다.

하지만 정성공은 1년도 되지 않아 39세의 나이로 병사하였고 그의 아들 정경(鄭經)이 20년간 통치를 이어갔다. 청의 강희제 시절인 1683년 청나라 군대의 공격을 받은 정성공의 손자 정극상(鄭克塽)의 투항으로 대만은 중국에 귀속되었다. 그 후 일본은 1894년 청일전쟁에서 승리한 대가로 대만을 청나라로부터 할양 받아 1945년 세계대전에서 패할 때까지 대만을 식민 통치하였다.

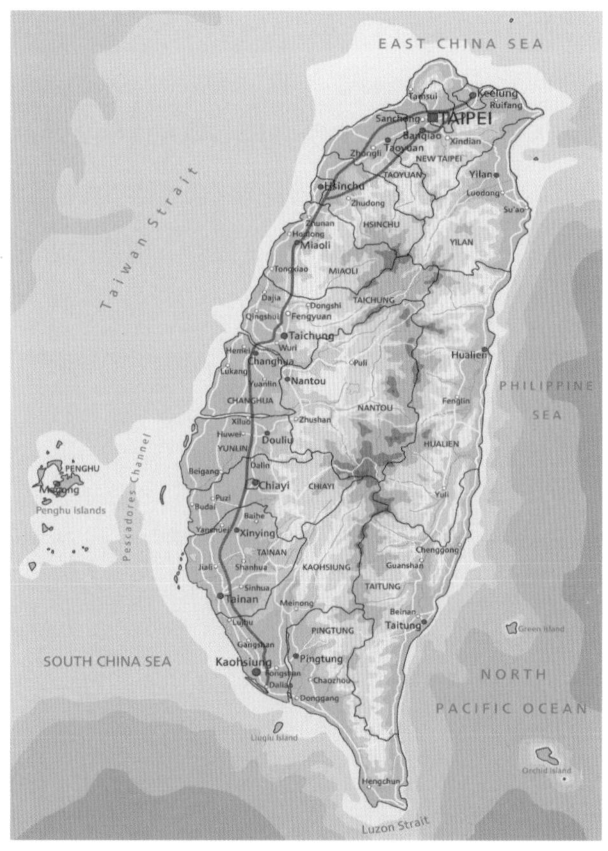

대만 지도

청의 건국과 북경 입성

1616년 여진족의 한 부족인 건주(建州)여진 출신의 노이합적(奴爾哈赤: 누르하치)이 여진족 전체를 통일하여 8기(旗) 귀족들의 추대를 받아 칸으로 즉위하고 국호를 대금(大金: 後金)이라 하였으니 그가 바로 청태조이다. 1619년에는 살이호(薩爾滸) 전투에서 명의 군대를 크게 이겼으며 1625년에는 심양에 수도를 두었다.

이 시기 동아시아의 정세는 만주족에게 매우 유리하였다. 명나라는 국운이 이미 쇠하였으나 조선의 요청을 받아들여 임진왜란에 파병을 할 수밖에 없었고 그 여파로 국력이 더욱 약해져 있었다. 일본은 임진왜란을 일으킨 풍신수

청태조 노이합적

길(豊臣秀吉: 도요토미 히데요시)이 전쟁 도중에 죽고 덕천가강(德川家康: 도쿠가와 이에야스) 막부가 들어섰으나 더 이상 외부로 눈을 돌릴 여유가 없었다. 조선은 전쟁 후에도 여전히 명나라의 은혜를 우러르며 '재조지은(再造之恩: 왕조를 다시 일으켜 준 은혜)'이나 운운하고 있었다.

청태종 황태극

노이합적의 뒤를 이은 태종은 황태극(皇太極: 홍타이지)으로 우리에게 잘 알려진 인물이다. 정묘호란(丁卯胡亂, 1627년)과 병자호란(丙子胡亂, 1636년)을 일으켜 조선을 침공한 주인공이다. 삼전도(三田渡)에서 인조에게 삼궤구고두(三跪九叩頭)의 치욕을 안기고 삼전도비(三田渡碑: 大淸皇帝功德碑)를 남긴 인물이기도 하다. 그는 1636년에 국호를 대금에서 대청(大淸, 1636~1912)으로 바꾸었다.

청나라가 북경에 입성한 것은 3대 황제 순치제(順治帝) 때이다. 순치제는 불과 5세에 즉위하였으므로 삼촌인 다이곤(多爾袞: 도르곤)이 섭정하였다. 다이곤은 정치적 역량이 뛰어났다. 1644년 명나라의 내분을 이용하여 명의 장수인 오삼계의 투항을 받아내고 산해관의 문을 열어 만리장성을 넘었다. 또한 오삼계를 앞장 세워 북경으로 진격해 이자성의 봉기군을 물리치고 북경을 대청의 수도로 삼았다.

삼번의 난

명나라 말기 청에 협조한 장군들이 여럿 있었다. 오삼계(吳三桂)는 산해관을 열어 주고 이자성 군대를 물리쳤을 뿐만 아니라 명나라의 잔존세력인 남명(南明)의 영력제를 쫓아가서 죽이기도 한 장군이었다. 청 황실은 이들의 공을 치하하여 오삼계는 운남과 귀주의 평서왕(平西王), 상가희(尚可喜)는 광동의 평남왕(平南王), 경중명(耿仲明)의 아들 경계무(耿繼茂)는 복건의 정남왕(靖南王)으

삼번의 난

로 봉하였다. 이들은 자신의 지역 내에서 군사, 조세, 관리 임용의 권한을 가지고 막강한 권력을 행사하고 있었다.

청의 4대 황제인 강희제(1654~1722)는 8세의 어린 나이에 황제에 올랐지만 아주 총명하였으며 결단력도 뛰어난 인물이었다. 1673년 상가희의 아들 상지신(尙之信)이 아버지의 지위를 잇겠다고 요청하였으나 철번(撤藩: 번을 폐함)하겠다는 답이 내려왔다. 운남과 복건에서는 황실의 의도를 알기 위해 스스로 철번하겠다고 신청했는데 놀랍게도 그렇게 하라는 답이 왔다.

분노한 오삼계가 난을 일으키자 경정충(耿精忠: 경중명의 손자)과 상지신이 이에 호응하여 사천, 섬서, 호남까지 세력을 넓히니 이것이 '삼번의 난(三藩의 亂, 1673~1681)'이다. 처음에는 오삼계의 세력이 강성하여 세력을 떨쳤으나 공동작전을 효과적으로 수행하지 못했으며 강희제가 광동과 복건에 대한 철번의 명을 다시 거두는 회유책을 쓰자 경정충과 상지신은 투항하고 말았다. 이들은 명나라의 부흥을 내세웠지만 애당초 청나라에 협조한 장군들이었기에 백성들의 호응을 받을 수 없었다.

고립되어 버린 풍운아 오삼계는 끝내 병사하고 말았으며 후계자인 손자 오세번(吳世璠)도 자결함으로써 난이 마무리되었다. 이것을 계기로 강희제의 통치력은 확실하게 입증되었으며 강희제, 옹정제, 건륭제를 거치면서 청나라의 한족 통치는 그 기반을 확고하게 다지게 되었다.

강건성세

강희제(康熙帝, 1661~1722)와 아들 옹정제(雍正帝, 1723~1735), 손자 건륭제(乾隆帝, 1736~1795) 3대의 134년 통치 시기는 청의 최고 전성기로 '강건성세(康乾盛世, 1661~1795)'라 일컫는다. 신강, 청해, 서장(西藏: 티베트)이 편입되는 등 중국의 영토가 크게 확장되었으나 '문자의 옥(文字의 獄)'으로 많은 한족 지식인들이 희생 당하기도 했다.

성조(聖祖) 강희제는 청나라의 지배에 협조한 공로로 남부 지역을 실질적으로 통치하고 있던 명나라 장군들이 일으킨 '삼번의 난'을 진압함으로써 청나라

라의 중국 지배를 완성했다고 할 수 있다. 또한 대만의 정씨 정권(정성공, 정경, 정극상의 3대에 걸친 통치)을 무너뜨리고 대만을 중국의 일부로 편입하였다. 영토 분쟁을 일으키던 러시아군을 패퇴시키고 러시아와 네르친스크조약을 맺으면서 흑룡강과 오소리강(烏蘇里江) 유역의 영토를 확정한 것도 큰 업적이라고 할 수 있다. 또한 만주족과 한족의 동화정책을 추진하였으며 최대 분량의 자전(字典: 辭典)인 『강희자전(康熙字典)』을 편찬하기도 했다.

세종(世宗) 옹정제는 황제 측근의 군기처(軍機處)가 6부를 지배하게 함으로써 직할 통치를 강화했고 지방관들의 보고서를 직접 읽고 지시를 내리는 등 근면한 황제였다. 청나라에 반대하던 청해(青海)를 귀속시켰으며 티베트를 평정하였다. 하지만 한족 지식인들을 탄압하기 위한 필화(筆禍) 사건인 '문자의 옥'이 가장 심하게 이루어진 시기였다. 한족 지식인들은 조그마한 실수로 감옥에 가거나 죽임을 당하였다.

고종(高宗) 건륭제는 대외원정뿐만 아니라 대륙의 각 지역을 많이 순방한 황제이다. 대외로는 위구르, 미얀마, 베트남, 네팔 등을 10회 원정하였으며 국내는 남순(南巡), 동순(東巡), 서순(西巡) 등 지방순시가 아주 많았다. 그러나 이런 잦은 원정과 순시로 막대한 경비를 쓰게 되어 재정적 부담이 컸다. 그는 편찬사업에도 힘을 기울여 중국 고금의 문헌자료가 집대성된 『사고전서(四庫全書)』를 10년에 걸쳐서 4,000여 명의 학자들을 동원하여 펴내기도 하였는데 책을 편찬하고 수집하는 과정에서 청나라 통치자들에게 불리한 책들은 모조리 불태워 버렸다.

격동의 시대

세계적 조류를 파악하지 못한 채 중화에 만족하던 청나라에 위기가 닥쳤다. 영국을 필두로 한 서양과 일본 제국주의 세력이 중국을 침범해 온 것이다. 수천 년간 중국을 지탱해 왔던 군주제는 신해혁명의 결과로 끝을 고하였고 중화민국의 시대가 시작되었다. 국민당과 공산당의 갈등, 일본의 대륙 침공으로 민중들은 이중삼중의 고통을 겪었다. 1921년에 창당된 중국공산당은 농촌을 중심으로 공산혁명을 추진한 끝에 창당 28년 만에 중화인민공화국을 건국할 수 있었다.

아편전쟁

중국으로부터의 홍차(紅茶) 수입 때문에 무역수지 적자에 시달리던 영국은 이를 해소할 목적으로 동인도 회사를 통하여 인도산 아편(阿片)을 중국에 공급하였다. 중국에는 인구의 10%에 달하는 아편 중독자들이 생겼고 은(銀)의 유출도 막대하였다.

1838년 청의 도광제(道光帝)는 임칙서(林則徐)를 흠차대신(欽差大臣: 특별한 임무를 부여받은 대신)으로 임명하여 아편 거래를 막으라는 명령을 내렸고 임칙서는 압수된 아편을 광동 앞바다에서 불태워 버렸다. 영국 정부는 함대를 파견하기에 이르렀고 1840~1842년 사이에 벌어진 '더러운 전쟁'에서 영국군은 일방적으로 승리하였으며 그 결과 남경조약(南京條約)을 맺게 되었다. 조약의 체결로 홍콩섬이 영국에 할양되었고 광주, 하문, 복주, 영파, 상해의 5개 항구가 개방되었다. 문제가 되었던 아편에 대해서는 오히려 보상금을 지불하는 일방적인 불평등조약이었다.

남경조약을 맺고도 만족할 만한 이익을 취하지 못한 영국은 1856년에 애

로우호 사건을 일으켰다. 기회를 보던 프랑스는 선교사 피살사건을 문제 삼아 영국과 연합하여 다시금 전쟁을 일으켰다. 영불연합군에 굴복한 청나라는 북경까지 침략 당하고 원명원(圓明園)이 불탔으며 1860년 북경조약(北京條約)을 체결하였다. 구룡반도를 추가로 할양하였고 서양 외교사절이 북경에 상주하게 되었으며 10여 개 항구를 추가로 개방하게 되었다. 아편전쟁의 결과, 천자(天子)의 나라라는 자존심은 크게 무너졌으며 이민족 왕조인 청나라에 대한 반항심도 커져갔다. 또한 막대한 배상금으로 인한 재정적 압박은 청조의 몰락을 재촉하게 되었다.

애로우(Arrow)호 사건

중국인 소유로 홍콩에 선적을 두고 있던 배 애로우호에 중국 관원들이 승선하여 중국인 승무원 12명을 해적 혐의로 연행하였는데, 영국 영사는 선장이 영국인이며 홍콩에 선적을 두고 있으므로 영국 배라고 주장하면서, 중국 측의 불법 수색과 영국 국기를 함부로 내린 것에 대하여 공개적인 사과를 요구했다.

남경조약의 주요 내용

1. 홍콩을 영국에 할양한다.
2. 광주, 하문, 복주, 영파, 상해를 개항한다.
3. 개항장에 영사(領事)를 설치한다.
4. 전비(戰費) 배상금 1200만 달러, 몰수당한 아편 보상금 600만 달러를 지불한다.
5. 공행(公行)과 같은 독점상인을 폐지한다.
6. 수출입 상품에 대한 관세를 제한한다.
7. 청나라와 영국 두 나라 관리는 대등하게 교섭한다.

태평천국

홍수전(洪秀全: 1814~1864)은 광동성 사람이다. 젊어서 여러 차례 과거에 응시하였으나 번번이 실패하여 낙심이 크던 그는 심한 열병을 앓게 되었다. 어느 날 꿈속에서 악을 물리치고 세상을 구하라는 어느 노인의 계시를 받았다. 꿈의 내용이 몇 년 전 우연히 얻은 『권세양언(勸世良言)』이라는 책의 내용과 일치한다는 결론을 내리고 노인이 하느님이며 자신은 하느님의 아들이자 예수의 동생이라고 믿게 되었다.

그는 이 세상에 천국을 구현한다는 믿음을 실천하기 위하여 '배상제회(拜上帝會: 하느님을 섬기는 모임)'라는 모임을 만들고 포교활동에 나섰다. 1851년에는 태평천국(太平天國, 1851~1864)을 선언하고 홍수전 자신을 천왕(天王)이라

하였고, 남경을 점령한 이후에는 천경(天京)으로 칭하고 수도로 삼았다.

태평천국은 평등한 사회를 지향하면서 지상낙원을 꿈꾸었다. 유교사상은 맹렬히 비판되었고 남녀평등을 내세웠다. 사유재산은 인정되지 않았으며 토지를 균등하게 배분한다는 '천조전무제도(天朝田畝制度)'가 공포되었다. 우상숭배를 거부하였고 신분의 차별 철폐를 내세웠으며 노예 매매와 축첩은 금지되었다. 만주족의 변발을 거부하고 머리를 길렀으며 전족(纏足)의 풍습은 폐지되었고 아편도 금지되었다. 가난한 농민, 여성의 폭발적인 지지가 있었음은 너무나 당연하였다.

하지만 시간이 지나면서 지도부의 권력다툼으로 세력이 약화하기 시작했다. 엄격한 규율이 무너지고 사유재산 금지의 원칙을 어기고 사욕을 채우기도 하였다. 유교 전통이 무너지는 것을 경계한 증국번(曾國藩), 이홍장(李鴻章), 좌종당(左宗棠) 등 한인 지방 관료들의 적극적인 토벌과 태평천국을 이단으로 받아들인 서구열강의 개입으로 세력이 급격히 약화하였다. 1864년 6월에 홍수전이 병으로 사망하고 그 한 달 뒤에는 증국번이 이끄는 상군(湘軍)에 의하여 천경(남경)도 함락되고 말았다.

태평천국운동은 멸만흥한(滅滿興漢)을 외치고 외국의 조계(租界)를 공격하는 등 민족적 색채가 있었다. 또한 토지의 공동경작, 여성해방을 비롯한 신분철폐를 지향하는 등 반봉건, 반외세를 거치면서 평등한 사회의 실현을 꿈꾼 대표적인 민중운동이었으나 아쉽게도 실패로 끝나고 말았다.

양무운동

아편전쟁과 태평천국의 난을 거치면서 서구열강의 힘을 목격한 청나라 지도층은 서양의 선진 과학기술을 적극 습득하자는 양무운동(洋務運動, 1860~1894)을 전개하기에 이르렀다. 동치제(同治帝)와 광서제(光緒帝)의 재위 기간에 추진되었는데 특히 동치제의 재위 중에는 서양 세력의 발호가 잠시 소강상태를 보였으며 잠시나마 국력을 회복하였다는 의미에서 '동치중흥(同治中興)'이라 칭한다.

양무운동에서 가장 먼저 시작한 것은 군수 공업이었다. 상해의 강남제조총국(江南製造總局), 남경의 금릉기기국(金陵機器局), 천진의 천진기기국(天津機器局)이 1865~1867년에 만들어졌고 총, 탄약, 선박을 제조하기 시작했다. 이후에는 광산 개발, 철도 건설, 제철소 및 방직공장 건설 등 공업 부문 전체로 확산되었고 국비 유학생을 파견하여 서양 문물을 배우게 하였으며 북양함대, 남양함대, 복건함대를 만들어 해군을 창설하였다.

이홍장

양무운동을 추진한 '양무파'는 중앙에서는 공친왕(恭親王)이었으며 지방은 증국번, 이홍장, 좌종당 등 한인 관료들이었는데,

이들은 '중체서용(中體西用)'이라 하여 중국의 전통적 사고방식에 서양의 과학기술만 접목하고자 하였으므로 근본적 한계를 가지고 있었다. 양무운동은 그 진행 과정에서 관료의 무능력과 부패가 어우러졌고 서태후는 이화원을 수리하면서 북양함대(北洋艦隊)의 예산을 전용하는 등 국가적인 차원에서 근대 국가로 나아가는 운동으로 승화되지 못하였다. 이런 한계는 베트남을 두고 벌인 청프전쟁(1884~1885)에서 좌종당의 남양함대가 패배하고 조선반도에 대한 지배권을 두고 다툰 청일전쟁(1894~1895)에서 이홍장의 북양함대가 궤멸됨으로써 여실히 드러났다.

하지만 양무운동으로 중국의 근대화가 앞당겨진 것도 사실이다. 상해와 같은 대도시들이 성장하였고 공업, 상업의 발달을 촉진시키기도 하였다. 또한 서양의 학문과 기술을 가르치는 교육기관이 설립되어 지식인들이 양성되기도 하였다.

양무운동으로 건조한 북양함대

중일갑오전쟁(청일전쟁)

1882년 조선에서 임오군란(壬午軍亂)이 일어나자 청나라가 출병하여 주도권을 잡았으며 1884년 갑신정변 때에는 3일 만에 이를 진압하고 개화파를 무력화하였다. 1894년 조선에서 동학농민운동이 일어났을 때 조선 조정이 청에 원병을 청하였고 청나라는 파병하였다. 조선에서의 주도권이 약화되어 초조해 하던 일본도 즉각 군대를 파견하여 두 나라의 전쟁이 시작되었다. 일본은 초기에 아산 앞바다 풍도(豊島), 성환(成歡) 등지에서 승리를 거두었다. 이어서 평양과 압록강 입구의 전투와 여순(旅順) 전투도 승리하였다. 산동성의 위해(威海) 앞바다에 있는 유공도(劉公島)에서는 북양함대를 격파하였다.

일본과 청나라는 1895년 시모노세키(下關)에서 조약을 체결하였는데 청은 일본에게 승전의 대가로 3년치 예산에 해당하는 은 2억 3,150만 냥의 배상금을 지불하게 되었고 조선의 독립, 대만과 요동반도의 할양을 약속할 수밖에 없었다. 러시아가 주도하고 독일과 프랑스가 합류한 '삼국간섭'으로 요동은 다시 청에 귀속되었지만 대만은 1945년 8월까지 일본의 식민지가 되었다.

전쟁을 철저히 준비한 일본은 승리하였고 북양함대의 예산을 이화원 수리에 전용하며 낭비한 청나라는 대패하였다. 이제 아시아의 패권은 일본으로 넘어갔으며, 일본은 조선을 발판으로 대륙을 침략하겠다는 야심을 더욱 드러내기 시작했다. 청은 병든 상태로 서구열강의 각축장이 되어가고 있었다.

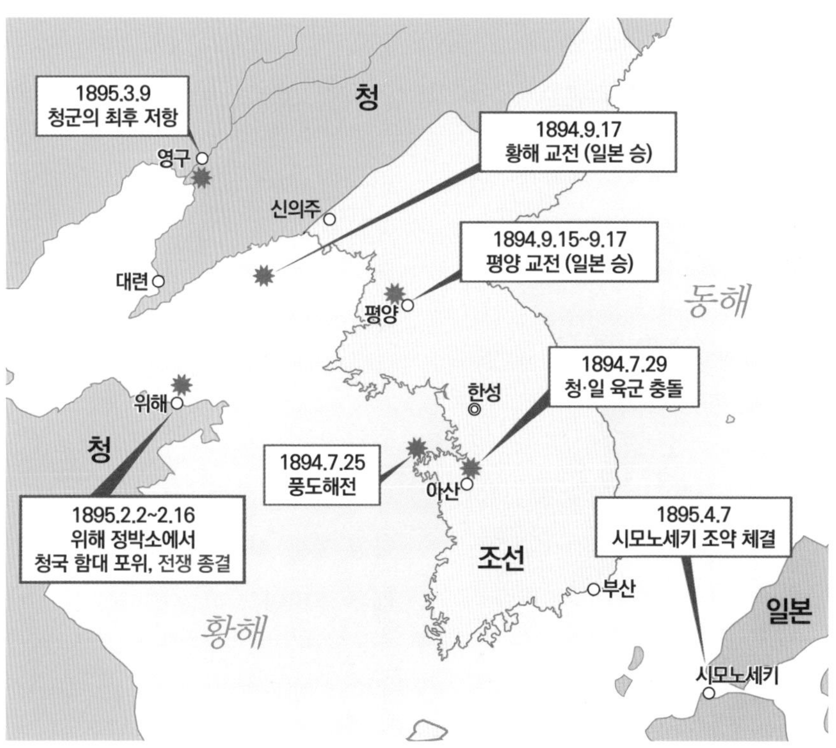

백일유신(무술변법)

청일전쟁의 패배로 서구 열강은 청나라가 종이호랑이임을 알게 되었다. 러시아는 동북, 독일은 산동, 프랑스는 광동, 일본은 복건 등지에서 철도 및 광산 등에 얽힌 각종 이권을 차지하기 위해 혈안이 되었다.

이런 암울한 현실 속에서도 중국의 깨어 있던 지식인들은 서양의 무기와 기술 도입에 치중하였던 양무운동의 한계를 절감하고 정치, 법 제도, 교육 등 근본적이고 전반적인 개혁을 주장하였다. 그 중심 인물은 강유위(康有爲), 양계초(梁啓超), 담사동(譚嗣同) 등이었으며 목표는 강력한 입헌군주제(立憲君主制)를 통해 강한 중국을 건설하는 것이었다.

강유위

1898년 6월 11일, 27세의 젊은 황제 광서제(光緖帝)는 강유위의 상서(上書)를 받아들여 '명정국시(明定國是)'의 조서를 내려서 변법을 선언하고 변법파의 핵심인물들을 중용하였다. 개혁안에는 과거제도 혁신, 서양식 학교 설립, 신문 발행, 산업 진흥, 육해군 근대화 등이 포함되었다. 광서제는 수구파들을 해임하는 등 개혁 정책을 과감하게 지원하였다.

광서제

서태후 등 수구 기득권 세력은 실권을 잃을까 크게 걱정하게 되었고, 처음에는 개혁파를 지지하는 듯 하다가 결국에는 반개혁 측에 선 원세개(袁世凱: 위안스카이)의 배신이 더해지면서 9월 21일에 서태후가 나서서 개혁을 중단하고 말았다. 광서제는 중남해의 영대(瀛臺)에 1908년까지 유폐되었고 개혁파들은 숙청되었다.

강유위는 홍콩으로, 양계초는 일본으로 도피하였으며 담사동은 체포되어 처형되었다. 이로써 '백일유신(百日維新)'이라 불리는 무술년의 개혁 즉 '무술변법(戊戌變法)'은 시작한 지 103일(1898.6.11~1898.9.21) 만에 실패로 끝나고 말았다.

강유위와 복벽(復辟)운동

강유위가 중국으로 다시 돌아올 수 있었던 것은 1911년의 신해혁명으로 청 왕조가 무너지고 중화민국이 수립된 이후이다. 그러나 개혁파의 상징이었던 그의 행동은 여러 사람을 실망시키는 것이었다. 새로 수립된 공화국을 무너뜨리고 청 황실을 복원하자는 복벽(復辟)운동에 가담했기 때문이다. 그의 정치적 지향점은 공화정이 아니라 여전히 입헌군주제에 머무르고 있었던 것이다.

의화단 운동

아편전쟁 이래 열강의 중국 침탈은 민중들에게 커다란 고통을 안겨 주었다. 막대한 배상금은 세금으로 메꿀 수밖에 없었으며 물가는 폭등하였다. 또한 기독교의 활발한 포교 활동으로 중국의 전통이 사라질 것을 우려하는 분위기가 사회 전반에 확산되었다. 의화단(義和團)은 본래 의화권(義和拳)이라는 비밀결사에서 유래했는데 권술(拳術)을 익히고 주문을 외우면 신통력으로 불과 칼에도 다치지 않는다고 믿었다.

의화단 조직은 산동성과 하북성 등지의 화북지역 농촌에서 특히 활발하였는데, 이 지역은 수도 북경과 가깝고 제국주의 강대국들의 이권 강탈이 심했으며 기독교 선교 활동도 활발해서 중국 민중들의 불만이 컸던 지역이다.

1899년, 의화단은 청 왕조를 도와 서양 세력을 물리치자는 '부청멸양(扶淸滅洋)'을 구호로 내세우고 산동성에서 봉기하였다. 철도, 전신, 교회, 병원 등을 파괴하고 외국인을 공격하였으며 외국제품을 불태웠다. 순식간에 하북, 사천 등으로 세력이 확장되었다.

서태후는 광서제의 복위를 주장하는 서구 열강에 맞서고 자신의 권력 유지를 위하여 의화단을 북경에 불러들이고 열강에 선전을 포고하였다.

북경에 들어온 의화단은 관군(官軍)과 함께 열강의 공사관을 공격하였으며 거리마다 의화단원들이 넘쳐났다. 농촌 출신인 이들의 주력은 10대 소년들이었다. 전체적인 지도자는 없었고 동네마다 권단(拳壇)이 설치되었는데 그

처형되는 의화단원

지도자를 대사형(大師兄)이라고 불렀다.

1900년 미국, 영국, 프랑스, 독일, 이탈리아, 오스트리아, 러시아, 일본의 8개국 연합군 2,000명은 먼저 천진을 함락하고 북경으로 진군하였다. 서태후는 이홍장, 원세개 등에게 군사들을 이끌고 연합군과 싸울 것을 재촉했으나 이들 양무파(洋務派)는 명령을 거부하였다. 서태후는 광서제를 데리고 서안(西安)으로 피난하였으며 연합군은 자금성을 점령하여 약탈하고 명나라 영락제 시기에 편찬된 『영락대전(永樂大典)』을 탈취하였다.

1901년 북경의정서(北京議定書: 辛丑條約)가 체결되었고 청나라는 막대한 배상금으로 더욱 휘청거리게 되었다. 더불어 북경과 상해의 철도 연변과 북경의 공사관에는 열강의 군대가 주둔할 수 있게 되었다. 이제 청나라 정부는 제국주의의 도구가 되어 민중의 외세에 대한 저항을 스스로 탄압해야 하는 반식민지 상태가 되었다.

서태후

서태후(西太后, 1835~1908)의 성은 엽혁나랍(葉赫那拉)이며 이름은 옥란(玉蘭)이다. 17세이던 1852년에 함풍제(咸豊帝)의 다섯 번째 부인으로 발탁되어 란귀인(蘭貴人)이 되었다가 곧 의빈(懿嬪)이 되었다. 아들 동치제(同治帝)를 낳고 의비(懿妃)로 책봉되었다가 함풍제가 죽은 다음에는 황제의 생모로서 자희태후(慈禧太后)가 되었다. 함풍제의 황비(皇妃)인 자안태후(慈安太后)는 동쪽 궁전을 써서 동태후(東太后)라 불렸고 서쪽의 자희 태후는 서태후(西太后)라 하였다.

1860년 제2차 아편전쟁의 와중에 영국과 프랑스의 연합군이 북경을 침입했을 때 함풍제는 열하(熱河)의 피서산장(避暑山莊)으로 피신을 갔는데 결국 이곳에서 이듬해 병사하였다. 이어서 즉위한 아들 동치제는 당시 6세에 불과하여 서태후는 함풍제의 동생인 공친왕(恭親王)과 협력하여 8명의 고명대신(顧命大臣)들을 숙청하고 수렴청정을 시작했다.

1875년 아들 동치제가 20세의 나이로 죽자 3세의 광서제(光緖帝)를 즉위시키고 자신은 섭정(攝政)이 되었다. 훗날 광서제가 승인한 백일유신(百日維新)이 일어나자 원세개 등을 조정하여 개혁파를 숙청하는 등 거의 모든 진보적 개혁에 반대하였으며 대외적으로는 굴욕적 외교로 일관하여 중국의 반식민지화는 더욱 심각해졌다.

그녀는 이화원을 복원하기 위하여 은 800만 냥을 썼는데 이는 당시 한해 예산의 10%에 해당하는 돈이었다.

의화단의 난 당시에는 서안에 피신해 있으면서도 화려한 식사와 생활을 하는 등 개인의 사치, 탐욕만을 추구하여 청나라의 멸망을 가속화하였다는 평가를 받는다. 반면에 혼란과 격동기의 중국 근대사에서 강력한 지도력을 발휘하였고 말년에는 입헌을 준비하였으며 산업 및 교육의 진흥을 도모했다는 긍정적 평가도 있다.

서태후가 살았던 이화원

마지막 황제

선통제(宣統帝)인 애신각라 부의(愛新覺羅 溥儀, 1906~1967)는 광서제의 이복동생인 순친왕(醇親王)의 아들이다. 1908년 광서제가 사망하자 3세의 나이로 즉위하였다. 부친과 융유황태후(隆裕皇太后: 광서제의 황후)가 섭정을 하였다. 1911년 10월에 신해혁명이 일어나고 이듬해 중화민국이 건국되자 1912년 2월 12일 융유황태후는 부의를 대신해 황제 퇴위의 조서를 발표했다. 퇴위하고 나서도 자금성을 떠난 것은 아니었다. 여전히 황제 대접을 받았고 대신들의 만세 소리를 들으며 생활했다. 자금성에서 쫓겨난 것은 1924년 군벌(軍閥) 풍옥상(馮玉祥)이 북경을 점령하고 난 다음 강제로 몰아낼 때였다. 황궁에서 나와서는 부친 집으로 옮겼다가 일본공사관을 거쳐 천진의 일본 조계(租界)에 머물렀다.

청의 마지막 황제 선통제 부의

1931년 9월 18일 만주사변을 일으키며 중국 침략의 야욕을 드러낸 일본은 만주국을 세우고 부의를 이용하였다. 집정(執政)을 거쳐 1934년에는 만주국 황제에 올랐으나 모든 실권이 일본 관동군 사령관에게 있는 허수아비 황제였다. 1945년 8월 소련의 참전으로 만주국은 소멸되었고 부의는 일본으로 도망치려 하였으나 소련군에 체포되어 하바롭스크에 5년 동안 억류되었다.

1950년 8월에야 중국으로 인도되어 요녕성 무순(撫順)의 감옥에 감금되었다가 1959년 사면되어 북경식물원 정원사로 일하기도 했다. 1964년에는 영화 〈마지막 황제(末代皇帝)〉의 바탕이 되는 『나의 전반생(我的前半生)』을 출간했고 인민정치협상회의(人民政治協商會議) 위원으로 활동했다. 1967년 요독증(尿毒症)으로 61세의 나이로 사망했다. 북경의 팔보산(八寶山)에 묻혔으나 1995년에 청나라 황제들의 묘역인 청서릉(淸西陵) 광서제의 무덤 부근에 있는 화용황가능원(華龍皇家陵園)으로 이장되었다.

신해혁명

러일전쟁 후 헌정(憲政)을 약속하였던 청나라 정부는 본격적인 실시를 차일피일 뒤로 미루었다. 이런 와중에 1908년 11월, 광서제와 서태후가 연이어 사망했고 3세의 선통제가 황제로 등극하자 정세는 더욱 혼란스러워졌다. 섭정을 맡은 순친왕이 주도하여 마지못해 발표한 내각은 여전히 만주족과 황족들이 대다수였다. 공화제를 주장하는 손문(孫文) 등의 혁명파는 물론 입헌군주제를 표방하는 강유위(康有爲) 등 입헌파에게도 아주 실망스러운 것이었다.

손문은 일찍이 1894년 하와이에서 흥중회(興中會)를 설립하고 1905년에는 여러 혁명 세력이 연합한 중국동맹회(中國同盟會)를 일본에서 결성하여 수차

례의 무장봉기를 시도하였으나 실패를 거듭하고 있었다.

신해년(辛亥年)인 1911년 5월, 청나라 정부는 민영으로 건설되던 철도의 국유화를 발표하였는데 정부는 서구 열강으로부터 자금을 빌려 재정난을 타개하려는 목적이었고 미국, 영국, 프랑스, 독일 등은 철도부설권과 후속이권을 챙기기 위해서였다. 철도 국유화를 반대하는 시위는 호남성에서 시작되었으나 광동, 사천으로 급격히 확산되었고 총기를 사용하기 시작하자 청조 타도 운동으로 방향이 바뀌었다.

10월 10일 혁명파 군인들에 의한 '무창기의(武昌起義)'가 성공하였고 곧 중국 전역으로 확산되어 남경까지 혁명 세력이 장악하였다. 1912년 1월 1일에는 남경에서 중화민국(中華民國) 혁명정부가 수립되어 손문이 임시대총통에 올랐다. 하지만 군사적 실권을 가지고 있던 원세개(袁世凱)에게 황제를 퇴위시키는 조건으로 대총통의 지위를 줄 수밖에 없었다. 2월에 마지막 황제 선통제가 퇴위됨으로써 진시황 이래의 전제 왕조는 막을 내렸고 원세개가 3월에 임시대총통에 취임하였으나 그는 반혁명의 길을 가기 시작했다.

신해혁명 및 반혁명의 과정

중국동맹회 결성(1905) → 광서제와 서태후 사망(1908) → 철도국유령 발표 및 호남, 광동, 사천에서 폭동 발생(1911.05) → 무창기의 성공(1911.10.10) → 중화민국 남경정부 수립 및 손문 임시대총통 취임(1912.01) → 선통제 퇴위(1912.02), 원세개 대총통 취임(1912.03) → 국민당 창당(1912.08), 해산(1913.11) → 원세개 황제 취임(1915.12), 사망(1916.06)

국부 손문

손문(孫文, 1866~1925)은 1866년 광동성 향산현[香山縣: 중산(中山)]에서 출생하였다. 일본에서 활동할 때 사용하기 시작한 손중산(孫中山)이라는 이름을 더 많이 쓴다. 홍콩에서 의학을 공부하여 양의(洋醫)가 되었고 마카오와 홍콩에서 개업하기도 했으나 서구 열강에게 침범 당하는 중국의 현실과 청나라 정부의 부패상을 직시하면서 의사의 길을 버리고 민주공화국 수립을 위한 혁명가의 길을 걷기 시작했다.

청일전쟁 패배로 위기감이 팽배하던 1894년, 그는 하와이에서 흥중회(興中會)를 설립하여 광주(廣州)에서 거병하였으나 사전에 발각되는 바람에 실패하였고 일본과 서구 각지를 떠돌았다. 1905년 러일전쟁이 발발하자 유학생 등 100여 명이 일본 동경에서 모여 중국혁명동맹회(中國革命同盟會)를 조직하였으며, 혁명의 기본이념으로 삼민주의(三民主義: 民族, 民權, 民生)를 제시했다.

1911년 10월 신해혁명(辛亥革命)이 발발하자 귀국하여 임시대총통에 추대되었고 1912년 1월 1일 중화민국을 발족하였다. 그러나 군사적 실권을 가진 북부의 군벌들과 타협할 수밖에 없었고 정권을 원세개에게 넘겨주게 되었다.

대총통에 취임한 원세개는 국민당 당수를 암살하고 의회를 해산하는 등 혁명 세력을 탄압하였다. 손문은 다시 일본으로 피신하였다가 원세개 사후 귀국하였다. 무력 확보의 필요성을 절감한 그는 광주 인근에 황포군관학교(黃埔軍官學校)를 설립하였으며 국민혁명을 추진하기 위해 북벌을 시도하였으나 뜻을 이루지 못한 채 1925년 북경에서 사망하였다. 생전의 유언에 따라 남경의 자금산(紫金山) 중산릉(中山陵)에 묻히게 되었으며 1940년 국민당 정부는 그를 중화민국국부(中華民國國父)로 칭하기로 하였다.

황포군관학교

중국국민혁명에 필요한 군사간부를 양성하기 위해 1924년 1월 광주에 설립 되었으며 명칭은 중국국민당육군군관학교(中國國民黨陸軍軍官學校)였다. 제1차 국공합작으로 국민당과 공산당 인사들이 혼재하고 있었는데 교장은 장개석(蔣介石), 교육부 부주임은 엽검영(葉劍英), 정치부 부주임은 주은래(周恩來)였다.

송씨 세 자매

세 자매의 아버지인 송가수(宋嘉樹, 1861~1918)는 일찍이 서양에 눈을 뜨고 목사, 사업가 등 파란만장한 삶을 살았으며 손문의 동지로서 혁명에도 큰 공을 세운 사람이다. 그는 여섯 명의 자식을 두었는데 송애령(宋靄齡), 송경령(宋慶齡), 송자문(宋子文), 송미령(宋美齡), 송자량(宋子良), 송자안(宋子安)이다.

송가수는 해남성 문창현(文昌縣) 출신이다. 원래는 한씨(韓氏)였으나 가정 형편이 곤란하여 외종숙의 양자가 되었고 그 성을 따라 송씨로 개명하였으며 미국에서 기독교 세례를 받은 뒤 신학을 공부한 끝에 목사가 되었다. 1881년 귀국한 후에는 성경을 인쇄하여 돈을 벌기 시작했고 외국 기계를 수입하여 팔면서 큰 부자가 되었다. 1894년 손문을 만난 다음 열렬한 후원자가 되었고 흥중회, 중국동맹회 등을 재정적으로 후원했다.

첫째 딸 송애령(1889~1973)은 부(富)와 결혼하였다. 대부호 공상희(孔祥熙)와 결혼하였는데 그는 공자의 직계후손으로 국민당의 재무부장을 지낸다. 송애령은 지위와 사업 수완을 이용하여 재물을 많이 모았다.

둘째 딸 송경령(1893~1981)은 조국(祖國)과 결혼하였다. 1914년 일본에서 손문과 결혼하였는데 남편을 돕는 동안 자신도 한 명의 사상가 및 혁명가로 성장하였고 중화인민공화국의 국가 부주석을 역임하였다.

셋째 딸 송미령(1897~2003)은 권력(權力)과 결혼하였다. 1927년 장개석과 결혼하였고 미국 의회에서 연설하기도 했으며 국민당 중앙위원으로 활약했다.

원세개와 군벌시대

원세개(袁世凱, 1859~1916)는 본래 이홍장(李鴻章) 휘하의 군인이었다. 그는 임오군란(壬午軍亂, 1882) 때 20대 약관의 나이에 조선에 들어왔으며 갑신정변(甲申政變, 1884)이 일어나자 일본과의 전투에서 승리하였다. 1885년에는 조선 주재 총리교섭통상대신(總理交涉通商大臣)에 임명되어 청의 이익을 적극 대변하였다. 청일전쟁(淸日戰爭, 1894) 이후에는 북양군벌(北洋軍閥)을 양성하여 장차의 세력 기반으로 삼았다. 무술변법(戊戌變法, 1898)이 일어나자 개혁파를 지지하는 척하다가 배반하고 서태후 측으로 돌아섰다.

원세개

신해혁명(辛亥革命, 1911)이 일어나자 혁명군과 협력하여 1912년 2월 선통제를 퇴위시켰다. 그러나 3월부터는 반대로 혁명군을 공격하고 압박하였으며 이듬해에는 국민당 당수도 암살하는 등 위협을 가하면서 중화민국 대총통에 취임하였고 국민당을 해산했다. 1915년 12월에는 공화제를 부정하고 스스로를 황제라 칭하고 중화제국(中華帝國)을 선언했다. 반대하는 민중들의 봉기가 일어나고 강대국들도 반대하자 중화민국 체제를 곧 회복시켰으나 건강이 악화되어 사망했다.

군벌들은 원래 이홍장과 원세개의 북양군벌(北洋軍閥) 후신인데 원세개 사후에는 안휘(安徽), 직예(直隸: 북경에 직속된 곳으로 河北을 뜻함), 봉천[奉天: 심양(沈陽)]의 3개 군벌로 나뉘어 이합집산과 각축전을 벌이면서 정권이 수시로 교체되었다. 이들은 단기서(段祺瑞), 풍국장(馮國璋), 조곤(曹錕), 오패부(吳佩孚), 장작림(張作霖) 등이며 양자강 이북의 권력을 장악하고 중화민국 북경정부를 구성했다.

1926년 장개석(蔣介石)의 국민당은 북벌을 선언한 후 남부지역 대부분을 장악하고 남경정부를 발족하였다. 1928년 계속되는 북벌의 와중에 봉천 군벌인 장작림이 봉천에서 일본군의 폭탄에 폭사하고 말았다. 아들 장학량은 북경정부에 남기를 거부하고 남경정부에 합류함으로써 북벌이 완성되었다. 군벌시대(1912~1928)가 끝나고 국민당이 주도하는 중화민국 남경정부 시대가 열린 것이다. 남경정부의 앞길에는 일본 제국주의의 침공과 공산주의의 세력 확장을 동시에 상대하는 내우외환(內憂外患)의 큰 과제가 놓여 있었다.

장개석

5·4운동

제국주의 강대국들의 식민지 쟁탈 경쟁으로 발발하였던 제1차 세계대전은 영국-프랑스-러시아(볼셰비키 혁명 후 탈퇴) 중심의 연합국과 독일-오스트리아-이탈리아(후에 연합국으로 전환)를 주축으로 한 동맹국 간의 대결로 시작되어 미국, 일본 등이 연합국으로 참전하였고 중국도 연합국 편에 서서 싸웠다.

1918년, 독일의 항복으로 전쟁이 끝나자 중국도 전승국이 되었다. 특히 1919년 파리강화회의에서 윌슨이 천명한 '민족자결원칙(民族自決原則)'은 중국, 조선 등 식민지 상태 국가들의 기대를 크게 하였다. 즉, 서구 열강이 가지

고 갔던 이권들은 물론, 군대 철수, 조차지 반환 등을 기대하였던 것이다. 그러나 파리강화회의는 그들만의 잔치였다. 승전한 강대국들은 독일이 가지고 있던 각종 이권을 나누어 먹는 것에 골몰하였고 중국에서는 그것이 일본으로 넘어갔다. 특히 독일이 산동성에서 가지고 있던 권익을 일본이 다시 가져가게 되자 중국인의 분노는 극도에 달하게 되었다.

1919년 5월 4일, 북경의 학생들은 천안문 광장에 모였다. 북경의 단기서 군벌정부는 시위에 참가한 학생들을 체포하였지만 시위는 천진, 상해, 남경, 무한 등 전국 곳곳으로 확산되었고 일본 상품 배척, 동맹휴학으로 확대되었다. 6월 초에는 노동자 파업, 상점 철시로 발전하였고 군벌정부는 일부 친일파 관리들을 파면하고, 베르사유 조약의 조인을 거부할 수밖에 없었다.

5·4운동은 조선의 3·1운동과 러시아혁명의 영향을 받았다고 알려져 있으며 학생, 상인, 노동자들이 중심이 된 반외세, 반봉건 운동이었다. 민중들이 스스로의 정치 의사를 자발적으로 표출하였고 그 성과를 쟁취하였다는 점에서 역사적인 사건이라고 할 수 있으며 중국 현대사의 시발점으로 평가되고 있다. 또한 중국 공산주의 운동의 출발점이 되기도 하였다. 러시아의 코민테른은 보이틴스키(Voitinsky)를 밀사로 파견하여 이대교(李大釗)와 진독수(陳獨秀)를 지도하여 중국공산당이 결성(1921.7) 되도록 하였다.

공산당의 창당, 홍군, 대장정

5·4운동 이후 마르크스주의가 중국에도 전파되기 시작하였다. 이때 러시아에서는 1917년에 레닌이 주도한 볼세비키 혁명이 성공한 이후 프롤레타리아 혁명의 세계적 확산을 목적으로 하는 코민테른이 1919년에 설립되었다. 이런 정세 속에서 코민테른의 지도하에 1921년 7월 23일 상해(上海)에서 공산당이 창당되었다. 모택동 등 13명이 모여 창립대회를 하였는데 집회 도중에 경찰이 수색을 하는 바람에 가흥(嘉興)으로 옮겨 빌린 배 위에서 대회를 마쳤다.

1927년 8월 1일, 강서성(江西省) 남창(南昌)에서는 공산혁명 근거지를 확보하기 위한 무장봉기가 일어났다. 국민당군의 역습으로 결국 패배하기는 하였으나 봉기에 참여한 병력들이 근간이 되어 홍군(紅軍)이 건군되었다. 도시 중심으로 거점을 확보한다는 공산당의 초기 노선은 실패로 끝났다. 농촌을 거점으로 삼은 다음 도시를 공략해야 한다는 주장을 해온 모택동은 강서성 정강산(井岡山)을 근거지로 삼아 공산당 세력을 확장하기 시작하였다. 토지개혁 등으로 민중들의 지지를 확보한 공산당의 농촌 중심 전략은 성공하여 홍군의 세력은 점차 강성해졌다. 1931년에는 강서 서금(瑞金: 루이진)에 중화 소비에트공화국 임시정부를 수립하였고 공산당 중앙도 합류하였다.

국민당은 홍군을 궤멸하기 위해 다섯 차례의 대대적인 공격을 퍼부었고 홍군은 강서 소비에트를 탈출할 수밖에 없었다. 애드가 스노우의 『중국의 붉은 별(Red Star Over China)』에 의하면, 홍군은 서금에서 탈출하여 강서성 남부에 집결한 후 1934년 10월 16일 장정을 시작하였다. 이들은 섬서성 북부까지 행군하면서 12개 성을 통과하였고 18개의 산맥, 24개의 강을 건넜다. 대도하(大渡河), 대설산(大雪山), 늪지대를 통과하면서 갖은 고초를 겪었고 몇날 며칠을 굶거나 맨발로 행군하였다. 1935년 10월 20일, 선봉대가 368일 만에 섬서성 북부의 소비에트에 합류했을 때는 8만 7천 명이던 홍군이 8,000명으로 줄어 있었다. 12,500㎞(2만 5천 리)를 걸은 대장정(大長征)이었다.

장정의 역사적인 의의는 크다. 1935년 1월, 귀주성 준의(遵義)에서 열린 회의에서 모택동은 이론에 치우쳐 비현실적 전투를 지휘해 온 소련 유학파를 제치고 지도자의 지위를 확립하였으며 전면전 방식을 버리고 유격전을 기본 전술로 채택할 수 있었다. 또한 중국공산당은 12개 성을 넘나드는 험하고 힘든 장정의 길에서 농민들에게 혁명 사상을 주입하고 공산주의 이념을 전파함으로써 민중 속에 그 위상을 확고하게 할 수 있었고 장차의 내전에서 승리하는 원동력이 되었다.

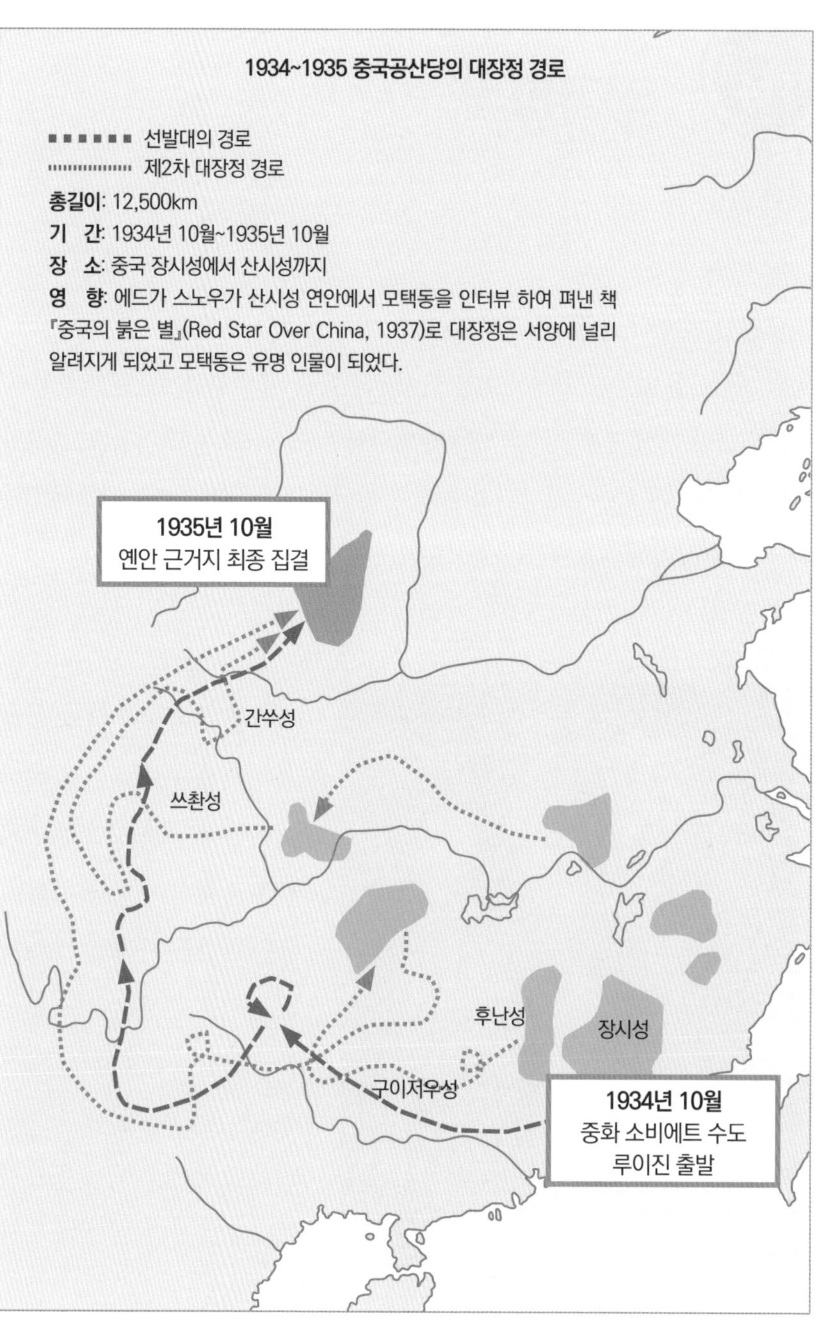
1934~1935 중국공산당의 대장정 경로
선발대의 경로
제2차 대장정 경로
총길이: 12,500km
기 간: 1934년 10월~1935년 10월
장 소: 중국 장시성에서 산시성까지
영 향: 에드가 스노우가 산시성 연안에서 모택동을 인터뷰 하여 펴낸 책 『중국의 붉은 별』(Red Star Over China, 1937)로 대장정은 서양에 널리 알려지게 되었고 모택동은 유명 인물이 되었다.
1935년 10월
옌안 근거지 최종 집결
간쑤성
쓰촨성
후난성
장시성
구이저우성
1934년 10월
중화 소비에트 수도
루이진 출발

국공합작

국공합작(國共合作)은 두 차례에 걸쳐 이루어졌다. 1차 국공합작(1924.1~1927.7)은 군벌 타도를 위해서 힘을 합쳐야 한다는 데 이해관계를 같이하고 공산당원들이 개인 자격으로 국민당에 입당하는 형식으로 이루어졌다. 하지만 1925년에 손문(孫文)이 사망하고 강력한 반공주의자 장개석(蔣介石)이 국민당의 실권을 장악하게 되자 지속적으로 공산당을 척결했고 1927년에 1차 국공합작은 끝나게 되었다.

국공합작-장개석과 모택동

한편 일본은 1931년에 만주사변을 일으켜 만주 침략의 야욕을 드러내었고 이어 1932년에는 괴뢰 만주국 정부를 수립하여 중국 침략에 더욱 박차를 가하였다. 하지만 장개석 정부는 '양외필선안내(攘外必先安內: 외세를 몰아내려면 먼저 내부를 안정시켜야 한다)'를 주장하면서 항일전쟁보다 공산당 토벌을 우선하였다.

그러던 와중에 1936년 이른바 '서안사변(西安事變)'이 일어나게 된다. 동북군벌(東北軍閥) 장학량(張學良)은 서안을 찾아온 장개석을 감금한 뒤 내전을 중지하고 항일투쟁에 나설 것을 요구하였다. 중국민의 염원을 무시할 수 없었던 장개석은 요구를 들어줄 수밖에 없었고 겨우 풀려날 수 있었다.

1937년에 일본이 '노구교(蘆溝橋) 사건'을 일으키며 대륙 침략을 더욱 가시화하는 와중에 제2차 국공합작(1937.9~1945.8)이 성사되었다. 국민당은 공산당의 합법적인 지위를 인정해 주었고, 공산당은 소비에트 정부를 해체하고 홍군은 국민 혁명군 산하로 편제되어 팔로군(八路軍)과 신사군(新四軍)이 되었다. 국민당과 공산당이 다시 손을 잡고 항일투쟁에 나선 것이다.

국공합작 및 국공분열의 역사

제1차 국공합작(1924) → 군벌 타도를 위한 북벌(1926~1928), 국공분열(1927) → 공산당은 농촌을 중심으로 혁명 활동 및 홍군 창군, 국민당은 공산당 토벌에 집중(1927~1936) → 대장정(1934.10~1935.10) → 서안사변(1936.12.12) → 노구교 사건(1937.7.7) 및 중일전쟁 시작 → 전쟁 수행을 위한 제2차 국공합작(1937.9~1945.8) → 국공내전(1946~1949) → 중화인민공화국 수립(1949.10.1) → 국민당 정부 타이완으로 퇴각(1949.12.10)

장학량과 서안사변

장학량(張學良, 1901~2001)의 출생지는 요령성 안산시(鞍山市) 태안현(台安縣)이며 봉천 군벌 장작림(張作霖)의 아들이다. 장작림은 만주의 마적 출신으로 원세개 휘하로 들어가서 군인이 되었고 만주의 실력자가 되었으나, 1928년 만주 침략의 야욕에 불타는 일본이 설치한 폭탄에 폭사하고 말았다. 일본은 1931년 만주사변을 일으키고 1932년에는 만주국을 만들면서 동북지방을 침공했고 장학량의 동북군(東北軍)은 근거지를 잃고 말았다.

이때 홍군은 대장정을 거쳐 섬서성의 북쪽에 은거하고 있었는데, 이를 섬멸하라는 장개석의 지시를 받은 장학량은 동북군을 이끌고 서안(西安)에 주둔

장학량과 양호성

하고 있었다. 사실 동북군의 소망은 일본에 승리하여 가족이 있는 동북땅을 되찾는 것이었다. 1936년 12월 4일, 장개석이 공산당 토벌을 독려할 목적으로 서안에 왔다. 7일에는 동북군의 장학량과 서북군의 양호성(楊虎城) 장군이 내전을 중지하고 항일전쟁에 나설 것을 호소하며 울면서 곡간(哭諫)을 했지만 장개석은 단호하게 거절하고 공산당을 신속하게 토벌할 것을 다시 명령하였다. 1936년 12월 12일 새벽 5시 군인들의 병간(兵諫: 西安事變)이 시작되었다. 화청지(華淸池: 양귀비의 온천 휴양지)에서 자던 장개석은 옷도 제대로 못 입고 급히 뒷산으로 피했으나 바위 틈에서 발견되어 감금 당하고 말았다.

장학량은 국민당의 송자문(宋子文: 장개석의 처남), 공산당의 주은래(周恩來) 등과 협의하였으며 장개석도 내전(1927~1936)을 중지하고 항일할 것을 약속할 수밖에 없었다. 이제 항일전쟁은 주요한 전환점을 맞게 되었고 이듬해에는 제2차 국공합작이 성사되어 1945년까지 일본과의 전쟁을 수행할 수 있었다.

장학량은 장개석을 남경까지 호송했는데 남경에 도착하자마자 체포되어 54년간 구금되었다. 주로 귀주(貴州)에 연금되었다가 1946년 대만으로 옮겨졌다. 장개석 사후에도 장경국(蔣經國)을 지나 이등휘(李登輝)가 집권한 후인 1990년 나이 90세에 자유를 얻었다. 1995년부터는 하와이에서 거주하다가 2001년에 100세를 넘겨 사망하였다.

그와 서안사변에 대한 역사적인 평가는 엇갈린다. 한편에서는 그가 '구국의 결단'을 내려 거사하였기에 국공합작으로 항일 전쟁을 수행할 수 있었으므로 '만고의 충신'이라는 찬사를 한다. 반면 만주를 일본에게 순순히 내어 주었고 궤멸시킬 수 있었던 공산당의 목숨을 살려 주어 대륙 전체가 공산화 되고 말았다는 비판도 있다.

중일전쟁

일본은 1931년 9월 18일에 봉천[奉天: 심양(沈陽)] 부근에서 일본 소유의 남만주 철도가 폭파되었다는 구실을 내세워 군대를 동원하는 '만주사변(滿洲事變)'을 일으켰다. 장개석은 공산당과의 전투가 마무리되지 않아 항일전쟁에 소극적이었고 일본은 더욱 노골적으로 만주 침략을 진행하였다. 1932년에는 청의 마지막 황제 부의(溥儀: 宣統帝, 1912년 퇴위 후 자금성에서 살다가 1924년부터 천진의 일본조계에서 생활)를 집정으로 삼고 신경[新京: 장춘(長春)]을 수도로 하는 만주국을 출범했다.

1937년 7월 7일, 북경 서남쪽의 노구교(蘆溝橋)에서 총성이 들렸다. 일본군은 이를 중국의 도발 행위로 트집삼아 군대를 증강 파병하였으며 8월에는 전면전을 선포함으로써 중일전쟁(中日戰爭)이 본격적으로 시작되었다. 1937년 12월 13일, 국민당 정부의 수도였던 남경이 일본군에게 점령되었다. 이때부터 다음해 2월까지 약 6주간에 걸쳐 30만 명 이상이 학살, 강간, 방화 등의 피

만주사변

남경대학살

해를 입는 남경대학살(南京大虐殺)이 있었다. 일본군은 중국군 포로와 일반인을 상대로 기관총과 수류탄을 사용해 한꺼번에 수많은 사람들을 죽였으며 산 채로 땅에 묻거나 불태워 죽이기도 했다. 생생한 기록은 남경의 침화일군남경대도살우난동포기념관(侵華日軍南京大屠殺遇難同胞紀念館)에서 볼 수 있다.

일본은 광주, 무한까지 점령하여 중국의 1/3 이상을 점령하였으며 국민당 정부는 중경으로 수도를 옮겨 장기적인 항일 태세를 갖추었다. 공산군은 농촌을 중심으로 항일 유격대를 지원하면서 해방구를 넓히는 전략을 구사했고, 당원과 병력이 크게 늘어나 공산당 지배하의 인구가 1억 명에 달하게 되었다.

일본 점령 지역이 중국 전역에 이르자 미국과 영국은 중국을 원조하였다. 일본은 독일, 이탈리아와 가깝게 되었으며 1941년 12월에는 진주만을 급습하여 태평양전쟁이 발발하였다. 1945년 8월 미국은 일본에 원자폭탄을 투하하였고 일본이 무조건 항복함으로써 중국도 항일전쟁에서 승리할 수 있었다.

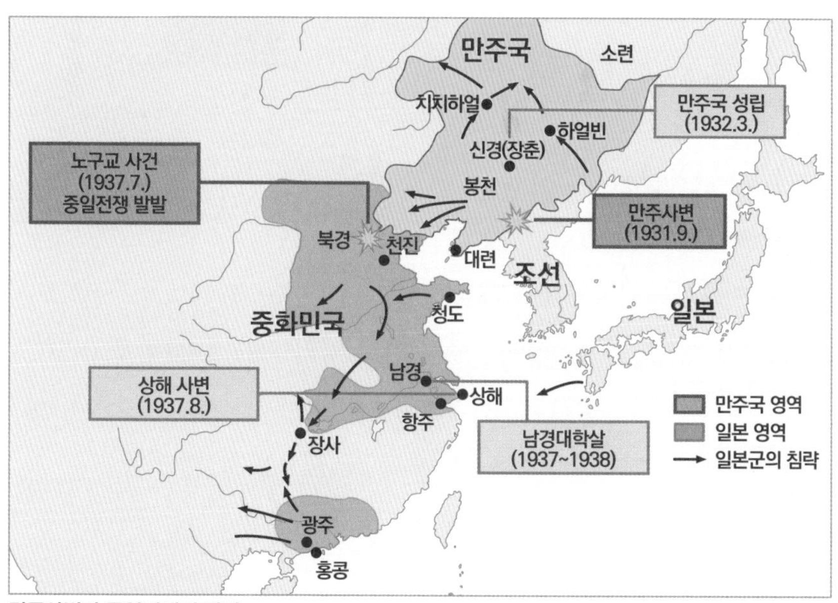

만주사변과 중일전쟁의 발발

장개석

장개석(蔣介石, 1887~1975)의 이름은 중정(中正)이며 개석(介石)은 자(字)이다. 고향은 절강성 봉화현(奉化縣)이며 소금판매업을 하던 아버지가 8세 때 세상을 떠나는 바람에 어머니 슬하에서 성장하였다. 유년 시절에는 주로 학당(學堂)에 다녔으나 20세부터는 본격적으로 군인의 길, 혁명가의 길을 걷기 시작하였다.

1907년 보정(保定)의 보정전국육군속성학원(保定全國陸軍速成學院)에 들어가서 포병술을 배웠으며 1908년에는 일본으로 건너가 진무학교(振武學校)에서 군사학을 공부하면서 중국혁명동맹회(中國革命同盟會)에 가입하였다. 1910년에는 일본 육군의 사관후보생(士官候補生)이 되기도 하였으나 1911년 신해혁명이 발발하자 상해로 돌아와 혁명군 활동을 시작하였다.

1923년 손문의 지시로 소련의 군사제도 등을 시찰하고 이듬해에 황포군관학교(黃埔軍官學校)를 설립하여 교장에 취임하였다. 1926년에는 국민혁명군 총사령관이 되어 군벌 타도를 위한 북벌(北伐)을 시작하였다. 제1차 국공합작(國共合作)이 진행 중이었으나 공산당 세력을 척결하기 위하여 1927년 4월 상해 노동자 무장대(武裝隊)와 총공회(總工會)를 해산하여 1차 국공합작을 결렬시켰다. 1928년에는 군벌들을 물리치고 북경을 점령하여 북벌을 완성하였다. 남경 국민정부의 주석(主席)에 취임하고 육해공군의 총사령관이 되어 당·정·군(黨·政·軍)을 장악하였다. 하지만 지방에는 군벌들이 잔존하고 있었고 공산당의 세력은 점점 커지고 있었다. 장개석은 '양외필선안내(攘外必先安內)'를 주장하며 공산당에 대한 포위 및 섬멸 작전을 진행하였고 만주사변 후 일본의 침략이 명백하게 된 시점에서도 계속되었다.

1936년 12월 드디어 일이 터졌다. 동북 군벌 장학량이 서안에서 공산당 포위작전을 독전하던 장개석을 연금하여 내전 중지 및 항일투쟁에 나설 것을 요구한 서안사변이 터진 것이다. 그는 이러한 요청을 수용할 수밖에 없었고 1937년부터는 제2차 국공합작이 시작되어 항일전쟁을 수행하게 되었다. 하지만 2차 세계대전이 끝난 1946년에는 공산당과 결별하고 미국의 원조를 받아 내전을 재개하였다. 그러나 부패한 국민당으로는 광범위한 민중들의 지지를 확보한 공산당을 이길 수 없었다. 완전히 패퇴한 장개석은 1949년 12월 10일 대만으로 정부를 옮기는 배에 오를 수밖에 없었다.

그는 타이완에서 '삼민주의 대만건설', '반공', '국토수복'을 외치며 장기간의 독재 통치를 유지하다가 1975년 4월 사망하였다. 그의 장자(長子) 장경국(蔣經國)이 뒤를 이어 1988년까지 통치하였다.

대북(臺北)에 가면 중정기념당(中正紀念堂)에 들를 것을 권한다. 대륙이 있는 서북쪽을 바라보는 그의 동상 앞에서 벌어지는 의장대 교대식이 볼만하다. 자동차 등 유물이 전시되어 있으며 넓은 광장이 있어 시원하다.

대만의 역사

대만에 중국인이 살기 시작한 것은 송나라 때인 것으로 추정되는데 팽호군도(澎湖群島)를 점령하고 복건성에 편입하면서 한족들이 이주한 것이다. 1642년부터 네덜란드의 동인도 회사는 대만을 지배하면서 중국의 비단과 도자기 등을 네덜란드로 수출하고 있었다. 먼저 이주해서 정착하고 있던 한족들은 이민족의 차별대우에 저항하기도 하였으나 성공하지 못했다.

1661년, 명나라 부흥운동을 하던 정성공(鄭成功)이 1년여의 전쟁 끝에 네덜란드 군대를 물리치고 안평(安平)에 수도를 정하였다. 아들 정경(鄭經)과 손자 정극상(鄭克塽)에 이르기까지 3대가 22년에 걸쳐 대만을 통치하였다. 1683년 청나라의 강희제는 군대를 파견하여 대만을 점령하고 통치를 시작하였다.

제국주의 세력이 눈독을 들이던 대만은 결국 일본에 할양되었다. 1894~1895년의 청일전쟁(淸日戰爭)에서 패한 청나라는 시모노세키(下關) 조약에 따라 대만을 일본에 할양할 수밖에 없었고 일본의 통치는 1945년 패전까지 50년 동안 계속되었다. 대만인들은 중일전쟁, 태평양전쟁 기간에 21만 명이 일본에 징집되어 전투에 투입되었다.

1945년, 대만은 다시 중국의 품으로 돌아와 중화민국이 되었다. 그러나 1947년 2월 27일, 정부 전매품인 담배를 몰래 팔던 할머니를 단속반원들이 폭행하였고 다음날 이에 항의하는 군중들에게 발포하는 '2.28 사건'이 발생하였다. 국민당 정부는 무력으로 이 사태를 진압하였는데 약 3만 명이 사망한 것으로 추정된다. 이 사건을 정점으로 명청시대부터 대만에서 거주해 온 본성인(本省人, 84%)과 1949년 전후로 이주해온 외성인(外省人, 13%)의 갈등이 시작되어 아직도 존재한다.

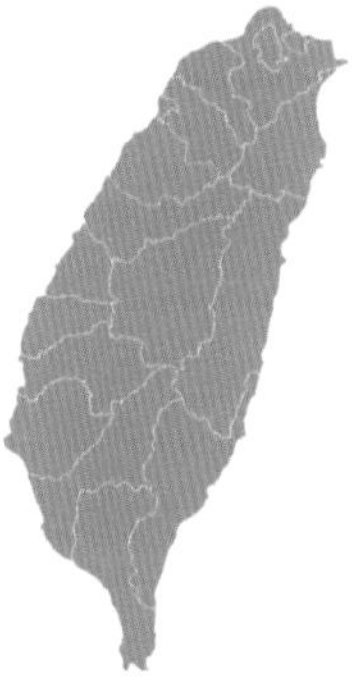

대만 지도

1949년 5월에 선포된 계엄령은 1987년이 되어서야 해제되었다. 1949년 12월 10일, 장개석은 50만의 국민당 군대와 함께 대만으로 들어왔으며 대륙 수복을 위한 근거지가 되었다. 1958년 8월 23일부터 10월 5일까지 대륙의 공산당은 40만 발 이상의 포탄을 금문도에 퍼부었으나 결국 점령하지는 못하였다.

1971년, 중국이 미국과 수교하고 유엔에 가입하였으며 대만은 미국, 일본과 단교하게 되면서 외교 고립이 시작되었다. 1975년에는 장개석이 사망하고 그의 아들 장경국이 집권하였으며 계엄령을 철폐하는 등 유화정책을 펴나갔다. 이는 후임 이등휘(李登輝) 총통까지 이어지게 되어 복수정당 허용, 입법원 직선, 총통 직선으로 발전되어 나아갔다.

2000년에는 대만 역사상 최초로 야당인 민주진보당(民主進步黨)의 진수편(陳水扁)이 총통에 당선되어 정권 교체도 이루어졌다. 그는 탈 중국화와 대만의 독립을 주장하면서 대륙과의 긴장이 높아지게 되었다. 그러나 2008년에는 국민당의 마영구(馬英九) 총통이 당선되어 대륙의 중국과 활발하게 교류를 추진하였는데 언론에서는 이를 두고 '제3차 국공합작'이라고 하였다.

2016년에는 민진당의 채영문(蔡英文) 총통이 당선되었고 2020년에는 재선에 성공하였으며 2024년 1월에는 뢰청덕(賴淸德) 총통이 당선되어 미국과 일본과의 관계를 돈독히 하고 대만의 독립을 강하게 주장하고 있다. 여기에 미국과 중국의 세력다툼이 더해지면서 대만해협에는 긴장이 흐르고 있다.

중화인민공화국

장개석의 국민당은 대만으로 물러나고 대륙에는 중국공산당이 수립한 중화인민공화국이 탄생하였다. 1950년대의 대약진운동, 1960년대의 문화대혁명은 지도자의 착오로 중국인민들에게 큰 고통을 안겨 준 사건이었다. 뒤이은 개혁개방의 결과로 경제가 부흥하고 생활의 질은 높아졌으나 빈부 차이와 도농 간의 격차가 발생한 것은 또 다른 큰 숙제이다. 중화의 부흥을 내세운 습근평의 신시대가 어떤 모습의 중국을 만들어 갈 것인지 전 세계의 이목이 쏠리고 있다.

국공내전과 중화인민공화국 수립

일본의 중국 침략은 점점 더 강도를 높이고 있었으나 중국 전역에서 엄청난 저항을 받았고 대도시와 거점 중심에서 벗어나지 못하였다. 특히 1941년 태평양전쟁 발발 이후에는 미군이 참전함으로써 힘에 부치기 시작하였다. 결정적으로 1945년 8월에 소련이 극동 전선에 참전하고, 나가사키와 히로시마에 원자폭탄이 투하되자 일본은 1945년 8월 15일에 항복을 선언하였다.

일본이 패퇴한 이후 장개석과 모택동은 중경(重慶)에서 만나 화평교섭회담(和平交涉會談)을 가졌다. "내전을 피하고 독립, 자유, 부강의 신중국을 건설한

다"라고 합의하였으나 압도적인 군사력을 보유하고 있던 장개석은 합의를 지킬 의지가 없었으며 3차 국공합작은 끝내 결렬되었다.

마침내 1946년부터 국민당과 공산당 간의 치열한 국공내전(國共內戰)이 전개되었다. 강한 군사력의 국민당은 미국의 지원까지 등에 업고 있었지만 민심을 장악하지 못했다. 극도에 달한 내부 부패로 미국의 지원 물자가 고스란히 공산군에 넘어가는 실정이었으며 살인적인 인플레이션은 국민당의 인기를 급속도로 추락시켰다.

반면에 공산당은 군사력은 약했지만 유격 전술이 빛을 발했고 해방구 안에서 전개된 토지개혁은 민중의 지지를 받았다. 대체적으로 1947년경부터 전세가 공산당 쪽으로 기울었는데 1949년 1월에는 북경이, 4월에는 남경이 함락되었다. 공산당은 1921년 창당 이래 28년 만에 내전을 종식시키고 1949년 10월 1일 천안문에서 중화인민공화국 인민정부의 출범을 선언하였다.

모택동

모택동(毛澤東, 1893~1976)은 1893년 호남성 상담현(湘潭縣) 소산(韶山)에서 농민의 아들로 출생하였다. 어려서 사숙(私塾)을 다니며 사서(四書)를 공부하기도 하고 신식학교에 들어가 현대식 교육을 받기도 하였다.

1911년에는 장사(長沙)로 가서 중학교에 입학하여 중국동맹회가 발행하는 《민립보(民立報)》를 읽으면서 혁명의 이념에 영향을 받았으며 신해혁명이 일어나자 혁명군에 입대하기도 하였다. 1912년 호남성립제일사범학교(湖南省立第一師範學校)에 입학했고 여기에서 진보적인 교사이자 훗날 장인이 되는 양창제(楊昌濟)를 만나 많은 영향을 받았으며 정치단체인 신민학회(新民學會)를 조직하여 정치 활동을 시작하였다.

1918년 북경대학 도서관의 사서 보조원이 되었으며, 이대교(李大釗) 등의 도움을 받아 러시아 10월 혁명 사상을 접하였다. 1919년 5·4운동이 일어나자 호남학생연합회를 발기하여 반제국주의 애국운동을 전개하였고

신민학회 활동도 활발하게 전개하였다. 『공산당선언(共產黨宣言)』 등을 읽으며 마르크스주의에 기울었다.

1921년, 상해에서 열린 중국공산당 제1차 전국대표대회에 호남성 대표로 참가했고 10월에 호남지부를 건립하여 서기를 맡았다. 1924년 국공합작 당시에는 공산당을 대표하여 국민당에 입당하여 활동하기도 했으나 1927년 합작이 결렬된 후에는 정강산(井岡山)에 혁명 근거지를 건설하였다. 주덕(朱德), 진의(陳毅) 등의 부대와 합류하여 공농혁명군(工農革命軍: 中國紅軍)을 설립하였다.

국민당 군대의 치열한 공격을 성공적으로 막아내면서 1931년에는 서금(瑞金)에서 중화소비에트 임시정부 주석으로 취임하였고 이듬해에는 대일전쟁선언(對日戰爭宣言)을 발표하였다. 1934년 10월에 서금을 출발하여 연안에 이르는 대장정을 시작해서 1935년 10월 섬서성 북부에 도착했다. 1936년 말에 서안사변이 일어났고 1937년에는 국공합작이 다시 시작되었다. 홍군은 국민혁명군의 제8로군이 되어 항일 유격전을 전개했다.

항일전쟁이 끝난 후인 1945년 8월, 장개석과 중경(重慶)에서 만나 회담하였으나 평화적인 건국에는 실패하고 국공내전을 치르게 되었다. 중국 인민들은 부패한 국민당 대신 민중의 삶 속으로 파고든 공산당을 선택하였으며 1949년 10월에 중화인민공화국을 수립하고 주석으로 취임할 수 있었다.

1958년 모든 중국 농민들을 인민공사(人民公社)에 편입시키고 대약진운동을 전개하였으나 수천만 명이 굶어죽는 등 크게 실패하고 말았다. 그의 권위는 훼손되고 말았으며 1959년에는 국가 주석의 자리를 유소기(劉少奇)에게 넘기고 2선으로 후퇴할 수밖에 없었다. 이후 1966년 시작된 폭력과 광기의 문화대혁명으로 권력을 다시 쟁취할 수 있었다. 홍위병(紅衛兵)들은 모택동 사상을 찬양하면서 신격화 하였고 사인방(四人幇)의 득세로 세상이 혼란스러웠다.

1976년 4월, 주은래 총리에 대한 추념으로 시작된 천안문 사건은 모택동 정치에 대한 대중들의 반란이라고 할 수 있었으며 9월에 모택동이 사망하고 10월에는 사인방이 체포되었다. 1981년에는 충실한 추종자 화국봉(華國峰) 마저 권력을 내려 놓음으로써 그의 시대는 저물었다.

그의 생애는 흔히 공칠과삼(功七過三)으로 요약된다. 공이 7이고 과오가 3이라는 뜻이다. 항일을 통한 중국의 주권회복, 민중의 참여를 이끌어 통일을 달성한 점 등은 진시황의 업적에 버금가는 공로이지만 대약진운동과 문화대혁명의 전개는 수많은 사람들에게 고통을 안겨준 커다란 과오라는 의미이다.

준의회의(遵義會議)

대장정 행군중에 귀주성 준의(遵義)에서 열린 회의에서 이론에 치우쳐 비현실적으로 전투를 지휘해 온 소련 유학파를 제치고 모택동은 지도적 지위를 확립하였다. 이때부터 홍군은 전면전 전략을 버리고 유격전으로 바꾸면서 새롭게 태어날 수 있었다.

대약진운동

1949년 건국, 1950~1953년의 한국전쟁, 1953~1957년의 제1차 5개년 계획의 성공으로 고무된 모택동은 대약진운동(大躍進運動, 1958~1960)을 시작하여 더 빠른 속도로 공산주의 사회를 실현하고자 했다.

대약진운동의 기본적인 방향은 대규모 군중동원을 통한 단기간 내 산업발전이었다. 농업 분야에서는 수리개간, 식량증산을 목표로 참새 박멸운동까지 전개하였다. 공업에서는 선진기술을 빨리 습득하여 "15년 안에 영국을 따라잡고, 미국을 넘어가자(15年內 赶上英國, 超過美國)"는 과도한 목표를 설정하고 중공업 분야, 특히 철강산업에 국가 자원을 집중적으로 투입했다. 전민대련강철(全民大鍊鋼鐵)의 기치 아래 흙벽돌로 만든 용광로에서 토법제철(土法製鐵)로 철을 생산했고 연료는 산에서 베어온 나무를 사용했다.

한편, 농촌에서는 1953년부터 시작된 농촌 집체화 사업의 연장선에서 인민공사(人民公社)가 설립되었고 농민들은 집단생활을 하기 시작했다. 20~30호를 묶어서 생산대(生產隊), 10개 내외의 생산대를 묶어서 생산대대(生產大隊)라 하였고, 10개 내외의 생산대대를 묶어서는 인민공사라고 하였다.

집체(集體)가 소유한 생산수단, 일한 만큼 분배되지 않는 체제에서 농업생산성은 급격하게 떨어졌다. 농촌 노동력이 공업생산에 매달리게 됨으로써 농촌에는 노동력마저 줄어들었다. 참새 박멸로 인해 병충해가 창궐하였고, 토법제철을 하려고 산의 나무를 베는 바람에 자연재해로 인한 흉년이 지속되어 2,000~3,000만 명의 아사자가 나올 지경이었다. 수만 개의 조악한 제철 시설에서 생산된 철은 산성(酸性)이 높아 쓸모없는 고철이 되고 말았다.

실적에 쫓기는 하부조직들이 중앙으로 보고하는 수치는 경쟁적으로 허위실적으로 가득찰 수밖에 없었고 그에 근거하여 하달되는 새로운 목표는 더욱 비현실적이 되었다. 과장된 보고 후 무리한 목표 하달이라는 악순환이 계속되었다. 1959년, 국방상 팽덕회(彭德懷: 한국전 중공군 총사령관 역임)는 여산(廬山)회의에서 대약진운동의 문제점을 지적하였으나 모택동의 반발을 불러왔고 오히려 실각하고 말았다. 하지만 결국 참담한 실패의 책임을 지고 모택동은 국가주석 자리를 실용주의자인 유소기(劉少奇)에게 물려줄 수밖에 없었다.

제사해운동(除四害運動)

모택동이 1955년에 지시한 '4가지 해로운 것 없애기 운동'이다. 4가지는 쥐, 참새, 파리, 모기인데 가장 큰 피해를 준 것은 참새박멸운동(打麻雀運動)이다. 1958년 한 해 동안 잡힌 참새가 2억 마리를 넘었다. 단기간에 참새가 없어지니 해충들이 늘어나 농사를 망쳐 기근이 들었고 각종 전염병이 발생하였다.

문화대혁명

모택동은 대약진운동이 실패로 돌아가자 주석에서 물러나 있었으며 유소기와 등소평 등의 실용주의자들이 주도한 경제조정정책은 효과를 거두어 식량생산이 증가하고 사회는 안정화 되어 갔다. 하지만 이것은 모택동, 임표 등의 급진파에게는 정치적 위기를 의미하는 것이었다. 이들은 공산당 내부의 권력을 장악하고 당권파를 제거하기 위하여 '무산계급(無産階級) 문화대혁명(文化大革命)'을 주장하였다. 봉건적 문화와 자본주의를 타도하고 사회주의를 실천하자는 운동이었다.

1965년 11월 10일, 상해 문회보(文匯報)는 요문원(姚文元)의 "신편역사극(新編歷史劇) 『해서파관(海瑞罷官: 해서가 관직에서 파면되다)』을 평한다"라는 비평적인 평론을 실었는데 이것이 문화대혁명(1966.5~1976.10)의 불길을 당긴 도화선이 되었다. 『해서파관』은 북경시 부시장 오함(吳晗)이 쓴 경극의 극본으로 '해서'는 명나라 가정제(嘉靖帝)의 실정을 직간했다가 파직된 인물이다. 요문원은 "해서를 파직한 황제는 모택동이고, 파면된 해서는 대약진운동의 폐해를 지적하다가 실각한 팽덕회(彭德懷)이다. 즉, 당권파들이 경극을 통하여 모택동을 비판한 것이다"라고 주장하였다. 이 평론을 계기로 당권파의 권력 기반인 북경시당위원회는 비판의 표적이 되었고 시장 팽진(彭眞)을 비롯한 간부들이 실각하였다. 1966년 5월 16일에는 정치국확대회의에서 '오일육통지(五一六通知)'를 채택하여 문화혁명이 공식화되었다.

5월 25일 북경대학 식당 벽에는 철학과 당서기 섭원재(聶元梓) 등 7명이 작성한 대자보가 붙었다. "모택동 사상의 위대한 깃발을 들고 모든 요상한 귀신들과 흐루시초프류의 반혁명 수정주의 분자를 일소하자. 사회주의 혁명을 최후까지 수행하자!"는 내용이었다. 29일에는 청화대학 부속중학에서 "모택동과 사회주의 혁명을 보호하자"라며 홍위병(紅衛兵)이 결성되었다. 공산당 제8기 11차 중앙위원회(1966.8.1~12) 전체회의 기간 중 모택동은 「사령부를 폭파하라-나의 대자보(炮打司令部-我的一張大字報)」라는 글을 발표하여 문혁이 겨누는 과녁이 유소기(劉少奇) 등의 당권파임을 명확히 하였다.

1966년 8월 18일, 천안문광장에서 100만인 집회가 열렸다. 홍위병들은 오랜 시간을 기다린 끝에 해가 떠오르는 무렵 최고사령관을 볼 수 있었다. 학업은 중단되었으며 이들은 전국으로 흩어져 "조반유리(造反有理), 혁명무죄(革命無罪: 반란은 정당하고, 혁명은 무죄이다)", "파사구(破四舊: 낡은 사상, 문화, 풍속, 습관

을 깨부수자)"를 외치며 전통적인 것을 파괴하고 심지어 사람을 죽이는 활동을 전개해 나갔다.

유소기는 주자파(走資派)로 몰려 비판을 받은 후 1968년 10월 당적에서 제명되고 퇴출되었으며 1969년에 개봉(開封)의 한 건물에 감금되어 병든 채 치료도 없이 죽고 말았다. 등소평(鄧小平)은 실각하여 강서성 남창 외곽의 농기구 정비소로 추방되었다가 1973년에야 복귀할 수 있었다. 이제 문혁의 광기는 통제할 수 없는 지경에 이르렀고 중국은 내전과 같은 혼란에 휩싸였다. 모택동은 혁명을 통제하기 시작하였고 홍위병의 해체를 주문하였다. 임표(林彪)의 인민해방군이 개입하여 학교, 공장, 정부기관을 접수했고 수백만의 홍위병은 산골로 추방되었다. 홍위병을 포함하여 중학교를 졸업한 이들 지식청년(知識靑年: 知靑) 1,700만 명은 '상산하향(上山下鄕)'으로 10년을 농촌에서 보냈다.

임표는 모택동의 후계자로 지명되었으나 사인방(四人幇)과의 권력투쟁과 모택동의 견제를 못 이기고 1971년 소련으로 망명하다가 비행기 사고를 당해 사망했다. 임표 사후에도 사인방이 실권을 장악하고 문혁을 주도해 나갔으나, 1976년 9월 모택동이 사망하고 10월에는 사인방이 체포됨으로써 문혁은 그 막을 내렸다.

1977년 8월, 중국공산당 제11기 전국대표자대회에서 문화대혁명의 종결이 정식으로 선언되었다. 1981년 6월, 공산당 제11기 6차 중앙위원회에서는 "1966년 5월~1976년 10월의 문화대혁명은 당, 국가, 인민에게 건국 이래 최고로 엄중한 좌절과 손실을 가져왔으며, 마르크스-레닌주의와 부합하지 않고 중국의 실제 상황과도 맞지 않다. 지도자의 착오 때문에 시작되어 반혁명 집단에게 이용되었고 당, 국가, 인민들에게 엄중한 재난을 초래한 내란이다"라고 규정하였다.

1984년 5월 중공중앙은 "10년의 세월 동안 약 210만 명이 사망 및 사형을 당하였고 703만 명이 부상 혹은 회복불능의 불구가 되었으며 7만 호의 가정이 파괴되었다"고 발표하였다.

미중수교

국공내전, 한국전쟁을 거치면서 30년 가까이 서로 원수처럼 지내던 미국과 중국이 1972년도에 적대 관계를 끝내고 양국 관계를 정상화하기로 합의한 배경은 당시 시대적 상황과 밀접한 관련이 있다. 우선 중국은 소련과 매우 불편한 관계에 있었다. 1956년 후르시초프의 스탈린 격하 운동 이후 수정주의, 교조주의라고 서로 비방하면서 관계가 악화되었고 1969년에는 진보도(珍寶島)에서 국경분쟁이 발생하여 무력 충돌까지 일어났다. 세계 공산혁명의 종주국 소련이 이제는 중국을 위협하는 국가가 되어 있었다.

한편 미국은 베트남에서 크게 고전하고 있었다. 베트남에서 발을 빼고 싶은데 북쪽의 중국이 문제였다. 중국과의 관계 개선이 무척 중요하게 된 것이다.

1971년 4월, 미국의 탁구팀이 중국을 방문하는 핑퐁 외교가 있었고 7월에는 파키스탄의 중재로 미국 국가안보보좌관 헨리 키신저가 극비리에 북경을 방문하여 주은래(周恩來) 총리를 만나 심도있는 협상을 하였다. 이듬해인 1972년 2월 21일에는 닉슨 대통령이 북경을 방문하여 '상해공동성명'을 발표하고 적대관계를 청산하기로 하였다. 10월에는 유엔총회에서 중국의 유엔

모택동과 닉슨

가입이 승인되었고 안정보장이사회 상임이사국이 되었다.

그러나 두 나라가 정식으로 수교(修交)에 이르기까지는 많은 시간이 필요했다. 핵심적인 사안은 대만 문제였다. 수년 간의 협상 결과, 미국은 대만과의 상호방위조약을 폐기하였고 미군은 철수하였다. 외교 관계를 단교(斷交)하는 등 중국의 요구를 대부분 받아들인 다음 1979년 1월 1일 정식 수교에 이르렀다. 수교의 결과, 중국은 미국이라는 시장을 확보하게 되어 이어지는 개혁개방정책을 성공적으로 수행할 수 있는 발판을 얻었으며 경제대국으로 나갈 수 있었다. 미국은 소비재 공급시장을 안정적으로 확보하였고 소련을 효과적으로 견제할 수 있게 되었다.

주은래

주은래(周恩來, 1898~1976)는 강소성 회안(淮安)에서 가난한 관리의 집안에서 태어났다. 천진의 남개(南開)중학을 졸업한 뒤 1917년 일본으로 건너가 공부하였으며 이때 마르크스주의를 접하게 되었다. 1919년 남개대학에 입학한 후 5·4운동의 리더로 적극 활동하다가 체포되어 투옥되기도 하였다.

1920년 프랑스로 건너가 파리대학에서 정치학을 공부하였고 1921년에 중국공산당의 8개 발기조직 중 하나인 파리공산당소조의 일원으로 공산당의 창당에 기여하면서 평생을 공산주의자의 길을 걷게 되었다. 1924년 귀국후 국공합작 기간에는 황포군관학교 정치부 부주임을 맡았으며 1927년에는 상해노동자 제3차 무장봉기를 이끌었다. 국공합작이 결렬된 후인 8월 1일에는 남창(南昌) 무장봉기를 지휘하기도 하였다. 1931년 12월에는 서금(瑞金)소비에트에 합류하여 중앙국서기, 홍군 총정치위원 등을 역임하였다. 1934년 장정에 합류하였으며 준의회의에서 모택동을 지지하여 새로운 당권을 확립하는 데 결정적 공헌을 하였다. 1936년 서안사변이 일어나자 전권을 위임 받은 후 서안으로 가서 장학량, 송자문 등과 협의하여 장개석을 압박해 '정지내전(停止內戰), 일치항일(一致抗日)'이라는

약속을 받아내고 제2차 국공합작을 추진하였다.

항일전쟁 시기에는 공산당을 대표하여 중화민국 정부 내에서 국방위원회 위원 등의 업무를 수행하면서 국공합작이 성공할 수 있도록 노력했다. 1945년 공산당 중앙정치국 위원이 되었고 1946년에는 중앙군사위원회 부주석을 역임하였다.

1949년 중화인민공화국 수립 후에는 사망할 때까지 총리직을 수행했으며 그 중에서 1949~1958년 기간에는 외교부장을 겸임하였다. 대약진운동과 문화대혁명 기간에는 그 손실을 최소화하기 위하여 홍위병들이 파괴하려고 하는 문화재를 보호하였고 무고한 숙청을 줄였다. 1971년에는 키신저와 함께 미중수교를 위한 초석을 놓아 냉전시대를 끝내는 데 일조하였다. 1972년 방광암 진단을 받았으나 일하기를 멈추지 않았고 1975년에는 공업, 농업, 국방, 과학기술의 4개 현대화(四個現代化)를 주장했다.

1976년 1월 8일, 그가 사망하자 전국의 인민들이 모두 슬퍼하였다. 4월 청명절을 기화로 그를 추도하는 사람들이 천안문에 모여서 사인방을 비평하는 천안문 사건이 발생하였다. 이는 곧 전국으로 확산되었으며 사인방은 이들을 강제로 해산시켰는데 10월에 사인방이 오히려 숙청됨으로써 한 시대가 마감되었다.

사인방 숙청

사인방(四人幇)이라 함은 강청(江靑, 1914~1991), 장춘교(張春橋, 1917~2005), 요문원(姚文元, 1931~2005), 왕홍문(王洪文, 1935~1992)의 네 사람을 일컫는 말이다. 이들은 문화대혁명 기간에 권력을 휘둘렀고, 특히 1976년 1월 8일 주은래가 사망하고 9월 9일 모택동이 서거한 이후에는 당 중앙의 권력을 전면적으로 장악하고 있었다. 이들은 강청이 주석, 장춘교는 총리, 왕홍문은 인민대표대회위원장을 맡는다는 음모를 꾸미고 상해, 북경의 군부대를 동원하는 계획까지 세워 놓고 있었다.

사인방 재판

이들의 음모를 눈치 챈 국방부 장관 엽검영(葉劍英) 등은 당중앙위 부주석 겸 총리 화국봉(華國鋒), 모택동 경호대장 왕동흥(汪東興)을 설득하였고 이들은 협력하여 10월 6일 중남해의 회임당(懷任堂)에서 회의를 소집하였다. 회의 의제는 모택동 선집(選集) 교정, 기념당 건립계획 검토, 모택동 옛집 처리 등이었다. 이들은 도착하는 순서대로 차례로 체포되었으며 회의 참가자가 아니었던 강청은 숙소인 만자랑(卍字廊) 201호에서 잠옷을 입고 비디오를 보고 있다가 체포되었다. 이로써 10년에 걸친 문화대혁명도 그 종언을 고하게 되었다.

공산당 정치국회의는 이들을 반당집단으로 규정하고 죄상을 발표하였다. 모택동의 지시를 자의적으로 수정하였고 주은래 총리를 모함하였으며, 당과 국가의 최고지도권을 찬탈하고, 자본주의를 재생시키려 했다는 것이 그들의 죄상이었다.

사인방은 1981년에 공개재판을 받게 되었는데 강청을 제외한 3명은 잘못을 시인하였지만 강청은 끝까지 저항했다. 재판 결과 강청과 장춘교는 사형에 2년 간 집행유예, 왕홍문은 종신형, 요문원은 20년 형을 선고 받았다. 강청은 집행유예를 거쳐 무기징역으로 감형되었으나 1991년 결국 자살하였으며 장춘교는 집행유예 후 무기징역으로 복역하던 중 1998년부터는 신병치료차 병원에 있다가 2005년에 사망하였다. 왕홍문은 수감생활 중 얻은 간암으로 1992년에 사망하였으며 요문원은 1996년에 만기 출소한후 2005년에 사망하였다.

개혁개방

1976년 9월 모택동이 사망하고 한 달 만인 10월에 군부 실력자들과 화국봉이 연합하여 사인방을 제거함으로써 문화대혁명은 종결되었으나 당 내부에는 화국봉의 양개범시론(兩個汎是論)과 등소평의 실사구시론(實事求是論)이 대립하였다. 양개범시론은 "무릇 모 주석이 결정한 것은 견고하게 지켜야 하며(凡是毛主席作出的決策, 我們都堅決維護), 지시한 것은 시종일관 존중해야 한다(凡是毛主席的指示, 我們都始終不渝地遵循)"는 뜻으로 모택동의 권위에 기대어 당권을 유지하려는 것이었다.

实践是检验真理的唯一标准

《光明日报》特约评论员

检验真理的标准只能是社会实践

革命导师是坚持用实践检验真理的榜样

任何理论都要不断接受实践的检验

광명일보 사설(1978.5.12)

실사구시론은 실용주의에 입각한 등소평의 지도노선을 가리키는 말이다. 1978년 5월 12일, 공산당 당보인 《광명일보(光明日報)》에 "실천만이 진리를 검증하는 유일한 표준이다(實踐是檢驗眞理的唯一標準)"라는 사설이 게재되었다. 12월 13일, 공산당 중앙위원회의 실무회의에서 등소평은 "사상을 해방하고 실사구시를 추구하며 일치단결하여 앞을 보고 전진하자(解放思想, 實事求是, 團結一致向前看)"라는 연설을 했다. 모택동의 결정과 지시가 중요한 것이 아니라 실용주의에 입각한 실천의 중요성을 강조한 연설이었다.

개혁은 농촌에서 먼저 시작되었다. 승포제(承包制: 家庭聯産承包責任制)가 실시되어 농민들은 정부가 설정한 최소 생산물을 제외하고 남는 잉여생산물을 자신의 이익을 위해 처분할 수 있게 되었다. 인민공사가 해체되었고 소규모 자본으로 설립 가능한 향진기업(鄕鎭企業)은 농민 소득 증가에 기여했다. 도시에서는 식량을 구하려면 꼭 있어야 했던 양표(糧票)제도가 없어지고 화폐의 기능이 활성화되면서 도시경제가 살아났다. 도시 자영업체, 즉 개체호(個體戶)와 사영기업(私營企業)이 허가됨으로써 개인의 이윤 추구가 가능해졌고 국유기업은 사유화되고 종신고용제를 상징하는 철밥통(鐵飯碗)이 사라졌다.

개방은 경제특구의 설치로 나타났다. 심천(深圳), 주해(珠海), 산두(汕頭), 하문(廈門)이 특구로 지정되어 외국 자본이 들어오고 기술이 도입되었으며 고용이 창출되었다. 이를 바탕으로 연안이 추가로 개방되고 개발구가 늘어났다.

개혁개방의 물결은 1989년 천안문 사태의 여파로 추진 속도가 주춤하기도 하였으나 최고 지도자 등소평의 일관된 의지로 다시 동력을 얻어 지속적으로 추진될 수 있었다.

등소평

등소평(鄧小平, 1904~1997)은 사천성 광안현(廣安縣)의 지주 집안에서 출생했다. 1920년에 프랑스로 유학을 떠나 그곳에서 평생의 동지 주은래를 만났고 사회주의청년단에 가입해 공산주의자의 길을 걸었다. 1933년 비주류였던 모택동을 지지해 실각되기도 했으나 1934년 대장정에 참여하면서 복권되었다. 항일전쟁 중에는 팔로군의 정치위원이었으며 국공 내전에서는 진기노예(晉冀魯豫: 산서, 하북, 산동, 하남) 야전군으로 활약했다.

1952년에는 정무원(政務院) 부총리, 1955년에는 정치국 위원을 역임하였으며 유소기(劉少奇) 등과 함께 "경제발전을 위해서는 자본주의적 요소를 수용하고 엘리트를 양성해야 한다"는 실용주의 노선을 주장하였다. 1966년 문화대혁명이 시작되자 반모주자파(反毛走資派: 반모택동 자본주의자)의 수괴라는 비판을 받고 두 번째로 실각하여 강서성(江西省)의 트랙터공장으로 내려갔다. 1973년 3월 주은래 총리의 추천으로 복권되어 국무원 부총리에 올랐으나 사인방은 주은래 사망 후 1976년 4월에 발생한 천안문 사건에 대한 책임을 물었고 등소평은 세 번째로 실각하게 된다.

모택동이 사망하고 사인방도 숙청된 후인 1977년 8월에 부주석으로 복직되었다. 1978년 12월 18일부터 22일까지 북경에서는 역사적인 중국공산당 제11기 전국대표대회 중앙 위원회 3차 전체회의가 개최되었다. 등소평은 사상해방, 실사구시, 선부론(先富論)을 주장했으며 개혁개방 노선이 채택되었다.

등소평과 주은래

그는 이후 중앙군사위원회 주석을 맡으면서 실권을 완전히 장악하였다. 1992년 1~2월에는 상해, 무창, 심천, 주해 등을 시찰하고 지도부의 보수적 분위기를 변화시키기 위해 개혁개방 노선을 담대하게 빨리 추진할 것을 강조하였는데 이를 '남순강화(南巡講話)'라 한다.

그는 실용주의자이다. 흑묘백묘론(黑猫白猫論)은 검은 고양이든 흰 고양이든 쥐를 잘 잡는 고양이가 좋은 고양이라는 말로, 그의 실용주의를 단적으로 나타내는 말이다. 이러한 생각은 홍콩 반환 과정에서도 잘 드러난다. 한 국가 내에서 체제를 달리할 수 있다는 일국양제(一國兩制)를 제안하여 영국과 홍콩을 안심시킴으로써 홍콩은 1997년 중국의 품으로 완전히 돌아올 수 있었다. 1997년 2월 19일, 홍콩 중국 반환을 불과 5개월 앞두고 숨을 거두었다.

천안문 사건

국내적으로는 개혁개방이 실시된지 10여 년이 되자 시장경제가 발달하고 빈부 격차가 생기게 되었다. 특혜를 이용해 거금을 모은 부유한 계층이 생겨나고 관료들의 부패로 불평등이 심화되었으며 경제발전에 따른 물가 급등으로 생활난이 가중되고 있었다.

공산당은 경제개혁을 추진하면서도 정치개혁은 미미하였다. 당 내부에서는 개혁의 속도를 두고 호요방(胡耀邦), 조자양(趙紫陽) 등의 개혁파와 진운(陳雲), 이붕(李鵬) 등의 보수파가 긴장관계에 있었다. 국제적으로는 동유럽에서

인민영웅기념탑

일어난 자유화, 민주화 물결이 학생과 지식인 층에 확산되고 있었고 정치적 개혁을 포함한 페레스트로이카 정책을 추진하고 있던 고르바초프 총서기장의 방중이 예정되어 있어 개혁에 대한 기대감을 더욱 부풀리고 있었다.

1989년 4월 15일, 공산당 내에서 관료개혁, 반부패를 주장하던 개혁주의자 호요방 전 총서기가 사망했다. 4월 22일에는 수십만 명의 학생과 시민들이 그의 장례식에 참가하지 못하자 침묵시위를 벌였으며 참가자들은 호요방의 명예회복과 민주화를 요구하면서 시위를 이어갔다. 5월 13일에는 전국에서 모인 학생 대표들이 연좌하여 단식에 들어갔다. 15일에는 소련의 고르바초프 총서기장이 중소회담을 위하여 북경에 도착했는데 환영 행사를 공항에서 할 수밖에 없었다. 17일에는 시위 인파가 1백만 명에 이르렀다.

5월 19일에는 이붕 총리가 TV에 나와 북경 주요 지역에 대한 계엄령을 선포하였으며 군대가 시위대를 포위하게 된다. 개혁적이면서 학생 시위에 우호적이던 조자양(趙紫陽) 총서기는 시위현장을 찾아 "너무 늦게왔다. 미안하다"

천안문광장

고 말했으며 이후 연금 상태에 들어가게 된다. 이런 와중에 학생들은 5월 30일 9m 높이의 자유의 여신상을 시위 현장에 설치하는 등 당내 강경파를 더욱 자극하였다.

6월 3일 밤 10시, 인민해방군은 장안가 서쪽에서부터 진입하여 탱크, 장갑차를 앞세우고 실탄을 발사하면서 진압을 시작하였고 결국은 수천 명의 시민, 학생, 군인들이 사망하거나 부상 당하고 말았다. 중국 정부는 시위자들을 폭도로 규정하고 300명이 사망했다고 발표했으나, 국제적십자협회는 사망자 수가 2,000여 명에 이른다고 발표한 바 있다. 이러한 상황은 고르바초프의 방중과 중소회담을 취재하기 위해 북경에 와있던 서방 언론들에 의해 거의 실시간으로 전 세계에 알려졌고 서방 세계의 제재조치가 이어졌다. 6월 9일 등소평은 무력진압을 공개적으로 지지했으며 6월 23~24일의 중앙위원회전체회의는 시위를 '반혁명 폭란'으로 규정한 뒤 조자양 총서기 등을 해임하고 상해시 당서기를 맡고 있던 강택민(江澤民)을 신임 총서기로 선출했다.

강택민과 3개대표이론

강택민(江澤民, 1926~2022)은 강소성 양주시(揚州市)가 고향이다. 1943년부터 지하 학생운동에 참여하였으며 1946년에는 공산당에 입당하였다. 상해교통대학 전기과를 졸업한 후에 식품공장, 비누공장을 거치고 1955년에는 모스크바에 있는 자동차공장에서 연수를 하기도 하였다. 장춘(長春) 자동차공장, 무한(武漢) 화력발전기계연구소 등을 거치면서 엔지니어 경력을 충실하게 쌓았다.

문화대혁명이 시작되자 주자파(走資派)로 몰려서 농장에 배치되어 가축을 돌보는 일을 하기도 하였으나 1970년에 관계에 복귀하였다. 국가수출입관리위원회 부주임 등을 거쳐 1983년에는 전자공업부장에 올랐다. 그 후 상해시 시장을 거쳐 1987년 11월에는 중앙정치국 위원이 되었다. 1989년 조자양이 천안문사건으로 실각하면서 총서기에 임명되었고 곧이어 당중앙군사위원회 주석에 선출되었다.

강택민

2000년 2월에 강택민이 주창한 '3개대표이론(三個代表理論)'은 "중국공산당은 선진사회생산력, 선진문화발전, 인민의 근본이익 3가지를 대표해야 한다"는 이론이다. 여기에서 선진사회생산력은 자본가를, 선진문화발전은 지식인을, 인민은 본래의 노동자와 농민을 의미하는 것으로서 노동자와 농민의 적이라고 할 수 있는 자본가와 지식인도 당의 품 안으로 끌어들이겠다는 의미를 담고 있다.

강택민의 외교 경력은 화려하다. 1992년에 대한민국과 수교를 했으며 1995년에는 한국을 방문하여 김영삼 대통령과 회담하였다. 1999년 러시아의 옐친을 만나 국경에 관한 의정서를 교환했으며 1997년, 2002년에 미국을 방문하여 클린턴, 부시와 회담하였다.

그는 10년 만에 권력을 내려놓기는 했으나 속도는 아주 느렸다. 당 총서기는 2002년에 호금도에게 물려주었지만 당의 중앙군사위원회 주석은 2004년 9월에야 사임하였다.

강택민 국가주석의 방한

강택민 국가주석은 중국 국가원수로서는 최초로 1995년 11월 13일부터 17일까지 한국을 공식 방문하였다. 청와대에서 김영삼 대통령과 회담하고 국회를 방문하여 연설을 하였다. 반도체, 자동차, 중공업 공장을 방문하기도 하였다. 그의 방한을 계기로 중국과 한국은 경제적 측면뿐만 아니라 정치적으로도 협력하는 대상이 되었다.

호금도와 과학적발전관

호금도(胡錦濤, 1942~)의 본적은 안휘성 적계현(積溪縣)이고 출생지는 상해이다. 1959년 청화대학교(淸華大學校) 수리공정(水利工程)학과에 입학하였으며 1964년에 공산당에 입당하였다. 1980년 감숙성(甘肅省) 건설위원회 부주임으로 일하던 중에 당 원로인 송평(宋平)의 눈에 띄어 공산주의청년단 성위원회 서기로 발탁되었다. 이때 호요방을 만나 신임을 얻게 되었으며 공산주의청년단 중앙위원회 제1서기가 되었다. 1988년 서장장족자치구(西藏藏族自治區)의 당서기를 맡고 있을 때 티베트의 독립 시위를 단호하게 진압하면서 등소평의 주목을 받기 시작하였다.

호금도

1992년에 최연소 정치국 상무위원 및 중앙위원회 서기로 취임하면서 본격적으로 차세대 주자로 부상하였으며, 중앙군사위원회 부주석을 거쳐 2002년 11월에 당 총서기로 선출되었다. 이듬해 중화인민공화국 주석이 되었으며 2004년 9월에는 당 중앙군사위원회 주석에 올라 실질적인 권력을 장악하였다.

호금도는 '조화로운 사회(和諧社會)' 건

설을 천명하였다. 이는 국가 운영의 기본 방침을 양적인 성장이 아니라 사회적 균형을 추구하는 것으로 전환한 것이다. 즉 민족, 도농, 계급의 존재를 인정하고 이를 조화시켜 나가자는 것이다. '공동부유론(共同富裕論: 先富에서 소외된 농민에게 부를 확대시키자는 이론)' 역시 부를 재분배하여 빈부 격차를 해소하는 데 초점을 맞추자는 이론이다.

그가 주장한 '과학적발전관(科學的發展觀)'도 비슷한 의미인데 경제성장 일변도의 정책에서 벗어나서 사람을 근본으로 하여(以人爲本) 경제와 사람, 도시와 농촌, 구역과 구역의 발전을 추진하고, 사람과 자연의 조화, 국내 발전과 대외개방을 촉진하면서 사회적 균형을 이루어 지속가능한 발전을 이루자는 이론이다. 호금도는 2012년 당대회에서 습근평(習近平) 부주석에게 총서기직을 이양하였고 국가 주석, 당중앙군사위원회 주석, 국가중앙군사위원회 주석자리도 2013년 3월에는 다 물려주고 깨끗하게 권좌의 자리에서 내려왔다.

북경 올림픽스타디움

습근평과 신시대 중국특색 사회주의

습근평(習近平, 1953~)은 섬서성 부평현(富平縣)이 원적이며 북경에서 태어났다. 부친이 국무원 부총리를 지낸 습중훈(習仲勳)으로 이른바 태자당(太子黨: 공산당 고위층의 자녀)이라 할 수 있다. 문화대혁명이 발발하자 1969년부터 1975년까지 섬서성 연천현(延川縣) 문안역공사(文安驛公社)의 양가하대대(梁家河大隊)에 배속되었다.

1975년에는 청화대 화공과에 입학하였고 졸업 후에는 엘리트 코스 중에서도 핵심인 국무원과 중앙군사위원회의 판공청(辦公廳: 사무국)에서 근무했다. 1982년, 중앙부서의 핵심직위를 마다하고 지방근무를 자청하여 하북성 정정현(正定縣)의 부서기로 부임했고 본격적으로 실무 경력을 쌓기 시작했다. 1985년부터는 복건성에서 근무했으며 오랜 기다림 끝에 2000년에 복건성 성장(省長)이 되었다. 2002년에 절강성 당서기로 승진했다가 2007년에는 상해시 당서기로 거듭 승진하였다. 그해 국가지도자 반열인 중앙정치국 상임위원회에 진입하였으며 2012년에 드디어 중앙위원회 총서기에 취임하였다. 2017년 재선을 거쳐 2022년에 관례를 깨고 세 번째로

습근평

총서기 연임에 성공하면서 장기집권의 서막을 열었다.

'신시대 중국특색 사회주의'는 2017년에 발표한 그의 통치이념이다. 이를 위한 전략으로 '오위일체(五位一體)'와 '사개전면(四個全面)'을 내세우고 있다. 오위일체는 경제건설, 정치건설, 문화건설, 사회건설, 생태문명건설을 말하고 사개전면은 전면건설사회주의현대화국가(全面建設社會主義現代化國家), 전면심화개혁(全面深化改革), 전면의법치국(全面依法治國), 전면종엄치당(全面從嚴治黨)을 일컫는다.

'중화민족의 위대한 부흥'이라는 '중국몽(中國夢)'의 실현을 위해 건국 100주년인 2049년에는 미국에 맞서는 초강대국을 건설하는 것이 목표이다. 빈부격차와 부정부패가 없는 공정사회 건설, 강대국의 국가 존엄성 수호, 고부가가치 산업 육성을 통한 경제발전이 큰 전략이다. 창당 100주년이 되는 2021년까지 물질적으로 안락한 소강(小康)사회를 실현했고, 2035년에는 도농 간 격차를 현저하게 줄이며 국민이 평등하게 발전하고, 2049년까지는 문화 소프트파워를 더해 부강하고 아름다운 사회주의 강국을 건설한다는 것이 단계별 계획이다.

모택동이 '혁명'을 하였고 등소평이 '발전'에 대한 해법을 제시하였다면, 습근평은 '강한 중국'을 위한 비전을 펼쳐 보이고 있는 것이다.

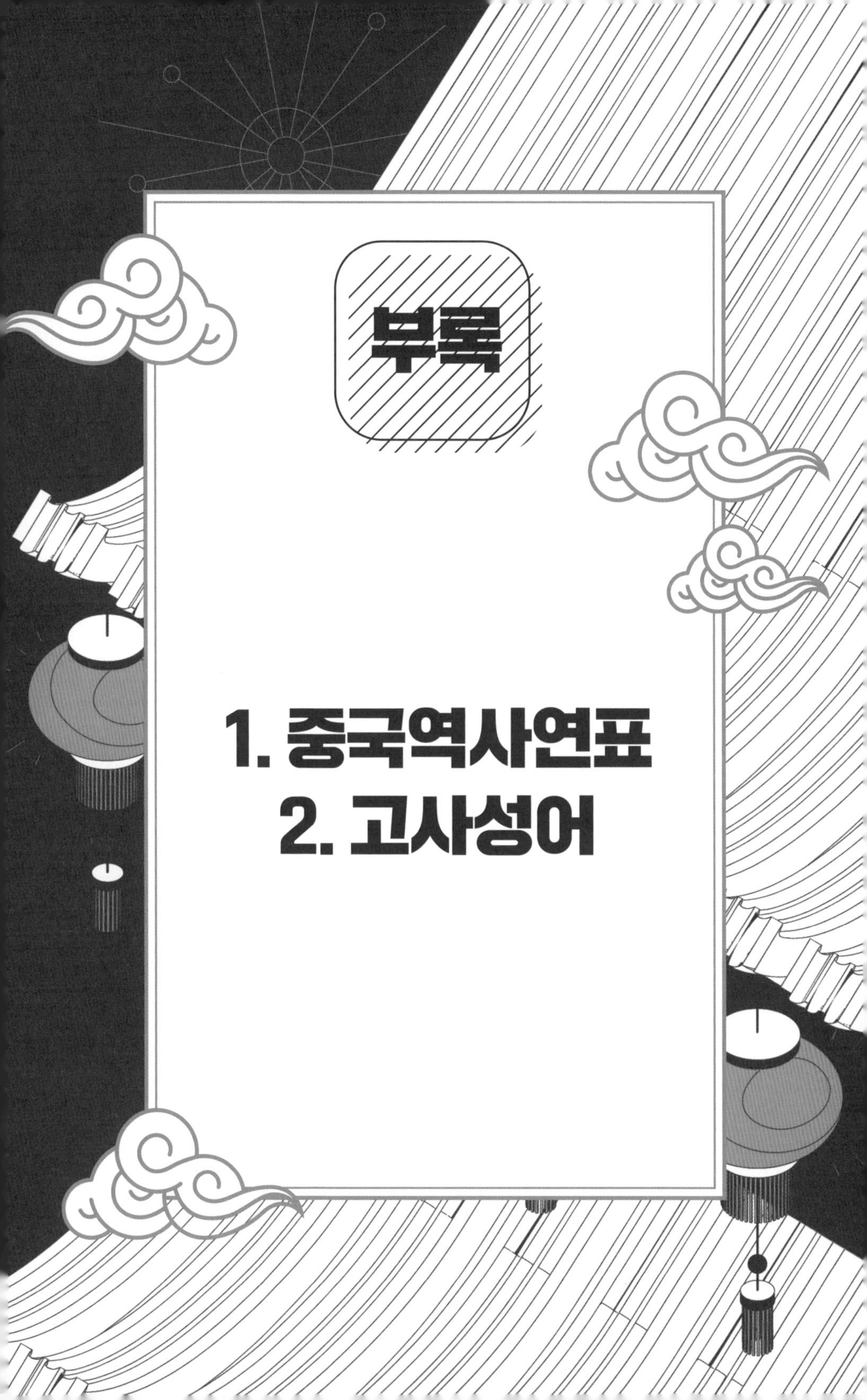
부록
1. 중국역사연표
2. 고사성어

1. 중국역사연표

국호			시기
夏			約BC2070 ~ BC1600
商			BC1600 ~ BC1046
周	西周		BC1046 ~ BC771
	東周		BC770 ~ BC256
	春秋		BC770 ~ BC403
	戰國		BC403 ~ BC221
秦			BC221 ~ BC206
漢	西漢		BC206 ~ 8
	東漢		25 ~ 220
三國	魏		220 ~ 265
	蜀		221 ~ 263
	吳		229 ~ 280
晉(西晉)			265 ~ 316
東晉 / 五胡十六國			317 ~ 420 / 304 ~ 439
南北朝	南朝	宋	420 ~ 479
		齊	479 ~ 502
		梁	502 ~ 557
		陣	557 ~ 589

국호			시기
南北朝	北朝	北魏	386 ~ 534
		東魏	534 ~ 550
		西魏	535 ~ 556
		北齊	550 ~ 577
		北周	557 ~ 581
隋			581 ~ 618
唐			618 ~ 907
五代十國	後梁		907 ~ 923
	後唐		923 ~ 936
	後晉		936 ~ 947
	後漢		947 ~ 950
	後周		951 ~ 960
	十國		907 ~ 979
宋	北宋		960 ~ 1127
	南宋		1127 ~ 1279
遼			916 ~ 1125
西夏			1038 ~ 1227
金			1115 ~ 1234
元			1271 ~ 1368
明			1368 ~ 1644
清			1616 ~ 1912
中華民國			1912 ~ 현재
中華人民共和國			1949 ~ 현재

2. 고사성어

1) 각주구검(刻舟求劍: 刻舟求剑: kè zhōu qiú jiàn)
2) 개성포공(開誠布公: 开诚布公: kāi chéng bù gōng)
3) 거안사위(居安思危: 居安思危: jū ān sī wēi)
4) 계명구도(鷄鳴狗盜: 鸡鸣狗盗: jī míng gǒu dào)
5) 공중누각(空中樓閣: 空中楼阁: kōng zhōng lóu gé)
6) 관포지교(管鮑之交: 管鲍之交: guǎn bào zhī jiāo)
7) 괄목상간(刮目相看: 刮目相看: guā mù xiāng kàn)
8) 교병필패(驕兵必敗: 骄兵必败: jiāo bīng bì bài)
9) 구밀복검(口蜜腹劍: 口蜜腹剑: kǒu mì fù jiàn)
10) 구우일모(九牛一毛: 九牛一毛: jiǔ niú yī máo)
11) 권토중래(捲土重來: 卷土重来: juǎn tǔ chóng lái)
12) 기사회생(起死回生: 起死回生: qǐ sǐ huí shēng)
13) 기인우천(杞人憂天: 杞人忧天: Qǐ rén yōu tiān)
14) 낙불사촉(樂不思蜀: 乐不思蜀: lè bù sī Shǔ)
15) 난형난제(難兄難弟: 难兄难弟: nán xiōng nán dì)
16) 다다익선(多多益善: 多多益善: duō duō yì shàn)
17) 대기만성(大器晚成: 大器晚成: dà qì wǎn chéng)
18) 대의멸친(大義滅親: 大义灭亲: dà yì miè qīn)
19) 득롱망촉(得隴望蜀: 得陇望蜀: dé Lǒng wàng Shǔ)

20) 득의양양(得意洋洋: 得意洋洋: dé yì yáng yáng)
21) 마저성침(磨杵成針: 磨杵成针: mó chǔ chéng zhēn)
22) 망매지갈(望梅止渴: 望梅止渴: wàng méi zhǐ kě)
23) 맹인모상(盲人摸像: 盲人摸象: máng rén mō xiàng)
24) 문경지교(刎頸之交: 刎颈之交: wěn jǐng zhī jiāo)
25) 반문농부(班門弄斧: 班门弄斧: bān mén nòng fǔ)
26) 반복퇴고(反復推敲: 反复推敲: fǎn fù tuī qiāo)
27) 발묘조장(拔苗助長: 拔苗助长: bá miáo zhù zhǎng)
28) 백발백중(百發百中: 百发百中: bǎi fā bǎi zhōng)
29) 사면초가(四面楚歌: 四面楚歌: sì miàn Chǔ gē)
30) 삼고모려(三顧茅廬: 三顾茅庐: sān gù máo lú)
31) 삼십육계(三十六計: 三十六计: sān shí liù jì)
32) 삼인성호(三人成虎: 三人成虎: sān rén chéng hǔ)
33) 새옹실마(塞翁失馬: 塞翁失马: sài wēng shī mǎ)
34) 성동격서(聲東擊西: 声东击西: shēng dōng jī xī)
35) 소리장도(笑裏藏刀: 笑里藏刀: xiào lǐ cáng dāo)
36) 수적석천(水滴石穿: 水滴石穿: shuǐ dī shí chuān)
37) 수주대토(守株待兎: 守株待兔: shǒu zhū dài tù)
38) 순망치한(脣亡齒寒: 唇亡齿寒: chún wáng chǐ hán)
39) 약법삼장(約法三章: 约法三章: yuē fǎ sān zhāng)
40) 양상군자(梁上君子: 梁上君子: liáng shàng jūn zǐ)
41) 오십보소백보(五十步笑百步: 五十步笑百步: wǔ shí bù xiào bǎi bù)
42) 와신상담(臥薪嘗膽: 卧薪尝胆: wò xīn cháng dǎn)
43) 우공이산(愚公移山: 愚公移山: Yú Gōng yí shān)
44) 월하노인(月下老人: 月下老人: yuè xià lǎo rén)
45) 이대도강(李代桃僵: 李代桃僵: lǐ dài táo jiāng)

46) 이이제이(以夷制夷: 以夷制夷: yǐ yí zhì yí)
47) 일의대수(一衣帶水: 一衣带水: yī yī dài shuǐ)
48) 일전쌍조(一箭雙雕: 一箭双雕: yī jiàn shuāng diāo)
49) 입목삼분(入木三分: 入木三分: rù mù sān fēn)
50) 자상모순(自相矛盾: 自相矛盾: zì xiāng máo dùn)
51) 장구직입(長驅直入: 长驱直入: cháng qū zhí rù)
52) 정문입설(程門立雪: 程门立雪: chéng mén lì xuě)
53) 정인매리(鄭人買履: 郑人买履: zhèng rén mǎi lǚ)
54) 주마간화(走馬看花: 走马看花: zǒu mǎ kàn huā)
55) 중지성성(衆志成城: 众志成城: zhòng zhì chéng chéng)
56) 지록위마(指鹿爲馬: 指鹿为马: zhǐ lù wéi mǎ)
57) 지상담병(紙上談兵: 纸上谈兵: zhǐ shàng tán bīng)
58) 진충보국(盡忠報國: 尽忠报国: jìn zhōng bào guó)
59) 창해쌍전(滄海桑田: 沧海桑田: cāng hǎi sāng tián)
60) 초목개병(草木皆兵: 草木皆兵: cǎo mù jiē bīng)
61) 타초경사(打草驚蛇: 打草惊蛇: dǎ cǎo jīng shé)
62) 태약목계(呆若木鷄: 呆若木鸡: dāi ruò mù jī)
63) 토사구팽(兎死狗烹: 兔死狗烹: tù sǐ gǒu pēng)
64) 파부침주(破釜沉舟: 破釜沉舟: pò fǔ chén zhōu)
65) 포전인옥(抛磚引玉: 抛砖引玉: pāo zhuān yǐn yù)
66) 한단학보(邯鄲學步: 邯郸学步: hán dān xué bù)
67) 행백리자반구십(行百里者半九十: 行百里者半九十: xíngbǎilǐzhěbànjiǔshí)
68) 호가호위(狐假虎威: 狐假虎威: hú jiǎ hǔ wēi)
69) 화룡점정(畵龍点睛: 画龙点睛: huà lóng diǎn jīng)
70) 휼방상쟁(鷸蚌相爭: 鹬蚌相争: yù bàng xiāng zhēng)

1. 각주구검(刻舟求劍: 刻舟求剑: kè zhōu qiú jiàn)

전국시대 초(楚)나라 사람이 작은 배를 타고 강을 건너고 있었다. 갑자기 바람이 불어 배가 흔들리는 바람에 몸에 지니고 있던 칼이 강물에 떨어지고 말았다. 그 사람은 처음에는 초조해 했으나 곧이어 기쁜 표정이 되더니 "방법이 있어! 배에 칼을 빠트린 곳을 표시해 놓았으니 배가 정박한 다음에는 찾을 수 있어"라고 하였다. 배가 강변에 도달한 뒤 표시한 곳의 아래 편을 찾아 보았으나 강에 빠진 칼을 찾을 수는 없었다.

각주구검(刻舟求劍)은 상황이나 조건이 바뀐 것은 고려하지 않고 일을 추진하면 잘못될 수 있다는 의미이다. 또는 현실감 없이 고집을 부리거나 융통성이 없는 경우를 일컫기도 한다.

사회에서도 아집에 빠져 다른 사람의 얘기는 듣지 않고 자기만의 방식을 고집하는 사람들을 자주 볼 수 있다. 일은 혼자서 하는 것이 아니고 여러 사람이 동시에 하는 것이다. 결국 다른 사람과 같이 일을 추진할 때 효과가 커지는 것이므로 본인의 고집만 부리려 하지 말고 다른 사람의 의견도 잘 경청하면서 함께 해나갈 때 효과가 커진다.

새길 刻, 배 舟, 구할 求, 칼 劍

2. 개성포공(開誠布公: 开诚布公: kāi chéng bù gōng)

제갈량은 삼국시대 촉(蜀)나라의 승상이다. 유비(劉備)를 도와 빛나는 전공을 많이 세웠으며 유비의 사후에도 유선(劉禪)을 끝까지 보필하였다. 하지만 유선은 너무 평범한 위인이었기 때문에 모든 일은 제갈량이 친히 처리할 수밖에 없었다. 그는 사심없이 깨끗하고 공정하게 일을 처리했다. 아끼는 부하 마속(馬謖)이 가정(街亭)을 빼앗겼을 때는 군법에 의해 그의 목을 베었고 스스로 승상에서 물러나 우장군(右將軍)이 되기도 하였다. 이렇게 노심초사하던 제갈량은 피로가 누적되어 군중에서 죽었는데 청렴하여 후대에 물려 줄 재산이 없었다.

정사(正史)『삼국지(三國志)』의 저자인 진수(陳壽)는 제갈량을 찬양하며 "성심을 열어(開誠心) 공도를 펼쳤다(布公道)"라고 하였다. 일생 동안 성심을 다해 사람을 대하였고 사사로움 없이 공정하게 일했다는 뜻이다.

수천 년이 지난 오늘날에도 제갈량이 존경받는 것은 그가 성심성의껏 일한 명참모이기 때문이다. 소유주와 전문경영인 사이의 아름답지 못한 일들이 비일비재한 오늘날 제갈량의 충성스러움이 더욱 빛난다.

열 開, 정성 誠, 베 布, 공평할 公

3. 거안사위(居安思危: 居安思危: jū ān sī wēi)

전국시대, 정(鄭)나라의 간공(簡公)은 송(宋)나라를 쳤다. 송나라의 우방이던 진(晉)나라는 정나라가 진나라도 무시한 것이라고 해석하고 정나라에 교훈을 주려고 하였다. 진군(晉軍)의 선봉부대는 대부 위강(魏絳)의 지휘 아래 연전연승을 기록하였다. 정나라 군대는 무너지고 말았으며 여러 성들이 항복하였다. 다급해진 정나라 간공은 위강에게 사람을 보내 투항하는 한편, 진의 도공(悼公)에게 사신을 보내어 "진나라의 신하가 되겠으며 매년 500필의 명마를 바치겠습니다"라고 약속하였다. 진의 도공은 매년 말 500필이 생긴다고 하니 그 요청을 들어주었다.

진 도공은 위강의 공이 큰 것을 치하하고 그에게 큰 상을 내리려 하였다. 위강은 이를 사양하면서 말하기를 "안락하게 살 때 위기를 생각하고 준비를 해야 합니다. 준비가 되어 있으면 근심이 없을 것입니다(居安思危 思卽有備 有備無患)"라고 하였다. 진도공은 위강의 얘기를 듣고 감동하여 의견을 받아 들였다.

편안할 때 위태로운 것을 준비해야 하는 것은 국가뿐만 아니라 기업 차원에서도 절실한 교훈이다. 매출이 신장되고 이익이 증가하는 등 경영이 순조로울 때 위험한 영역은 없는지 꼼꼼하게 살펴야 하며 불경기를 예상하여 유보금을 늘리고 충당을 많이 하는 등 선제적으로 대비하는 건전한 위기의식(危機意識)이 있어야 한다.

살 居, 편안 安, 생각할 思, 위태할 危

4. 계명구도(鷄鳴狗盜: 鸡鸣狗盜: jī míng gǒu dào)

전국시대 제(齊)나라 왕족이었던 맹상군(孟嘗君)은 인재를 좋아하여 재주가 있으면 신분의 귀천을 따지지 않고 우대하였는데, 3,000명의 식객이 있었다. 진(秦) 소양왕(昭襄王)의 초청으로 진나라를 방문하게 되었을 때에도 여러 식객을 데리고 갔다. 소양왕은 처음에는 그를 상국(相國)으로 임명하려고 했으나 제나라 왕족을 진나라의 고관으로 임명할 수 없다는 대신들의 반대에 부딪혀 맹상군을 연금해 놓고 죽이려고 하였다.

위기를 느낀 맹상군은 진왕의 애첩에게 접근할 수 있었는데 그녀는 백호피(白狐皮: 흰 여우 가죽)로 만든 외투를 가지고 싶어했다. 하지만 그 물건은 이미 진왕에게 선물로 주고 난 다음이었다. 이때 식객 중의 한 사람이 자신이 해결하겠다며 나섰다. 그는 진왕의 대궐 창고에 개 흉내를 내면서 접근하여 백호피 외투를 훔쳐 나올 수 있었다. 선물을 받은 애첩은 진왕을 설득했고 맹상군과 식객들은 풀려날 수 있었다. 맹상군 일행은 급하게 길을 재촉하여 함곡관(函谷關)에 이르렀으나 아직 해가 뜨기 전이라 문이 닫혀 있었다. 이번에는 닭 울음소리에 특기가 있는 식객이 나섰다. 닭 울음소리를 내자 다른 닭들도 울기 시작했고 동이 튼 것으로 생각한 병사들이 문을 열어주어 일행은 무사히 함곡관을 빠져 나올 수 있었다. 추격군이 함곡관에 도착했을 때에는 맹상군 일행이 이미 제나라 영내로 들어간 다음이었다.

계명구도(鷄鳴狗盜)는 하찮은 재주라도 크게 쓰일 때가 있다는 말이다. 기업에서 일을 하다 보면 각자의 특장 분야가 다른 것을 알 수 있다. 평소 실적이 좀 부족해도 고객 관리를 잘하는 사람이 있는가 하면, 주위 사람들과 인화가 잘 안되는 사람인데 프로젝트를 맡겨 놓으면 꼭 성공시키는 사람도 있다. 부하들의 재주를 잘 파악했다가 적절하게 활용하는 상사가 유능한 사람이다.

닭 鷄, 울 鳴, 개 狗, 도둑 盜

5. 공중누각(空中樓閣: 空中楼阁: kōng zhōng lóu gé)

어느 산촌에 부자(富者)가 살고 있었다. 그에게는 재산이 많았는데 다만 성품이 아둔하고 하는 일이 어리석어서 사람들의 비웃음을 사고는 했다. 어느 날 이 사람이 옆 마을 부자의 집을 구경하게 되었는데 3층으로 지은 멋있는 집이었다. 마음 속으로 부러워하면서 "내가 너보다 돈이 더 많으니 나도 이런 집을 지어야 하겠다"라고 결심하였다. 집을 짓는 장인(匠人)에게 가서 "그것과 똑같은 집을 하나 지어주게. 그 3층 집처럼 똑같이 멋있어야 하네." 장인은 그렇게 하자고 대답을 하면서도 이번에는 또 무슨 바보짓을 할까 하고 걱정하였다.

하루는 바보 부자가 공사 현장에 와서 이곳저곳을 살폈는데 마침 기초공사를 하고 있는 중이었다. "아니, 지금 뭐하고 있는 것이오. 원한 것은 제일 위층 3층을 원한 것이지 1층, 2층을 원한 게 아니오. 먼저 3층을 지어 주시오." 장인들은 크게 웃으며 "제일 위층만 원하신다면 우리는 지을 수 없소. 당신 스스로 해보시오" 하고는 가버렸다. 1층, 2층이 없는 3층만의 집은 세상 어떤 명장(名匠)도 만들 수 없는 공중누각(空中樓閣)이었던 것이다.

기초 없는 건물이 없듯이 하루 아침에 이루어지는 일은 없다. 기본부터 차근차근하게 접근해서 한 단계 한 단계 진행시켜야 제대로 된다. 급하다고 해서, 윗사람의 관심사라고 해서 서두르다 보면 일을 망치기 십상이다. 기본적인 기술 투자를 하지 않아 솔루션을 시장에 내놓을 수 없는데도, 본인의 실적을 위하여 부하들을 독려하고 언론에 홍보를 하면서 마치 신상품이 곧 나올 것처럼 호도하는 CEO들이 있다. 참으로 개탄스러운 일이 아닐 수 없다.

하늘 空, 가운데 中, 다락 樓, 층집 閣

6. 관포지교(管鮑之交: 管鲍之交: guǎn bào zhī jiāo)

관중(管仲)은 춘추전국시대 유명한 정치가인데 그의 벗 중에 포숙아(鮑叔牙)가 있었다. 관중은 포숙아를 속여서 이익을 얻고는 했으나 포숙아는 오히려 관중을 이해하고 마음에 담지 않고 항상 관중을 잘 대해 주었다. 훗날 관중과 포숙아는 제(齊)나라에서 서로 다른 주공을 모시게 되었는데 포숙아는 공자(公子) 소백(小白)을, 관중은 공자 규(糾)를 모시게 되었다. 그때 제나라는 양공(襄公)이 다스리고 있었는데 아주 무능하고 포악하였다. 포숙아는 소백과 함께 거(莒)로 피했고 관중은 규와 함께 노(魯)나라로 피했다.

기원전 685년, 노나라의 장공(庄公)은 제나라를 치면서 공자 규를 제나라의 군주로 삼고자 하였다. 공자 소백도 거에서 귀국을 서둘렀다. 소백과 규는 귀국하는 도중에 만나게 되었다. 관중이 소백에게 화살을 쏘았는데 소백의 허리띠에 맞았으나 소백은 꾀를 내어 죽은 것처럼 하였다. 공자 규와 관중은 이에 방심하고 천천히 진군하였는데, 소백 일행은 급히 서둘러 귀국하여 왕위에 올랐으니 그가 바로 제 환공(桓公)이다.

환공은 포숙아를 노나라에 보내어 관중을 데리고 왔다. 포숙아는 자신들을 죽이려고 했던 관중을 추천하여 개혁을 추진하게 하였다. 제나라는 강국이 되었고 환공은 춘추오패(春秋五覇)의 하나가 되었다. 관중은 "나를 낳아주고 길러준 것은 부모이나 나를 알아주는 사람은 포숙아다"라고 말하였다. 관포지교(管鮑之交)는 관중과 포숙아처럼 서로를 알아주고 변하지 않는 우정을 가리키는 말이 되었다.

현실에서 관중과 포숙아 같은 관계를 맺는 것은 어렵다. 다만 라이벌이라고 하여도 서로를 존중하면서 공동의 발전을 도모하는 것은 바람직하다고 할 수 있다.

피리 管, 절인 물고기 鮑, 의 之, 사귈 交

7. 괄목상간(刮目相看: 刮目相看: guā mù xiāng kàn)

여몽(呂蒙)은 삼국시대 오(吳)나라의 명장이다. 그는 지모가 남달랐는데 주도면밀한 계략으로 촉나라의 대장 관우(關羽)를 이기고 형주(荊州)를 차지하기도 하였다. 여몽은 출신이 가난하여 어린 시절 공부할 기회가 없었다. 오왕(吳王) 손권(孫權)은 그가 인재임을 알아보았으나 지식이 부족함을 아쉬워하였다. 어느 날, 손권이 여몽에게 "장군은 조정의 중신으로 명망도 높은데, 읽은 책이 적은 것이 흠이오. 삼군(三軍)을 통솔하려면 무공에만 의지해서는 안 되고 지모가 있어야 하니 책을 읽어 지식을 쌓도록 하시오." 여몽이 말하기를 "저는 하루 종일 군영에 있어 바쁩니다. 책을 볼 시간이 없습니다." 손권이 말했다. "여몽, 그 말은 틀렸소. 조정에서 일하는 나보다도 바쁘다는 말이오? 내정, 외교 모든 일을 관장하고 결정해야 하오. 그런 나도 시간을 쪼개어 책을 읽고 있소. 지식을 키워 안목을 넓게 하면 군대를 지휘하는데 도움이 될 것이오."

여몽은 그 다음부터 매일 일정한 시간을 내어 독서를 하였는데 『사기(史記)』, 『한서(漢書)』, 『전국책(全國策)』을 다 읽고 학문도 발전이 있었다. 주유가 죽은 이후 노숙(魯肅)이 동오의 대도독이 되었다. 하루는 여몽과 노숙이 군사를 논하는데 여몽은 관우의 전략을 꿰뚫고 있으면서 아주 자세하게 그 대응책을 말하였다. 노숙은 듣고나서 감탄하며 말하였다. "여몽 장군이 무공만 높은 줄 알았지 지략까지 이렇게 뛰어난 줄 몰랐습니다. 우리 오나라의 큰 행운이고 기쁜 일입니다." 여몽이 대답하였다. "사별삼일(士別三日), 괄목상간(刮目相看)입니다. 선비는 3일간 보지 아니하면 눈을 크게 뜨고 보아야 그 사람을 알아볼 수 있을 정도로 달라져 있습니다."

자신의 분야가 아닌 것까지도 자세하게 파악하고 있는 사람들이 있다. 그들은 미래를 위하여 별도로 공부한 사람들이다. 현재 당장은 필요없는 지식과 기술이라도 언젠가 써먹을 일이 있다. 경쟁이 생기면 그 사람이 이긴다.

비빌 刮, 눈 目, 서로 相, 볼 看

8. 교병필패(驕兵必敗: 骄兵必败: jiāo bīng bì bài)

위상(魏相)은 한나라의 유명한 대신이다. 한 선제(宣帝)는 그를 승상으로 삼아 백관을 통솔하게 하였다. 당시는 흉노(匈奴)와 자주 전쟁을 벌이던 시절이었다. 기원전 68년, 선제는 신하들을 모아놓고 출병하려고 하였다.

위상이 말하기를 "난을 구하고 폭력을 없애는 것은 의병(義兵)인데 이는 필승(必勝)한다고 하였습니다. 적병이 왔을 때 이에 응하는 것은 응병(應兵)입니다. 응병은 필히 극적(克敵)한다고 합니다. 상대의 땅과 보물을 탈취하고자 하는 자는 탐병(貪兵)인데 자란(自亂)한다고 합니다. 우리처럼 나라가 크고 사람이 많은 것에 의지하여 위엄을 떨치고자 하는 것은 교병(驕兵)이라 하는데 교병은 필패(必敗)한다고 합니다. 지금 전국 각지에서 위법한 일들이 늘어나고 있고 가뭄의 피해도 심각하여 회복을 기다려야 합니다. 흉노를 치기 보다는 조정을 정돈하며 관리를 다스리는 것이 더 큰 일이라고 생각합니다. 황제께서는 세 번 생각해 주십시오." 선제는 위상의 말이 일리가 있다고 생각하고 출병 결정을 취소했다.

교만한 마음이 있으면 방심하게 된다. 험한 경쟁 속에서 남들도 최소한 나만큼은 노력하고 있는데 방심한다는 것은 패배를 의미한다. 겸손한 마음으로 차분하게 준비하는 자만이 승리를 쟁취할 수 있다.

교만할 驕, 군사 兵, 반드시 必, 패할 敗

9) 구밀복검(口蜜腹劍: 口蜜腹剑: kǒu mì fù jiàn)

당 현종(玄宗) 때의 사람인 이임보(李林甫)를 일컫는 말에서 유래하였다. 그는 황제의 비위를 맞추면서 신하들의 충언이 귀에 들어가지 못하게 하였으며 수많은 사람들을 모함하여 죽인 것으로 유명한 간신이다.

736년, 현종이 낙양(洛陽)에서 장안(長安)으로 돌아가려고 하였을 때 다른 신하들은 추수하기 전이므로 황제의 행렬이 백성들의 곡식을 밟을 수 있다며 추수가 끝나고 봄날에 이사할 것을 권했다. 그러나 이임보는 "큰 행렬이 움직이면 일부 손실이 있을 수 있으나 세금을 감면해주면 됩니다"라고 말하여 신임을 얻었다. 그의 집에 월당(月堂)이라는 건물이 있었는데 큰 사건이 일어나 여러 사람이 다치는 일이 발생할 때는 여기에서 음모를 꾸몄다고 한다. 그는 사람들이 자기를 해칠까 두려워하여 매일 밤 잠자리를 바꾸었다고 하며, 반대로 사람들은 길거리에서 그를 만나면 멀리 숨었다고 한다. 이임보는 죽고 난 뒤 죄상이 드러나서 모든 관직이 삭탈되었고 패가망신과 함께 부관참시(剖棺斬屍)를 당하였다.

그를 일컬어 "입에는 꿀이 있으나(口有密), 배 속에는 칼이 있다(腹有劍)"라고 하였다. 겉으로는 꿀 같이 친한 척하지만 내심으로는 음해할 생각을 하거나 돌아서서 헐뜯는 것을 비유하는 말이다. 나에게 달콤한 말을 자주 하거나 필요 이상의 친절을 베푸는 자를 경계하여야 한다.

입 口, 꿀 蜜, 배 腹, 칼 劍

10. 구우일모(九牛一毛: 九牛一毛: jiǔ niú yī máo)

한(漢)나라 시대, '이릉(李陵)'사건으로 사마천(司馬遷)은 궁형(宮刑)을 받았다. 심신이 망가지고 모멸감으로 자살도 몇 차례나 생각했지만 시작한 일을 끝까지 완성하기 위해서 굴욕을 참고 살아가기로 결심하였다.

그는 "나는 한을 품게 되었고 이러한 굴욕은 자살로 씻을 수 없을 것이다. 만일 지금 죽는다면, 그것은 아홉 마리 소의 몸에서 작은 터럭 하나(九牛一毛)가 없어지는 것이다. 굴욕을 참고 삶을 선택한 것은 하던 일을 완성하기 위해서다. 내가 죽어버리면 나의 문장이 후세에 전해지지 못할 것이기 때문이다"라고 했다. 그 후 사마천은 대사면령(大赦免令)을 받아 감옥에서 나왔고 저술 활동을 지속하여 『사기(史記)』를 완성했다.

사회생활을 하다보면 좌절하는 시기가 있을 수도 있고 굴욕을 당할 수도 있다. 하지만 이런 것에 굴복할 필요는 없다. 묵묵하게 시련을 이기고 계속 노력하면 터널의 끝이 보인다. 자신을 위하여 또 때로는 조직을 위하여 참을 수 있어야 한다. 순간의 욱하는 기분으로 큰 일을 망치면 사마천이 말한 구우일모처럼 헛된 일이 되는 것이다.

아홉 九, 소 牛, 하나 一, 털 毛

11. 권토중래(捲土重來: 卷土重来: juǎn tǔ chóng lái)

초한(楚漢) 전쟁은 진나라가 망한 다음 유방(劉邦)의 한(漢)과 항우(項羽)의 초(楚)가 벌인 전쟁이다. 항우는 초한전쟁에서 지고 말았다. 그는 강동(江東)으로 돌아갈 면목이 없다고 생각하고 오강(烏江)에서 죽고 말았다. 유방이 한미한 집안에서 태어나 자수성가로 성장하였다면 항우는 명문가에서 태어났고 자존심도 엄청난 사람이었다. 그는 실패한 모습으로 고향으로 돌아가는 것이 치욕스럽다고 생각하고 죽음을 선택했다.

당나라 시인 두목(杜牧)은 오강정(烏江亭)이라는 시에서 이렇게 읊었다.

승패병가사불기 勝敗兵家事不期
포수인치시남아 包羞忍恥是男兒
강동자제다재준 江東子弟多才俊
권토중래미가지 捲土重來未可知
이기고 지는 것은 정해져 있는 것이 아닌데,
남아는 졌을 때 그 치욕을 참을 줄 알아야 한다.
강동에는 뛰어난 인재들이 많다는데,
흙바람을 일으키며 다시 왔더라면 그 결과를 어찌 알리오.

권토중래는 문자 그대로는 흙바람을 일으키며 다시 온다는 뜻이지만 실패와 패배를 이겨내고 다시 도전한다는 의미로 쓰인다. 누구나 한두 번의 실패와 좌절은 있을 수 있다. 커다란 영광은 실패와 좌절을 이겨낸 사람에게 찾아오게 되어 있다.

말 捲, 흙 土, 거듭 重, 올 來

12. 기사회생(起死回生: 起死回生: qǐ sǐ huí shēng)

전국시대, 신의(神醫)라고 존경받는 편작(扁鵲)에 관한 일화이다. 편작이 괵국(虢國)에 있을 때의 일이다. 하루는 오전에 왕궁 앞을 지나가는데 태자가 아침에 혈기가 부족해서 죽었다는 소식을 들었다.

편작은 몇 가지 물어보고는 아직 희망이 있는 것을 알고는 궁궐 안으로 들어가서 임금께 아뢰고 태자의 침대 곁으로 갔다. 태자의 코에 귀를 대고 숨소리가 있는지 듣고는 아직도 호흡이 있는 것을 알게 되었다. 다시 다리를 만져 보니 미온이 있었다. 맥을 짚었는데 약하게나마 아직도 맥박이 있는 것이 아닌가? "태자님은 죽은 것이 아니라 혼절하신 것이며 아직도 희망이 있습니다"라고 말하고는 머리, 가슴, 손, 다리에 침을 놓았다. 과연 오래지 않아 태자에게 기운이 돌아왔다. 옆에 있던 괵국의 임금과 신하들은 이 광경을 보고 매우 기뻐하였으며 태자는 20일 동안 약을 먹고 완전히 회복하였다.

기동할 起, 죽을 死, 돌아올 回, 살 生

13. 기인우천(杞人憂天: 杞人忧天: Qǐ rén yōu tiān)

옛날 기(杞)나라에 어떤 사람이 살았는데 항상 하늘을 멍하니 쳐다보곤 하였다. 어느 날 문득 "흰 구름이 저렇게 높은데, 하늘은 구름보다 높아야 할 텐데! 만일 하늘이 떨어지면 어떡하지?" 라고 걱정을 하기 시작했다. 먹어도 맛이 없고 잠을 잘 수도 없었으며 앉으나 서나 걱정이 심해져 몸이 여위었다.

이 소식을 들은 친구가 "하늘은 공기가 모인 것이니 떨어질 염려가 없다네"라고 가르쳐 주었다. 하지만 이 얘기를 들은 기(杞)나라 사람은 더욱 근심스럽게 말했다. "그러면 해, 달, 별은 떨어질 수 있다는 말인가?" 친구는 다시 설명해 주었다. "해, 달, 별도 기체가 모인 것이지만 빛을 낸다는 것이 다를 뿐일세. 떨어져도 다치지는 않아" 그제서야 안심하는 웃음이 얼굴에 퍼졌다. 그런데 잠시 후 또 다른 근심이 그를 괴롭히기 시작했다. "만일 땅이 꺼지면 어떡하지?"

기인우천(杞人憂天)은 불필요하거나 근거없는 걱정을 비유하는 말이다. 두 글자로 줄여서 기우(杞憂)라고도 한다. 너무 지나친 걱정을 많이 하는 사람들을 볼 수 있다. 일을 잘하기 위해서 문제가 없는지를 사전에 점검하고 예방하는 것은 좋은 일이지만, 그 정도가 지나쳐 가능성 없는 상황을 설정하고, 아직 오지도 않은 미래의 일을 미리 걱정하는 것은 조직의 사기를 떨어뜨리고 본인의 건강에도 해롭다.

나라 이름 杞, 사람 人, 근심 憂, 하늘 天

14. 낙불사촉(樂不思蜀: 乐不思蜀: lè bù sī Shǔ)

삼국시대 촉나라의 황제 유비가 죽고 그의 아들 유선(劉禪)이 황제가 되었다. 그는 무능해서 한 국가를 다스릴 만한 위인이 아니었다. 제갈량 등 대신들이 죽고 촉(蜀)은 위(魏)에게 건국한 지 43년 만에 망하고 말았다.

유선은 성도(成都)를 떠나 낙양(洛陽)에 살게 되었으며 안락공(安樂公)이라 불리게 되었다. 어느 날 사마소(司馬昭)가 연회를 열었다. 촉나라의 춤과 노래가 나오자 유선을 수행했던 사람들은 고향 생각에 울었다. 그러나 유선은 그저 재미있게 보기만 할 뿐이었다. 사마소가 "촉이 생각나지 않습니까?"라고 물었다. 유선이 대답했다. "여기가 이토록 즐거운데 촉 생각이 날 리가 있겠습니까?"

낙불사촉(樂不思蜀)은 새로운 환경이 즐겁고 적응이 되어 원래 환경으로 돌아가고 싶지 않은 상황을 뜻한다. 유선(劉禪)의 어리석음을 비유하는 말로 쓰이기도 한다.

즐길 樂, 아닐 不, 생각할 思, 나라이름 蜀

15. 난형난제(難兄難弟: 难兄难弟: nán xiōng nán dì)

한(漢)나라에 진식(陳寔)이라는 명사가 있었다. 그에게는 두 아들이 있었는데 진원방(陳元方)과 진계방(陳季方)이었다. 삼부자의 학문과 도덕에 대한 명성이 아주 높았는데 그들이 살았던 예주(豫州) 사람들은 담장에 삼부자의 얼굴을 그려놓고 품행과 덕이 높은 것을 기릴 정도였다.

두 아들에게는 각각 장문(長文)과 효선(孝先)이라는 아들이 있었다. 어느 날 이들은 각자 부친의 공덕에 대하여 자랑하면서 서로 자신의 아버지가 공덕이 더 높다고 주장했다. 다투다가 결국에는 할아버지 진식에게 물어보기로 하였다.

진식이 말하기를 "원방(元方)을 형이라 하기 어렵고(難兄), 계방(季方)을 동생이라 하기도 어렵다(難弟)." 그 뜻은 장유(長幼)로는 순서가 있으나 도덕, 학문으로는 순서 매기기가 어렵다는 뜻이었다.

어려울 難, 형 兄, 어려울 難, 아우 弟

16. 다다익선(多多益善: 多多益善: duō duō yì shàn)

한(漢)나라 유방(劉邦)과 한신(韓信)의 고사에서 나온 말이다. 어느 날 유방이 한신에게 물었다. "당신이 보기에 나는 몇 명의 병력을 지휘할 수 있겠소?" "폐하는 10만 명 정도를 지휘할 수 있을 것입니다." 유방은 계속해서 물었다. "그러면 당신은 몇 명이나 지휘할 수 있소?"

"저는 많으면 많을수록 좋습니다(越多越好)." "당신은 다다익선(多多益善)이라면서 왜 나의 명(命)을 받고 있는 것이오?" 한신이 말하였다. "폐하께서는 병사를 지휘하시는 능력은 저에게 미치지 못하지만, 장수들을 지휘하는 능력이 있으시니 제가 폐하의 지휘를 받는 것입니다."

직장에서도 이와 비슷한 상황이 많다. 직급이 낮을 때는 두각을 드러내지 못하던 사람이 직급이 높아지고 권한이 생기게 되었을 때, 제대로 역량을 발휘하는 경우를 많이 보았다. 반대로 회사의 임원으로 승진하여 업무의 범위가 커졌는데도 실력을 발휘하지 못하는 사람도 많다. 어떤 최고경영자들은 역량이 안 되는데도 자리를 차지하여 회사를 위기로 몰아가는 경우도 있다. 사람마다 그릇의 크기와 용도가 다른 것이다.

많을 多, 많을 多, 더할 益, 좋을 善

17. 대기만성(大器晩成: 大器晚成: dà qì wǎn chéng)

이 말은 삼국시대 위(魏)나라의 최염(崔琰)이 그의 사촌동생 최림(崔林)을 두고 한 말이다. 최림은 젊어서 보잘 것이 없는 사람이었는데 오직 최염만이 그를 격려하면서 "큰 종이나 큰 솥이 만들어지는 데 시간이 걸리듯이 재능이 큰 사람은 재능을 키우는 데 시간이 걸린다. 열심히 노력하면 너도 큰 사람이 될 것이다"라고 하였다.

과연 최림은 나중에 위 문제(文帝) 조비(曹丕) 시절에 사공(司空) 벼슬을 하였고 안양후(安陽侯)에 봉해지기도 하는 등 큰 인물이 되었다. '대기만성(大器晩成)'은 큰 일을 맡는 사람은 장기간의 단련과 교육이 필요하므로 성취가 비교적 늦다는 의미로 쓰이며 나이가 들어 성공한 사람을 일컫는다.

승진이 늦었으나 일단 승진을 하고 나면 그 자리에서 빛을 발하는 사람들을 본다. 저런 사람이 왜 이제서야 승진했지 하고 놀랄 정도이다. 알고보면 이들은 남들이 승진하고 각광받을 때 좌절하지 않고 묵묵히 실력을 연마하면서 자신의 그릇을 키운 사람들이다.

큰 大, 그릇 器, 늦을 晩, 이룰 成

18. 대의멸친(大義滅親: 大义灭亲: dà yì miè qīn)

춘추시대 위(衛)나라에 석작(石碏) 이라는 사람이 있었는데 그의 아들은 이름이 석후(石厚)였다. 석후는 성품이 과격하고 거침 없는 주우(州吁)와 가까이 지냈다. 훗날 석후는 주우(州吁)를 도와 환공(桓公)을 시해하고 정권을 잡았다. 정통성이 없었던 주우는 전쟁을 일으키고 폭정을 펼치게 되었다. 백성들의 반발이 심하자 석후는 아버지 석작을 찾아와서 어떻게 하면 좋을지 조언을 구하였다.

석작은 아들에게 주나라 천자(天子)의 승인을 받는 것이 중요하며 그를 위하여 먼저 천자와 사이가 좋은 진(陳)나라를 방문하는 것이 좋겠다고 충고해 주었다. 주우와 석후가 진나라로 떠나자 석작은 진나라에 재빨리 사람을 보내어 그들은 임금을 죽인 역적이니 도착하면 체포하여 죽여달라고 요청하였다. 과연 주우와 석후는 진나라에 도착한 후 체포되어 죽고 말았다.

대의멸친(大義滅親)은 올바르고 큰 일을 위해서는 사사로운 정을 끊고 자신의 자식까지도 희생한다는 무겁고도 무서운 말이다. 자식과 친척 때문에 세상이 시끄러운 요즈음 공직을 맡은 사람들에게 특히 절실하게 필요한 태도일 것이다.

큰 大, 옳을 義, 멸할 滅, 육친 親

19. 득롱망촉(得隴望蜀: 得陇望蜀: dé Lǒng wàng Shǔ)

후한(後漢)의 광무제(光武帝)가 한 말에서 유래한 성어이다. 광무제가 후한을 건국한 이후에도 지역마다 여전히 실력자들이 할거하고 있었다. 마지막까지 남아있는 자들은 농서(隴西) 지방의 외효(外囂)와 촉(蜀)의 공손술(公孫述)이었다.

외효가 죽자 그 아들이 항복하여 마침내 농서도 후한의 영역이 되었다. 이때 광무제는 이렇게 말했다. "사람은 만족할 줄을 모르는 구나. 이미 농서(隴)를 평정(得)하고 보니 다시 촉(蜀)을 바라게(望) 되는구나."

득롱망촉(得隴望蜀)이란 하나를 이루고 나면 그 다음이 또 욕심난다는 뜻으로, 끝내 만족할 줄 모르는 인간의 욕심을 나타내는 말이다.

얻을 得, 땅이름 隴, 바랄 望, 나라이름 蜀

20. 득의양양(得意洋洋: 得意洋洋: dé yì yáng yáng)

춘추시대, 제(齊)나라에 안영(晏嬰)이라는 재덕을 겸비한 재상이 있었다. 지위가 높고 권력이 있었지만 겸손했다. 다만 그의 말을 끄는 마부(馬夫)는 아주 교만한 사람이었다. 하루는 안영이 외출을 하는데 마부의 집을 지나가게 되었다. 마부의 아내가 문틈 사이로 보니 남편이 마차에 교만하게 앉아서 채찍을 휘두르며 아주 득의(得意)한 모양이었다. 마부가 집에 들어오자 아내는 이혼할 것을 요구하였다. "안영 어른은 키가 6척이 안되는데도 제나라의 재상이 되었고 명성이 높습니다. 오늘 그분이 마차에 계신 걸 보니 태도가 겸손했습니다. 한데 당신은 키가 8척이지만 마부에 불과합니다. 마차를 끌 때 위세를 부리고 스스로 대단한 것처럼 여깁니다. 그래서 이혼하자는 것입니다."

마부는 그 말을 듣고 아주 부끄러워했으며 그 이후에는 마차를 몰 때 스스로의 행위에 대해서 아주 조심하게 되었다. 안영은 마부의 변화가 신기해서 그 원인을 물어보았고 그간의 사정을 듣게 되었다. 안영은 마부의 그러한 태도 변화가 훌륭한 것이라고 생각하고 마부를 추천하여 대부(大夫)가 되게 하였다.

이런 일이 알려지고 나서 사람들은 원하던 것을 이루어 매우 만족한 모습을 가리켜 의기양양(意氣揚揚), 득의양양(得意洋洋)이라고 하였다.

얻을 得, 뜻 意, 큰 바다 洋, 큰 바다 洋

21. 마저성침(磨杵成針: 磨杵成针: mó chǔ chéng zhēn)

이백(李白)은 어린 시절 아주 똑똑하여 선생님들이 좋아했으며 아이들 앞에서 칭찬도 많이 받았다. 그러나 원래 놀기를 좋아하여 건성건성 공부하고는 했다.

어느 날 학교가 끝나고 집으로 가는 길에 개울물을 지나게 되었는데 한 백발의 노파가 앉아서 돌에 철봉(鐵棒)을 문지르고 있었다. 땀이 흘러내릴 정도로 힘을 쓰면서 하고 있었는데 옷 소매로 땀을 닦으면서 일을 계속했다. 이백은 너무 궁금해서 공손하게 물었다. "할머니, 이 철봉으로 뭘 하고 계신 거예요?" 노파는 고개도 들지 않은 채 "이걸 갈아서 수 놓는 바늘(綉花針)을 만들 거야." 이백은 눈을 둥그렇게 뜨고 "이런 거친 철봉으로 바늘을 만든다구요?" 노파는 그제서야 머리를 들고 이백을 바라보았다. 못 미더워 하는 이백의 얼굴을 보고는 "얘야, 공을 들이면 철봉도 바늘이 될 수 있는 거란다"라고 말했다. 이백은 깊고 오묘한 도리를 홀연히 깨닫게 되어 고개를 끄덕였다.

이 일은 이백에게 깊은 인상을 남겼고 학업과 생활 방면에 큰 영향을 미쳤다. 책을 읽다가 어려운 점이 있거나 곤란에 부딪히면 "철봉을 갈아서 바늘이 될 수 있다(磨杵成針)"는 교훈을 되새기며 쉬지 않고 노력하여 큰 시인이 되었다.

갈 磨, 공이 杵, 이룰 成, 바늘 針

22. 망매지갈(望梅止渴: 望梅止渴: wàng méi zhǐ kě)

한나라 말기, 어느 더운 여름날에 조조(曹操)가 장수(張繡)를 치기 위해 장거리 행군을 하게 되었다. 길은 멀었고 물이 떨어졌다. 병사들의 입술이 갈라지고 정신이 혼미하게 되어 행군에 어려움이 많았다. 조조는 전진을 멈추고 물을 찾을 수밖에 없었다. 하지만 황무지에서 물을 찾는 것이 쉽지 않았다. 우물도 없었고 하천도 없었다. 땅을 깊이 파보았으나 물이 나오지 않았다.

고민하던 조조는 좋은 생각이 났다. 말을 몰아 대열의 앞으로 가서 소리쳤다. "이제 생각이 났다. 저 앞에는 큰 매실나무 숲이 있다. 매실이 아주 크고 맛도 좋다. 모두가 해갈하는 데 충분할 것이다." 이 이야기를 들은 병사들은 새콤한 청 매실이 생각나서 입에 침이 고이기 시작했고 갈증을 잊을 수 있었다.

망매지갈(望梅止渴)이라는 성어는 이렇게 유래한 것인데 이룰 수 없는 소망은 공상을 통해서 마음의 위안을 얻는다는 뜻으로 쓰인다. 리더는 부하들이 괴롭고 힘들 때 이를 이겨낼 수 있는 비전을 제시해 주어야 한다. 비록 그것이 다소 과장된 것이라고 하여도 사람들을 단결시키고 한 방향으로 갈 수 있게 해준다.

바랄 望, 매화나무 梅, 그칠 止, 목마를 渴

23. 맹인모상(盲人摸像: 盲人摸象: máng rén mō xiàng)

인도에 한 국왕이 있었는데 큰 코끼리를 많이 가지고 있었다. 어느 날, 코끼리를 타고 대로를 지나가는데 장님들이 쉬고 있는 것을 보았다. 국왕은 그들을 오라고 하고는 “너희들은 코끼리가 어떻게 생겼는지 아느냐?”라고 물었다. 장님들은 머리를 흔들며 답했다. “폐하, 저희들은 코끼리가 어떻게 생겼는지 모릅니다” 국왕이 웃으면서 말했다. “그러면 손으로 만져보고 나한테 말해 다오.”

장님들은 코끼리를 둘러싸고 만지기 시작했다. 장님 한 명이 상아를 만지고는 “코끼리는 딱딱하고 긴 홍당무처럼 생겼다”고 말했다. 또 다른 장님은 코끼리의 다리를 만지고는 “아니야, 이렇게 딱딱한데 무슨 홍당무야. 내가 보기엔 기둥 같다”고 했으며 꼬리를 만진 장님은 “하하, 너희들은 다 틀렸어. 코끼리는 새끼줄처럼 생겼다”고 말했다.

맹인모상(盲人摸像)은 사물을 단면이나 일부에 대한 지식만으로 이해하거나 추측하여서 전체적인 판단을 하려고 하는 상황을 비유하는 말이다. 회사 일을 하다보면 전혀 다른 분야에서 온 리더가 회사를 망치는 경우를 종종 볼 수 있다. 전체적으로 차분하게 파악한 다음 판단하고 결정을 내려도 되는데, 그저 자신이 지금까지 해온 경험만을 강조하며 마음대로 일을 몰고간다. 마치 장님들이 코끼리의 한 부분만 만지고 전체를 판단하듯이 하는 것이다.

장님 盲, 사람 人, 만질 摸, 코끼리 象

24. 문경지교(刎頸之交: 刎颈之交: wěn jǐng zhī jiāo)

전국시대, 조(趙)나라에 인상여(藺相如)와 염파(廉颇)가 있었다. 두 사람 모두 큰 공을 세웠지만 조나라 왕은 인상여를 상경(上卿)에 임명하였다. 이는 염파 장군보다 훨씬 높은 자리였다. 염파는 불만을 가지게 되었고 기회가 오면 인상여를 욕보이려고 마음먹었다.

이 말을 들은 인상여는 염파를 피해 다녔고 조정에 나가는 날에는 병을 칭하고 나가지 않았다. 하루는 인상여가 외출하다가 염파를 우연히 만났다. 염파는 부하들을 시켜 인상여의 길을 막았고 인상여는 집으로 돌아갈 수밖에 없었다. 염파는 더욱더 의기양양 해졌고 이 일을 가는 곳마다 떠들었다. 인상여의 문객(門客)들이 "더 이상은 참지 못하겠습니다. 왜 염파를 두려워하십니까?" 라고 물었다. 인상여가 문객들에게 묻기를 "염파와 진왕(秦王) 중에서 누가 더 강하오?" "그야 진왕이 더 강하지요"라고 문객들이 답했다. 인상여는 또 말하기를 "나는 진왕도 두렵지 않은데 염파를 두려워 하겠오? 진나라가 조나라를 넘보지 못하는 것은 나와 염파 장군이 문무(文武)로 함께 버티고 있기 때문이오. 내 어찌 사사로운 원한으로 나라의 사직을 돌보지 않겠소."

이 이야기를 전해 들은 염파는 너무 부끄러웠다. 옷을 벗고 가시나무를 메고는 인상여의 집에 이르러 죄를 청했다. 두 사람은 서로를 좋아하게 되어 목(頸)을 베어도(刎) 아깝지 않을 우정을 나누었다.

벨 刎, 목 頸, 의 之, 사귈 交

25. 반문농부(班門弄斧: 班门弄斧: bān mén nòng fǔ)

노반(魯班)은 고대의 유명한 장인(匠人)이다. 특히 목공에 뛰어나서 도끼(斧)를 가지고 목기를 만드는 데 소질을 발휘하여 신부(神斧: 신의 도끼)라는 호칭을 얻었다.

명(明)나라의 시인인 매지환(梅之渙)은 이백(李白)의 무덤에 들렀을 때, 많은 시인들이 이백을 추모하며 써 넣은 시들을 보고 이를 비웃으며 "노반의 문 앞에서 도끼질을 자랑하는구나(魯班門前弄大斧)"라고 읊었다.

이때부터 사람들은 주제넘은 짓을 하는 것을 '노반(魯班) 앞에서 도끼(斧) 쓰는 것'이라 비유하였고 자신의 겸손함을 나타낼 때 쓰기도 한다.

나눌 班, 문 門, 희롱할 弄, 도끼 斧

26. 반복퇴고(反復推敲: 反复推敲: fǎn fù tuī qiāo)

당나라 시절 유명한 시인인 가도(賈島)에 얽힌 이야기이다. 그는 시를 쓸 때 시구(詩句) 하나하나를 아주 엄격하게 골라 쓰는 사람이었다.

어느 날, 나귀를 타고 가며 시를 짓는데, "조숙지변수(鳥宿池邊樹) 승추월하문(僧推月下門): 새는 연못가 나무에서 잠들고 스님은 달 아래 문을 미네"이라는 구절을 두고 고민하다가 아무래도 '퇴(推: 밀다)' 대신에 '고(敲: 두드리다)'가 더 낫다는 생각을 하였다. 하지만 또 생각하니 '퇴(推)'가 나은 것도 같았다. 골똘히 생각하며 동작도 하면서 고개를 숙이고 가다가 반대쪽에서 오던 한유[韓愈: 유명한 문장가로 당송팔대가(唐宋八大家)의 한 사람이며 고관을 지냄] 일행과 부딪히고 말았다. 사유를 들은 한유는 '고(敲)'가 낫다고 추천했다.

반복퇴고(反復推敲)는 어떤 일을 도모함에 있어 여러 차례 고민하고 최선을 다해서 철저하게 처리하려는 태도나 상황을 일컫는다. 보고서나 중요한 문서는 반복해서 퇴고해야 한다. 특히 밤에 쓴 보고서는 다음날 아침에 다시 보아야 한다. 밤에는 감성에 치우치기 쉬워 당초의 방향성을 잃기 쉽다. 다른 사람이 내가 쓴 보고서를 다시 검증해 주는 것도 좋은 방법이다. 내가 볼 때는 안 보이던 오류가 다른 사람이 볼 때는 잘 드러나는 경우가 많다.

돌이킬 反, 회복할 復, 밀 推, 두드릴 敲

27. 발묘조장(拔苗助長: 拔苗助长: bá miáo zhù zhǎng)

춘추시대, 송(宋)나라에 성격이 아주 급한 사람이 있었다. 모종을 심은 후에 매일 밭에 가서 얼마나 자랐는지 확인하고는 하였다. 며칠이 지나도 자라는 기색이 없자 마음이 급해졌는데, 하루는 좋은 생각이 났다.

그는 바로 밭에 가서 모종을 뽑아서 조금씩 높게 하였다. 상당히 자란 모습을 보고는 마음 속으로 기뻤다. 밭에 심어놓은 모든 모종을 조금씩 뽑아서 키를 크게 하였다. 집으로 돌아와 아들에게 말하기를 "오늘은 아주 피곤하구나. 하루종일 모종의 키를 크게 하였단다." 이 얘기를 들은 아들은 기쁜 마음에 밭으로 가보았다. 그런데 밭에 있던 모종이 고개를 푹 숙이고 죽어 있는 것이 아닌가?

발묘조장(拔苗助長)은 사물이나 일의 완성에 필요한 시간과 조건은 고려하지 않고, 그저 결과만 빨리 얻으려고 하다가 일을 그르치고 마는 것을 비유한다. 조건이 성숙되지도 않았는데 무리하게 일을 추진하면 엄청난 부작용이 있을 수 있다. 사안에 따라서는 회복이 불가능할 수도 있다. 급할수록 돌아가라는 말은 그래서 생겨난 것이다.

뺄 拔, 싹 苗, 도울 助, 긴 長

28. 백발백중(百發百中: 百发百中: bǎi fā bǎi zhōng)

전국시대, 진(秦)나라에 백기(白起)라는 장수가 있었다. 한(韓), 조(趙) 등 여러 나라를 이기고 위(魏)나라의 수도인 대량(大梁)을 공격하려고 하였다. 당시 몰락해 가던 주(周) 왕실은 크게 긴장하였는데, 대량을 공격하기 위해서는 주 왕실이 있는 곳을 지나가야 했기 때문이다.

이때 주 왕실에는 소려(蘇厲)라는 신하가 있었는데 스스로 사신을 자청하여 백기를 만나서 말했다. "춘추시대 초(楚)나라에 양유기(養由基)라는 신궁이 있었는데 활 쏘는 솜씨가 대단했다고 합니다. 백 보 밖에서도 버드나무잎을 맞출 수 있었다고 하며 수십 차례를 쏘아도 다 맞추었다고 합니다. 다른 사람들은 다 박수를 치면서 칭찬했는데, 그때 어떤 노인이 나서서 말했다고 합니다." 노인은 "내가 당신에게 활 쏘는 방법을 가르칠 수는 없지만 스스로를 보호하는 방법을 가르쳐 드릴 수는 있습니다. 백 보 밖에서 버드나무잎을 맞추는 것은 대단한 일입니다. 하지만 계속 그렇게 한다면 신체가 피로해질 것이고 기력이 달릴 수가 있습니다. 만일 한 번이라도 실수한다면 지금까지의 명성에 크게 누가되지 않겠소?"

소려는 옛날 이야기를 마치고 나서 백기에게 "장군께서는 이미 한(韓)과 조(趙)를 이기고 백전백승(百戰百勝)을 하였소. 이제 다시금 주 왕실의 근거지를 지나 대량을 공격하다가 실패하게 된다면 앞서 세운 전공이 다 무위가 될 것이오. 병을 핑계로 출병하지 않는 것이 어떻겠소?"라고 하였다. 하지만 백기는 이 말을 다 듣고도 소려의 말을 무시하고 계획대로 위(魏)를 공격하여 승리를 거두었다.

백발백중(百發百中)은 양유기(養由基)라는 신궁에서 유래한 말인데, 문제를 정확하게 맞추거나 계획한 일이 실패 없이 적중할 때를 일컫는 말이다.

일백 百, 쏠 發, 일백 百, 맞힐 中

29. 사면초가(四面楚歌: 四面楚歌: sì miàn Chǔ gē)

진(秦)나라 말기, 유방(劉邦)의 한(漢)나라와 항우(項羽)의 초(楚)나라는 천하를 두고 전쟁을 벌였다. 한나라 군사들은 한신(韓信) 장군의 지휘 아래 초나라 군사를 해하(垓下)라는 곳에서 포위하였다. 초나라의 형세는 위급하게 되었고 항우의 근심도 깊어졌다. 깊은 밤, 항우가 어떻게 하면 포위를 풀 수 있을까 고민을 하는데 사면(四面)에서 초(楚)나라 노래(歌)가 들려왔다.

항우는 깜짝 놀라서 물었다. "한나라 군사가 초나라를 다 점령했다는 말인가? 어떻게 그 많은 사람들이 초나라 노래를 부른단 말인가?" 사실 초나라 노래를 부르는 사람들은 초나라 사람들이 아니라 한나라 군사들이었다. 초나라 병사들은 땅을 전부 잃은 것으로 생각하였고 싸울 마음이 없어지고 말았다. 그날 밤 항우는 포위를 뚫고 오강(烏江)에 도달했으나 강동(江東)으로 돌아갈 면목이 없음을 깨닫고 자살하고 말았다.

사면초가는 사면이 모두 적으로 둘러싸인 채 고립되어 위기에 처한 상황을 일컫는 말이다.

넉 四, 낯 面, 초나라 楚, 노래 歌

30. 삼고모려(三顧茅廬: 三顾茅庐: sān gù máo lú)

한(漢)나라 말기에 유비(劉備)는 목 마른 듯이 현자(賢者)를 찾아 나섰는데, 인재를 광범위하게 영입하여 중국을 통일하는 대업을 이룩하고자 함이었다. 융중(隆中)의 와룡강(臥龍岡)에 은거하고 있는 제갈량이 기재(奇才)라는 얘기를 듣고는 관우와 장비를 앞세우고 융중으로 갔다.

그러나 그들이 간 날, 제갈량은 공교롭게도 집에 없었다. 며칠 후 다시 찾아 갔으나 또 볼 수가 없었다. 세 번째 갔을 때 서동(書童)이 얘기하기를 제갈량이 모옥(茅屋)에서 낮잠을 자고 있다는 것이었다. 유비, 관우, 장비는 문 밖에서 기다렸다. 오랫동안 나오지 않자 장비는 화가 나서 "초당에 불을 지르는 것이 좋겠구먼, 그러면 지가 안 나오고는 못 베길 거 아냐." 유비는 동생들이 말도 못하게 하고는 한참을 기다렸다.

마침내 제갈량이 나왔다. 그는 유비의 정성에 감복하여 출산(出山) 후 도울 것을 약속하였고, 유비는 제갈량의 도움에 힘입어 촉(蜀)나라를 건국할 수 있었다. 삼고모려(三顧茅廬)는 진심으로 정성을 다하여 사람을 모시거나 가르침을 구하여 일을 도모하는 것을 일컫는 말이다.

석 三, 돌아볼 顧, 띠 茅, 농막 廬

31. 삼십육계(三十六計: 三十六计: sān shí liù jì)

『삼십육계(三十六計)』는 『손자병법(孫子兵法)』, 『전국책(戰國策)』, 『삼국연의(三國演義)』 등에 나오는 여러 전술을 묶어 편찬한 병서(兵書)이다. 현장에서 바로 활용할 수 있는 전술 중심으로 서술되어 있기 때문에 군사작전은 물론이고 기업 경영에 참고하기에 용이하다.

삼십육계는 크게 승전계(勝戰計), 적전계(敵戰計), 공전계(攻戰計), 혼전계(混戰計), 병전계(幷戰計), 패전계(敗戰計)의 6편으로 구성되어 있다. 앞의 세 가지는 아군이 이기고 있을 때의 계책이고, 뒤의 세 가지는 아군이 지고 있을 때의 계책이다. 각각의 계책 안에 여섯 가지의 세부 계책이 있어 총 36가지 전술이 있다.

승전계(勝戰計)는 아군의 세력이 우세할 때 신속하고 완벽하게 승리를 쟁취하기 위한 전략이다.
제1계 만천과해(瞞天過海): 하늘을 속이고 바다를 건너듯 적이 예상 못하게 하라.
제2계 위위구조(圍魏救趙): 위나라를 포위해 조나라를 구하듯 우회 전술을 펴라.
제3계 차도살인(借刀殺人): 남을 죽이는 칼은 빌려서 써라.
제4계 이일대로(以逸待勞): 나는 편안하게 있으면서 적의 수고로움을 기다려라.
제5계 진화타겁(趁火打劫): 불 났을 때를 이용하여 적에게 겁을 주어라.
제6계 성동격서(聲東擊西): 동쪽에서 소리치고 서쪽을 공격하라.

적전계(敵戰計)는 세력이 비슷할 때 기묘한 계략으로 적군을 미혹시켜 승리하는 전략이다.
제7계 무중생유(無中生有): 허와 실을 뒤섞어 적을 현혹시켜라.
제8계 암도진창(暗渡陳倉): 유방이 몰래 진창을 건너듯이 우회하여 기습하라.
제9계 격안관화(隔岸觀火): 상대방에게 내분이 일어나면 불구경하면서 기다려라.
제10계 소리장도(笑裏藏刀): 겉으로는 웃으면서 칼을 숨겨라.

제11계 이대도강(李代桃僵): 복숭아를 위해서라면 자두는 버려라.

제12계 순수견양(順手牽羊): 틈이 있으면 양이라도 끌고가 작은 이익이라도 챙겨라.

공전계(攻戰計)는 자신을 알고 적을 안 다음 계책을 모의하여 적을 공격하는 전략을 말한다.

제13계 타초경사(打草驚蛇): 풀을 두드려 뱀을 놀라게 하라.

제14계 차시환혼(借尸還魂): 주검이라도 빌려 혼을 찾듯이 판을 바꾸어라.

제15계 조호이산(調虎離山): 호랑이는 꾀어내어 산을 떠나게 하라.

제16계 욕금고종(欲擒故縱): 큰 것을 잡으려면 작은 것은 풀어 주어라.

제17계 포전인옥(抛磚引玉): 벽돌을 버려서 옥을 얻어라.

제18계 금적금왕(擒賊擒王): 적을 잡으려면 우두머리부터 잡아야 한다.

혼전계(混戰計)는 적이 혼란한 와중을 틈타 승기를 잡는 전략이다.

제19계 부저추신(釜低抽薪): 솥을 식히려면 솥 밑의 장작을 꺼내라.

제20계 혼수모어(混水摸魚): 물이 흐려져서 어지러울 때 고기를 잡아라.

제21계 금선탈각(金蟬脫殼): 매미가 허물을 벗듯 위기를 모면하라.

제22계 관문착적(關門捉賊): 문을 닫아 걸고 적을 잡아라.

제23계 원교근공(遠交近攻): 멀리는 친하고 가까운 적은 공격하라.

제24계 가도벌괵(假途伐虢): 기회를 잘 이용하여 세력을 확장하라.

병전계(幷戰計)는 언제든지 적이 될 수 있는 우군을 배반하고 이용하는 전략이다.

제25계 투량환주(偸梁換柱): 대들보를 훔쳐 기둥으로 사용하듯이 적을 속여라.

제26계 지상매괴(指桑罵槐): 뽕을 가리키며 홰나무를 꾸짖듯 우회적으로 겁주라.

제27계 가치부전(假痴不癲): 어리석은 척하되 미치지는 말면서 상대를 안심시켜라.

제28계 상옥추제(上屋抽梯): 지붕으로 유인한 다음 사다리를 치워버려라.

제29계 수상개화(樹上開花): 나무 위에 꽃이 핀 것처럼 허장성세로 적을 속여라.

제30계 반객위주(反客爲主): 손님으로 가서 도리어 주인 노릇을 하라.

패전계(敗戰計)는 열세를 우세로 바꾸어 패배를 승리로 이끄는 전략이다.

제31계 미인계(美人計): 미인을 이용해서 적을 유인하라.

제32계 공성계(空城計): 성문을 열어 두어 적의 의구심을 자극하라.

제33계 반간계(反間計): 적의 첩자를 역이용하라.

제34계 고육계(苦肉計): 자신을 희생해 적을 안심시켜라.

제35계 연환계(連環計): 여러 계책을 연결시켜서 적이 스스로를 옭아매게 하라.

제36계 주위상(走爲上): 불리할 때는 도망갔다가 후일을 도모하는 것이 낫다.

32. 삼인성호(三人成虎: 三人成虎: sān rén chéng hǔ)

한비자(韓非子)에 나오는 이야기에서 유래하였다. 춘추전국시대, 위(魏)나라의 태자가 조(趙)나라에 인질로 가게 되었는데 신하인 방공(龐恭)이 태자를 수행하게 되었다. 방공은 걱정되는 것이 있어 위왕(魏王)인 혜왕(惠王)을 만났다.

방공이 혜왕에게 물었다. "시장에 호랑이가 나타났다고 하면 대왕께서는 믿으시겠습니까?" "믿지 않을 것이오." "두 번째 사람이 와서 같은 말을 하면 어떻겠습니까?" "그래도 믿지 않을 것 같소." "세 번째 사람이 와서 시장에 호랑이가 나타났다고 또 얘기하면 어떻겠습니까?" "그렇다면 믿지 않을 도리가 있겠소?"

방공은 매우 불안해졌다. 그는 혜왕에게 "시장에 호랑이가 나타나는 것은 있을 수 없는 일인데 세 사람(三人)이 말하면 호랑이(虎)가 있게 됩니다(成)"라고 하면서 자신이 조나라로 떠난 후 다른 사람들이 자신을 음해하더라도 절대로 믿지 말라고 신신당부하였다. 그러나 방공이 조나라로 떠난 후 그를 비방하는 말들이 많았으며 혜왕의 의심도 깊어갔다. 3년 후에 태자와 함께 방공도 귀국하였으나 혜왕은 상을 주지 않았음은 물론 만나주지도 않았다.

우리 주변에도 이런 일들이 많다. 가짜뉴스라고 할지라도 그것이 계속해서 되풀이 되면 여러 사람들이 믿게 된다. 또는 듣고 싶은 이야기일수록 가짜뉴스라도 믿게 되는 경우를 자주 본다.

석 三, 사람 人, 이룰 成, 범 虎

33. 새옹실마(塞翁失馬: 塞翁失马: sài wēng shī mǎ)

전국시대, 변방(塞)에 노인(翁)이 살고 있었다. 어느 날 키우던 말 한 마리가 사라졌다. 이웃 사람들이 그를 위로했으나 그는 "말 한 필 잃은 것은 손실이 아니오. 복이 올 것 같소이다"라고 말했다. 과연 얼마 후 집 나간 말이 흉노 지역의 준마(駿馬)와 함께 돌아왔다.

이웃 사람들이 그를 축하했으나 노인은 "말 한 필을 쉽게 얻기는 했으나 좋은 일이 아니고 불행한 일이 있을 수도 있소이다"라고 말하며 기뻐하지 않았다. 과연 얼마 후 아들이 그 말을 타다가 떨어져서 다리가 부러지고 말았다. 이웃 사람들이 또 찾아와서 노인을 위로하였다. 하지만 노인은 "다리를 다쳤으나 생명을 보전하였으니 이 또한 복이라고 할 수 있소"라고 말하며 슬퍼하지 않았다.

얼마 후 흉노가 크게 군사를 일으켜 쳐들어 왔고, 변방의 젊은이들이 모두 소집되었으나 새옹(塞翁)의 아들은 다리를 다친 관계로 소집되지 않았다. 그 전쟁은 피해가 아주 심해서 소집된 병사들의 대부분이 죽었다.

인생지사 새옹지마라는 말이 있다. 지금 당장 나쁜 일이 있다고 하더라도 크게 실망하지 말고 때를 기다리면, 상황이 바뀌어서 오히려 복이 되는 경우가 수없이 많다. 때로는 느긋하게 상황이 바뀌기를 기다리는 것이 필요하다.

변방 塞, 늙은 이 翁, 잃을 失, 말 馬

34. 성동격서(聲東擊西: 声东击西: shēng dōng jī xī)

초한(楚漢)이 다투던 때, 유방에게 귀순하였던 위왕 표(豹)는 초군의 세력이 강한 것을 보고는 한군을 떠나 항우 편에 서서 반한(反漢)을 선포하였다. 이에 유방은 한신(韓信)으로 하여금 위왕 표(豹)를 치라고 하였다. 한신이 병사들을 이끌고 전선에 도달해 보니 지세가 험준하고 적병들도 강한 것을 알 수 있었다. 한신은 계책을 꾸몄다. 포판(蒲坂)이라는 지역의 건너편에 군영을 차리고는 낮에는 훈련하면서 소리를 지르고 밤에는 등(燈)과 봉화(烽火)를 올리면서 이쪽에서 도하할 것처럼 하였다. 그러면서 주력군은 몰래 북쪽으로 이동시켜 하양(夏陽)에서 강을 건넜다. 전혀 예상하지 못했던 적군은 대패하였고 위왕 표(豹)도 사로잡히고 말았다.

성동격서(聲東擊西)는 동(東)쪽을 치는 척 시끄럽게(聲) 하고는 실제로는 몰래 서(西)쪽을 치는(擊) 전술 혹은 행위를 말한다. 비즈니스 세계에서 자주 볼 수 있는 작전이다. 실제 수주하고 싶은 건이 있을 때 경쟁업체를 안심시키기 위하여 다른 건을 적극 검토하는 것처럼 소문을 내는 것이다. 상대를 안심시켜 대비하지 않게 해놓고 상대가 예상하지 못한 곳을 공략하는 것은 전통적인 전술이다.

소리 聲, 동녘 東, 칠 擊, 서녘 西

35. 소리장도(笑裏藏刀: 笑里藏刀: xiào lǐ cáng dāo)

당나라 시절의 이의부(李義府)라는 사람과 관련된 성어이다. 집안이 가난하였으나 열심히 공부하여 당 태종때 과거에 급제하였고 문장에 능했다. 천성적으로 아첨을 잘해서 승진도 빨랐다.

당 고종(高宗)이 무측천(武則天)을 황후로 삼으려고 했을 때 이를 적극 지지하여 고종의 신임을 얻었다. 그는 온화하고 겸손하며 항상 미소를 잃지 않았지만 음험한 구석이 있어서 그에게 맞서거나 순종하지 않는 사람은 꼭 해쳤기 때문에 그에게는 '소중도(笑中刀: 웃음 속의 칼)'라는 별호가 붙었다. 한 번은 사형수 가운데 미녀가 있었는데 간수를 시켜 출옥시킨 후 데리고 놀았다. 법을 주관하는 관원이 황제에게 보고하였는데 간수는 두려워 자살하였으나 이의부는 아무 일이 없었다. 하지만 이의부의 전횡이 그리 오래가지는 못하였다. 황제의 인사권까지 침해하는 일들이 일어나자 고종의 화를 사게 되었고 유배를 가서 죽었다.

소리장도(笑裏藏刀)는 웃음 속에 비수를 감춘다는 뜻으로 시작되었으나, 병법에 활용되면서 적의 경계심을 늦춘 후 함정에 빠뜨리는 계책이 되었다.

웃을 笑, 속 裏, 감출 藏, 칼 刀

36. 수적석천(水滴石穿: 水滴石穿: shuǐ dī shí chuān)

장괴애(張乖崖)라는 청렴한 현령이 있었다. 한 번은 창고를 순시하는데, 창고를 관리하는 관원이 동전 하나를 옷 속에 숨기는 것을 보았다. 장괴애는 아무런 일 없다는 듯이 행동하는 관원을 보고는 놀라고도 화가 치밀었다. 사람을 보내서 잡아온 다음 심문을 했다. 창고 관리는 참을 수 없다는 듯이 큰 소리로 반항했다. "동전 하나가 뭐 그리 대수인가?"

장괴애는 붓을 들어 다음과 같이 썼다. "일일일전(一日一錢), 천일천전(千日千錢), 승거목단(繩鋸木斷), 수적석천(水滴石穿)", 즉 "하루 한 잎의 동전이면 천 일이면 천 잎의 돈이요. 노끈(繩)으로 톱질(鋸)을 하여도 나무(木)를 베며(斷), 물(水) 방울(滴)이 떨어져서 돌(石)을 뚫는다(穿)"는 말이었다. 창고 관리는 이 글을 보고는 다시 소리 지르지 않았다.

승거목단(繩鋸木斷), 수적석천(水滴石穿)은 일을 함에 있어 조금씩이라도 꾸준히 하는 것이 중요하며 성실하면 어떤 어려운 일도 능히 할 수 있다는 뜻으로 쓰이는 말이 되었다.

노끈 繩, 톱 鋸, 나무 木, 끊을 斷 / 물 水, 물방울 滴, 돌 石, 뚫을 穿

37. 수주대토(守株待兎: 守株待兔: shǒu zhū dài tù)

한비자(韓非子)에 나오는 이야기이다. 춘추시대, 송(宋)나라의 농부가 하루는 밭에서 일을 하고 있는데 산토끼 한 마리가 밭에 뛰어들어와 이리저리 쫓아 다니더니 나무 그루터기에 부딪혀 목뼈가 부러져 죽었다. 농부는 기뻐하며 토끼를 들고 집으로 가서 맛있게 먹었다.

그 다음날 농부는 농기구는 버려둔 채 그 나무 그루터기 옆에 앉아 다른 토끼가 뛰어오기를 기다렸다. 농사 짓는 것 보다는 훨씬 수지타산이 맞는 것 같았기 때문이다. 하루, 이틀, 열흘이 지나 반년이 지나도 산토끼는 나타나지 않았고 농사만 망쳤다.

'수주대토(守株待兎)'란 우연한 행운이 다시 일어날 거라고 헛되이 기대하거나 되지도 않을 일을 요행을 바라고 고집하는 어리석음을 비유한다. 토끼가 밭에 뛰어들어 나무 그루터기에 부딪혀서 죽을 가능성이 얼마나 될까?

지극히 작은 가능성에 메달려서 본업을 등한시하면 사업 전체가 곤란에 빠진다. 회사의 주력사업을 무시하는 경영자들이 있다. 주력사업은 그대로 잘 확장하면서 위험성이 높은 신규 사업을 개척하고 육성해야 하는데, 기존의 주력부문에서 일하는 사람들의 사기를 꺾고 지원을 등한시하는 어리석은 최고경영자를 일류기업에서도 볼 수 있다.

지킬 守, 그루터기 株, 기다릴 待, 토끼 兎

38. 순망치한(脣亡齒寒: 唇亡齿寒: chún wáng chǐ hán)

춘추전국시대, 진(晉)나라는 괵(虢)나라를 합병하려고 하였는데 중간에 우(虞)나라가 있어서 여의치 않았다. 괵나라를 치려면 우나라를 지나가야 했던 것이다. 진의 헌공(獻公)이 이를 걱정하여 대부 순식(荀息)에게 상의하자 순식이 말하기를 "우나라의 군주는 재물을 밝히는 자이니 명마와 보물을 선물하십시오. 잠시 맡겨 두었다가 우나라도 합병한 다음에 다시 찾으면 됩니다." 진 헌공은 순식의 의견을 들었고 이 선물은 우나라에 전달되었다. 우나라 군주는 선물에 혹하여 길을 빌려 주려고 하였다.

우나라 대부(大夫) 궁지기(宮之奇)는 정색을 하고 군주에게 말하였다. "진은 대국이며 괵과 우는 작은 나라이지만 서로 우호적인 관계입니다. 입술(脣)과 이빨(齒)의 관계라고 할 수 있습니다. 이빨이 빠지면 입술이 들어가서 함몰하고 입술이 없어지면 이빨이 차가워집니다. 두 나라는 서로 도우며 살아야 하고 하나가 없어지면 버틸 수 없습니다"라고 하였다. 그러나 우나라 군주는 궁지기의 말을 듣지 않았고, 진나라는 먼저 괵나라를 쳐부순 다음에 우나라도 합병시키고 말았다. 선물로 주었던 명마와 보물도 찾을 수 있었다.

순망치한(脣亡齒寒)은 입술이 없으면 이가 시리다는 뜻으로 서로 상호 보완적인 관계로 하나가 없으면 다른 하나가 위태로울 때 쓰이는 말이다.

입술 脣, 잃을 亡, 이 齒, 찰 寒

39. 약법삼장(約法三章: 约法三章: yuē fǎ sān zhāng)

한(漢)나라를 세운 유방(劉邦)과 장량(張良)에 얽힌 고사이다. 장량은 일찍이 진시황을 암살하려 했으나 실패하고 도망 다니다 유방을 만나 그의 참모가 되었다. 유방이 함양(咸陽)을 점령하고 연회를 베풀었는데, 장량은 즐기지 않고 근심이 있는 듯 했다. 유방이 그 이유를 물으니 "백성들은 진(秦) 왕조의 가혹한 법률 때문에 고통스러웠고 지금도 같은 상황인데 이런 민심을 어떻게 달랠 것인지 고민해야 합니다"라고 말했다. 유방은 "생각을 못하고 있었는데 오늘에서야 깨달았소. 내가 생각할 시간을 주시오."

며칠 후 유방은 함양의 영향력 있는 노인들을 불렀다, 이 자리에서 기존의 진나라 법률은 모두 폐지하고 세 가지의 간단한 법률만 약속하였다. 그 내용은 "첫째, 살인을 한 자는 사형에 처한다. 둘째, 사람을 상하게 한 자는 처벌을 받는다. 셋째, 도둑질한 자는 감금한다"였다. 이 얘기를 들은 백성들은 환호하였고 민심을 얻을 수 있었다.

약법삼장(約法三章)의 의미는 법이 너무 가혹하거나 복잡하면 오히려 실효성이 없고, 간단하지만 모두가 지킬 수 있어야 좋은 법이라는 뜻이다. 기업에서도 마찬가지 경우가 많다. 규칙과 기준이 많고 복잡할수록 지켜지지 않는 경우가 더 늘어난다.

약속할 約, 법 法, 석 三, 글 章

40. 양상군자(梁上君子: 梁上君子: liáng shàng jūn zǐ)

진식(陳寔)은 허창(許昌) 사람인데 한(漢)나라의 관원이었다. 하층민들의 고충을 잘 알았던 자로, 성품이 정직하고 공정하였으며 무슨 일을 하더라도 스스로에게 엄격하였다.

어느 해 수확이 잘 안되어 백성들의 생활이 어려워져 닭과 개를 훔쳐서 먹는 지경에 이르렀다. 어느 날 밤 도둑이 진식의 집에 들어와서 들보 위에 누워 있었다. 진식은 도둑을 보았지만 못 본 척 하고는 아들과 손자들을 불렀다. "사람은 마땅히 열심히 일하고 나서 쉬어야 한다. 나쁜 일을 하는 사람도 본성이 나쁜 것은 아닌데 나쁜 습관을 들였기 때문이고, 그러다가 나쁜 사람이 되는 것이다. 머리를 들어서 저 '들보 위의 군자(梁上君子)'를 보아라. 바로 그러한 사람이다."

들보 위의 도둑이 깜짝 놀라 내려와서 진식에게 죄를 청하였다. 진식이 말하기를 "너를 보니 나쁜 사람인 것 같지 않다. 방금 한 말을 잘 기억하고 열심히 공부하여 성공하기 바란다. 그렇지 아니하면 점점 더 가난해질 것이다"라고 했다. 진식은 도둑에게 비단 두 필을 주었으며 그를 바래다 주기까지 하였다. 이 일이 있은 후 허창 사람 들은 진식을 더욱 존경하게 되었다.

들보 梁, 위 上, 임금 君, 아들 子

41. 오십보소백보(五十步笑百步: 五十步笑百步: wǔ shí bù xiào bǎi bù)

전국시대, 위(魏)나라의 혜왕(惠王)은 훌륭한 임금이었다. 백성들의 복지를 위하여 많은 노력을 기울였으나 인구가 늘어나지 않는 것에 대하여 속상해 했다. 마침 맹자가 왔길래 그에게 물었다. "여러 제후들 중에서 나처럼 근면하면서 백성들의 생활에 마음을 쓰는 사람은 나밖에 없는 것 같소. 다른 나라의 인구가 줄지 않는 것이 이상합니다. 그 원인이 무엇인지 얘기해 줄 수 있겠소?"

맹자가 대답하기를 "이는 전투에서 오십보(五十步)를 도망간 병사가 백보(百步)를 도망간 병사를 비웃는(笑) 것과 같은 이치입니다. 대왕께서는 옆 나라의 제후들에 비하여 백성들에게 관심을 더 가지시기는 하지만, 전쟁도 좋아하시니 많이 죽기도 하지요. 어찌 인구가 늘기를 바라신단 말입니까?"

자신의 잘못은 돌아보지 않고 다른 사람의 흠과 잘못된 점만 얘기하는 사람이 있다. 따지고 보면 별 차이도 없는 경우가 대부분이다. 남을 탓하기에 앞서 자신의 잘못은 없는지 냉철하게 돌아보는 자세가 중요하다.

다섯 五, 열 十, 걸음 步, 웃을 笑, 일백 百, 걸음 步

42. 와신상담(臥薪嘗膽: 卧薪尝胆: wò xīn cháng dǎn)

춘추시대, 오(吳)나라와 월(越)나라가 격전을 치루었다. 그 결과 월나라는 오나라에 패하고 말았고 월나라왕 구천(句踐)은 포로가 되었다. 오나라는 구천을 3년 동안 구금하였는데 하인 다루듯이 이리저리 부렸고 잡일도 시켰다. 구천은 굴욕을 참고 인내했다.

월나라에 돌아온 후 복수하기로 결심한 구천은 편한 침대와 이불과 요를 치우고, 짚과 섶을 가져다 놓고 잠을 자고, 쓴 쓸개를 걸어 놓고는 그 쓴 맛을 보며 복수를 다짐하였다. 그는 이렇게 함으로써 그 3년간의 치욕과 교훈을 잊는 것을 경계하였고 나라를 잘 다스리자고 스스로를 격려하였다. 장기간의 준비가 끝나자 월나라는 다시 강성하게 일어서게 되었고 오나라를 쳐부수었다.

와신상담(臥薪嘗膽)은 섶(薪)에 누워서(臥) 잠을 자고 쓸개(膽)의 쓴 맛을 본다(嘗)는 뜻으로 각고의 노력을 통해 스스로를 격려하고 경계하여 더욱 강해진다는 뜻이다.

누울 臥, 섶나무 薪, 맛볼 嘗, 쓸개 膽

43. 우공이산(愚公移山: 愚公移山: Yú Gōng yí shān)

옛날 90세가 넘은 노인이 살고 있었다. 집 앞에 두개의 큰 산이 길을 막고 있었다. 어느 날, 우공은 가족회의를 열고 이 두 산을 파서 없애기로 하였는데 전 가족이 우공의 뜻을 따르기로 하였다. 우공은 가족들을 이끌고 산을 파서 흙을 발해에 퍼넣기 시작했다.

어떤 사람이 이 일을 보고 웃으면서 "참 어리석군요. 나이 많은 당신의 힘을 다써도 일부분도 옮기지 못할 것인데 하물며 큰 산 이라니." 그러나 우공은 "나는 늙었지만 아들이 있고, 아들에게는 손자가 있소. 자자손손 무궁무진한데, 저 산은 클 수가 없지 않소? 어찌 평평하게 만들 수 없다고 하시오?"라고 말했다.

그 후로 우공은 사람들을 격려하여 고난을 이기게 하는 상징이 되었다. 우공이산(愚公移山)은 마음을 굳게 먹고 곤란을 무릅쓰면 어떠한 일도 이룰 수 있다는 말이다. 세상을 살아가는 데도 우공이산의 정신이 필요한 것 같다. 당장에는 어렵고 힘들지만 언젠가 해야할 일이라면 끈기있게 꾸준히 하는 자세가 필요하다.

어리석을 愚, 공평할 公, 옮길 移, 뫼 山

44. 월하노인(月下老人: 月下老人: yuè xià lǎo rén)

당나라 초기의 일이다. 위고(韋固)라는 사람이 있었는데 청하군(淸河郡)에 가서 공부를 하면서 여관에서 묵게 되었다. 어느 날 손님 한 사람이 여자를 소개해 주겠다며 용흥사(龍興寺) 앞으로 가면 된다고 하였다. 위고는 큰 기대를 하고 새벽 같이 용흥사에 갔더니 달빛 아래 노인 한 분이 앉아 책을 뒤적이고 있었다.

"영감님, 무슨 책을 읽고 있습니까?" "이건 일반적인 책이 아니라 천하 사람들의 혼인 장부일세" "그럼 그 보자기 안에는 무엇이 있습니까?" "이건 붉은 끈인데 부부의 다리를 이어주는 것이오. 사람은 태어나면 다른 사람과 맺어지게 되어 있고 나중에는 결혼하게 된다오. 당신의 다리도 이미 연결되어 있는데 뭣하러 힘들게 찾아다니시오?" 위고가 물었다. "그렇다면 나의 처는 어디에 있소? 집안은 뭐하는 집안이오?" 노인이 말하기를 "당신이 묵고 있는 여관의 북쪽에 있는 채소장수 진아파(陳阿婆)의 딸이오." 잠시 후, 날이 밝았는데 노인은 어떤 여인을 가리키며 "바로 저 사람이 당신의 장모요. 안고 있는 여자 아이가 당신의 처(妻)라오." 위고는 화가 났다. "정말 황당하군요. 저런 누추한 노파가 내 장모라니요. 그리고 저렇게 어린 아이가 나의 처라니 말도 안됩니다." 노인은 하하 웃더니 사라져 버렸다. 위고는 사방을 둘러보았으나 아무도 나타 나지 않아 여관으로 돌아갈 수밖에 없었다.

14년 후, 위고는 대관(大官)이 되었고 장가를 가게 되었다. 아내는 아주 예쁜 17살이었다. 둘은 서로 사랑하면서 사이가 아주 좋았다. 어느 날 아내가 자신의 집안 얘기를 했다. 원래 벼슬을 하던 집안인데 자라기는 청하군의 채소가게 진아파의 집에서 자랐고 열 살이 되어서야 부모에게 돌아갈 수 있었다는 것이다. 위고는 용흥사의 일이 생각났다. 달 아래 노인(月下老人)의 말이 맞았던 것이다.

달 月, 아래 下, 늙을 老, 사람 人

45. 이대도강(李代桃僵: 李代桃僵: lǐ dài táo jiāng)

고대의 시를 모은 『악부시집(樂府詩集)』에 실려있는 「계명(鷄鳴)」이라는 시의 구절에서 유래한 말이다. 계명은 세 개의 단락으로 구성되어 있는데 마지막 단락은 형제간의 불화를 풍자하고 있다. 다섯 형제 중의 하나가 죄를 지어 감옥에 가게 되었는데 그 기간 동안 다른 형제들은 자기들의 이익만 살피고 어려움에 처한 형제에 대해서는 안부도 묻지 않는 모습을 풍자하고 있다.

"복숭아나무는 우물가에서 자라고, 자두나무는 그 옆에서 자랐네. 벌레가 복숭아나무 뿌리를 갉아먹으니, 자두나무가 복숭아나무를 대신하여 죽었네. 나무들도 몸으로 대신 희생하는데, 형제는 오히려 서로를 잊는구나(桃生露井上, 李樹生桃旁. 蟲來齧桃根, 李樹代桃僵. 樹木身相代, 兄弟還相忘)."

이처럼 '이대도강(李代桃僵)'이라는 말은 처음에는 형제간에 서로를 돕고 희생해야 한다는 의미였으나 병법(兵法)에 응용되면서 작은 것을 내어주고 큰 것을 취하라는 의미로 바뀌어서 사용되고 있다.

오얏 李, 대신할 代, 복숭아 桃, 넘어질 강 僵

46. 이이제이(以夷制夷: 以夷制夷: yǐ yí zhì yí)

한(漢)나라 시대, 호강교위(護羌校尉)를 맡고 있던 장견(張紟)이 강족(羌族)의 수장을 죽였는데 강족의 분노를 사게 되었고 이들은 한나라로 쳐들어 왔다. 황제는 크게 걱정하였고 등훈(鄧訓)이 장견을 대체하게 되었다.

강인(羌人)들의 대장이었던 미당(迷唐)은 만여 명의 기병을 이끌고 국경에 이르렀는데 등훈을 바로 공격하지는 못하고 소월씨(小月氏)를 협박하여 등훈을 공격하고자 하였다. 그러나 소월씨는 매우 용감하였고 강인들과 전쟁을 벌여 자주 이기고는 하였으므로 미당에게 복종하지는 않았다. 이에 미당은 먼저 소월씨를 공격하기에 이르렀다.

한나라 사람들이 말하기를 "강인들이 서로 공격하니 우리에게는 좋은 일이오. 오랑캐(夷)로 하여금(以) 오랑캐(夷)를 치니(制) 우리는 간섭할 필요가 없겠소"라고 하였다.

써 以, 오랑캐 夷, 제어할 制, 오랑캐 夷

47. 일의대수(一衣帶水: 一衣带水: yī yī dài shuǐ)

수(隋)나라를 건국한 문제(文帝) 양견(楊堅)과 관련한 고사이다. 그는 북조(北朝)를 평정한 북주(北周)의 장군이었으나 양위(讓位)의 형식으로 황제가 된 다음 수를 건국하였다. 한편 남조(南朝)는 진(陳)나라의 진숙보(陳叔寶)가 통치하고 있었는데 그는 음악, 춤, 시에 심취하여 정사를 돌보지 않는 등 군왕의 자질이 없는 사람이었다.

수문제는 중국을 통일할 좋은 기회가 왔다고 생각하고 전쟁을 결심하였다. 일부 대신들이 반대하기도 했으나 그는 "진나라의 임금이 방탕하고 백성들이 도탄에 빠져 있으니 그들을 구해야 한다. 의대(衣帶: 옷띠)만큼의 좁은 강물이 두려워 남쪽 백성들이 죽어가는 것을 보고 있을 수는 없다"라고 하면서 전쟁을 개시하였다. 589년 수문제의 50만 대군은 양자강을 건너 진나라를 공격하였고 진숙보를 사로잡았다. 이로써 중국 대륙은 다시금 통일된 제국이 되었다.

일의대수(一衣帶水)는 옷의 띠만큼 좁은 강물이라는 비유이며 거리가 가까워서 왕래가 쉽다는 표현이다.

한 一, 옷 衣, 띠 帶, 물 水

48. 일전쌍조(一箭雙雕: 一箭双雕: yī jiàn shuāng diāo)

남북조시대, 북주(北周)에 장손성(張孫晟)이라는 유명한 무장(武將)이 있었다. 말 위에서 활을 쏘면 아주 정확하게 사냥감을 맞힐 수 있었다. 그는 황제의 명령으로 돌궐(突厥)에 시집가는 공주(公主)를 호송하게 되었다. 돌궐에 도착하자 돌궐 국왕 섭도(攝圖)와 장손성은 잘 어울려서 자주 사냥을 하게 되었다.

어느 날 사냥을 나갔을 때, 멀리 하늘에 두 마리의 독수리가 날아다니는 것을 보게 되었다. 두 마리 독수리는 고기를 두고 다투고 있었는데 장손성이 재빨리 두 마리 독수리를 쏘아서 떨어뜨렸다. "우와, 화살 하나로 두 마리 독수리를 다 잡았다" 주위의 사람들이 환호하면서 장손성을 칭찬하였다.

일전쌍조(一箭雙雕)는 원래는 이처럼 활 쏘는 실력이 아주 좋다는 뜻이었으나 나중에는 한가지 일을 하면서 두가지 목적을 동시에 달성하는 경우를 일컫는 말이 되었다. 즉, 일석이조(一石二鳥)와 같은 의미로 쓰이게 된 것이다.

한 一, 화살 箭, 쌍 雙, 수리 雕

49. 입목삼분(入木三分: 入木三分: rù mù sān fēn)

왕희지(王羲之)의 글씨는 아름답고 기운이 넘쳤다. 이것은 그가 어릴 때부터 각고의 노력으로 연습한 결과이다. 연못 부근에서 글자 연습을 했는데 글씨를 쓰고 나서는 붓과 벼루를 연못물에 씻었다. 연습하는 시간이 길어지자 연못 전체가 검게 변했다고 한다.

한 번은 황제가 북쪽 교외에서 조상에게 제사를 지내게 되었는데, 왕희지로 하여금 목판에 제문(祭文)을 쓰게 한 다음, 목공을 보내어 이를 나무에 새기게 하였다. 글씨를 새기던 목공은 깜짝 놀랐다. 먹이 나무에 깊이 스며들어 칼이 나무(木)에 세 푼(三分)이나 들어갈(入) 때까지 여전히 묵(墨)의 흔적이 남아있었다.

입목삼분(入木三分)은 이런 고사에서 유래한 것인데, 필체의 힘이 있다는 것을 의미하거나 또는 견해나 분석이 아주 깊이가 있다는 의미로 쓰인다.

들 入, 나무 木, 석 三, 나눌 分

50. 자상모순(自相矛盾: 自相矛盾: zì xiāng máo dùn)

초(楚)나라 사람이 거리에서 병기(兵器)를 팔고 있었다. 처음에는 창을 하나 들고 휘두르더니 다음에는 방패를 들고 적군의 공격을 막아내는 것을 보여주었다. 장사꾼은 창을 들고 "이 창은 천하에서 제일 날카로운 창입니다. 어떤 방패라도 뚫을 수 있습니다"라고 떠들었다. 잠시 후에는 방패를 들고 "이 방패는 어떤 것보다 단단합니다. 이 방패를 뚫을 수 있는 물건은 없습니다."

구경하던 사람들 중에서 한 사람이 물었다. "그렇다면 방금 자랑했던 그 창으로 지금 당신 손에 잡고 있는 방패를 찌르면 결과가 어떻게 되는 겁니까?" 병기를 팔던 사람은 한 마디도 대꾸하지 못했다.

『한비자(韓非子)』에 실려 있는 이야기이다. 여기에서 유래한 '자상모순(自相矛盾)'이라는 성어는 말이나 행동의 전후가 서로 대립되는 경우를 일컫는다.

스스로 自, 서로 相, 창 矛, 방패 盾

51. 장구직입(長驅直入: 长驱直入: cháng qū zhí rù)

삼국시대, 조조(曹操) 수하에 서황(徐晃)이라는 대장이 있었다. 그는 용맹하고 싸움에도 능해서 조조의 칭찬과 사랑을 듬뿍 받았다. 한 번은 유비에게 점령당한 한중(漢中) 땅을 빼앗는 싸움에서 서황으로 하여금 양평(陽平)에서 적을 막으라고 하였는데 임무를 완성하였다. 서황은 곧이어 병사를 이끌고 조인(曹仁)을 지원하며 관우(關羽)를 공격하였다. 관우는 영채(營寨) 주변에 군사 장애물을 10겹 이상으로 설치하였으나 서황은 성동격서(聲東擊西) 전술을 펼쳐서 장애물을 넘어 영채를 공격하였고, 결국에는 관우를 패퇴시켜 맥성(麥城)으로 도망치게 하였다.

조조는 "내가 30여 년을 전투하면서 용병에 능한 여러 장수들의 이야기를 들었지만 장거리(長)를 달려(驅) 바로(直) 공격(入)하여 적의 포위를 뚫고 패퇴시키는 경우는 들어본 적이 없다"고 칭찬하였다.

장구(長驅)는 아주 먼 목적지를 향하여 신속하게 달리는 것을 말하며 장구직입(長驅直入)은 원거리를 거침 없이 전진하여 바로 공격하는 것을 일컫는다.

긴 長, 몰 驅, 곧을 直, 들 入

52. 정문입설(程門立雪: 程门立雪: chéng mén lì xuě)

북송(北宋)시대, 정호(程顥)와 정이(程頤)라는 대학자가 있었다. 두 형제는 서원(書院)을 열었는데, 배움을 청하는 사람들이 몰려 들었다. 그 중에서 양시(楊時)라는 사람은 하던 일도 그만두고 천 리를 멀다 않고 온 사람이었다. 하루는 양시와 그의 서원 친구인 유작(遊酢)이 공부를 하다가 문제를 풀지 못하자 스승에게 가서 물어보기로 했다.

스승의 집에 이르렀으나 정이는 의자에 기대어 잠이 든 상태였다. 유작이 문을 두드려 볼까 했지만 양시는 "스승님이 좀 더 휴식 하도록 하세"라고 했다. 둘이 문 밖에서 기다리는데 좀 지나자 하늘에서 눈이 오기 시작했다. 그래도 둘은 스승의 잠을 깨우지 않고 움직이지 않았다. 눈은 점점 더 많이 내려 쌓이게 되었고 머리, 어깨에 쌓여서 마치 눈사람이 된 듯했다. 정이가 깨어나서 문을 열자 눈이 하얗게 내리는 중에 양시와 유작이 서 있는 것이 아닌가?

후세 사람들은 이 고사를 일컬어 '정문입설(程門立雪)'이라 하였다. 스승을 존중하고 도리를 지키는 고귀한 정신을 뜻하는 말이 되었다.

한도 程, 문 門, 설 立, 눈 雪

53. 정인매리(鄭人買履: 郑人买履: zhèng rén mǎi lǚ)

정(鄭)나라 사람이 시장에 가서 신발을 사려고 했다. 집에서 발 치수를 먼저 쟀는데 치수 잰 것을 의자 위에 두고 시장으로 갔다. 이 물건 저 물건을 보다가 마음에 드는 신발을 발견하고는 치수를 재 놓은 것을 찾았으나 집에다가 두고 온 것을 알게 되었다.

서둘러 집으로 돌아와서는 치수 잰 것을 들고 시장으로 갔으나 이미 시장은 파하고 신발을 팔던 상인도 보이지 않았다. 고민하고 있을 때 어떤 사람이 물었다. "직접 신어보면 맞는 것인지 아닌지 바로 알 수 있지 않았소?" 정나라 사람이 말했다. "나는 치수를 잰 것은 믿어도 내 발은 믿을 수 없소."

정인매리(鄭人買履)라는 말은 자신의 신념만 고집하는 나머지 실제 상황은 고려하지 않는 사람이나 상황을 비유한다.

나라 鄭, 사람 人, 살 買, 신 履/밟을 履

54. 주마간화(走馬看花: 走马看花: zǒu mǎ kàn huā)

당나라 시대, 유명한 시인 중에 맹교(孟郊)라는 사람이 있었다. 가난한 집안에서 태어났으나 공부하기를 좋아했고 재주가 있었으나 과거에는 인연이 없어 번번이 낙방하였다.

하지만 그가 46세 되던 해인 797년 덕종(德宗)시절에 드디어 급제를 하였다. 좋은 옷을 입고 큰 말을 타고 장안성(長安城)을 유람하였는데, 기쁜 마음에 '등과후(登科後)'라는 시를 지었다. 시의 마지막 두 구절은 "춘풍득의마제질(春風得意馬蹄疾), 일일간진장안화(一日看盡長安花)"였다. 그 의미는 "말을 타고 유쾌하게 봄바람을 즐겼다. 하루 만에 장안성의 꽃들을 다 보았네"였다.

이렇게 주마간화(走馬看花)의 의미는 처음에는 뜻을 이룬 유쾌한 상황을 묘사한 것이었는데 현재는 바쁜 와중에 사물을 자세히 관찰하지 못한다든지 치밀하게 분석하지 않는다는 부정적인 의미로 쓰이게 되었다.

달릴 走, 말 馬, 볼 看, 꽃 花

55. 중지성성(衆志成城: 众志成城: zhòng zhì chéng chéng)

기원전 524년, 동주(東周)의 경왕(景王)은 화폐 주조 비용을 절약하기 위하여 작은 동전 10개를 큰 동전 하나로 바꾸는 화폐개혁을 실시하였다. 큰 동전으로 미처 교환하지 못한 백성들은 하루 아침에 큰 손해를 보았다. 엎친 데 덮친 격으로 경왕은 이번에는 싼 값으로 동전을 사들여 대종(大鐘)을 만들려고 하였다. 주홍(州鴻)이라는 사람이 반대하였다. "대종을 만드는 일은 많은 노동력과 재물을 써야 합니다. 만들어도 좋은 종소리가 나지 않을 것입니다. 백성들을 피로하게 하는 사업은 하지 않는 것이 좋겠습니다."

하지만 경왕은 대종을 만드는 사업을 계속했다. 마침내 종이 만들어지고 경왕이 직접 종을 울렸는데 소리가 좋고 멀리까지 들렸으며 여음도 길게 갔다. 행사에 참여했던 사람들은 종이 잘 만들어졌다며 칭찬 일색이었다. 경왕은 술을 가져오게 하여 제후, 사신들과 마시다가 문득 주홍이 생각났다. "종소리가 좋을 리 없다고 하지 않았느냐? 네가 듣는 이 종소리는 어떠냐?"

주홍이 대답했다. "좋은 종소리는 백성들이 듣기에 좋은 소리입니다. 이 종은 백성들의 피땀으로 만든 것인데, 음색이 좋다 하여도 백성들이 있는 곳에서는 그렇지 않을 것입니다. 어떤 일이라도 백성들의 지지가 있으면 쉽게 이룰 수 있다고 하였습니다. 여러(衆) 사람의 의지(志)가 모이면 견고한 장성(城)도 쌓을(成) 수 있다고 하였습니다." 왕은 할 말이 없었고 잔치는 자연히 중지되었다.

무리 衆, 뜻 志, 이룰 成, 성 城

56. 지록위마(指鹿爲馬: 指鹿为马: zhǐ lù wéi mǎ)

진시황 사후, 간신 조고(趙高)는 호해(胡亥)를 황제의 자리에 올렸으니 그가 진이세(秦二世)이다. 조고는 승상이 되어 대권을 쥐게 되었다. 그러나 조고는 여기에서 만족하지 않고 황제의 지위를 꿈꾸기에 이르렀다. 다만 대신들의 반대를 두려워했기에 그들의 의사를 먼저 떠보기로 하였다.

어느 날 조고는 사슴 한 마리를 가져오게 해서 호해에게 바치고는 대신들이 다 보는 앞에서 "이 말(馬)은 제가 특별히 황제에게 바치는 것입니다"라고 말했다. 황제는 "잘못 알았겠지요. 이건 사슴이요." 그러나 조고는 고집스럽게 "아닙니다. 이것은 말입니다. 믿지 못하시면 대신들에게 물어보십시오." 대신들은 조고의 위세에 눌려서 "맞습니다. 말입니다. 좋은 말입니다"라고 하였다. 다만 몇몇 대신들은 사슴이라고 하였는데 나중에 조고에 의해서 살해되고 말았다.

지록위마(指鹿爲馬)는 사슴(鹿)을 가리켜 말(馬)이라고 한다는 뜻인데, 흑백을 바꾸고 옳고 그름을 혼동시켜서 목적을 달성한다는 뜻이다.

세상살이에도 이런 일들이 있다. 조직 내에서 힘을 가진 사람이 어떤 사안을 강하게 주장하면 그의 눈치를 보던 사람들이 그 생각이 틀렸음을 알고 있음에도 불구하고 반대 의견을 말하지 않는다. 이런 상황이 몇 번 되풀이되면 그 조직은 점점 활력을 잃고 한 사람에 의해서 좌지우지 되다가 위기가 오면 망한다.

손가락 指, 사슴 鹿, 할 爲, 말 馬

57. 지상담병(紙上談兵: 纸上谈兵: zhǐ shàng tán bīng)

조괄(趙括)은 전국시대 조(趙)나라의 장군 조사(趙奢)의 아들이다. 어려서부터 병서를 즐겨 읽었고 부친과 병법과 군사 방면의 문제를 토론하고는 했는데 논리가 분명해서 조사도 그를 반박할 수 없었다. 그러나 조사는 아들을 인정하지 않았다. 조사의 아내가 물었다. "당신은 아들을 반박하지도 못하면서 왜 인정하지 않는 거예요?" 조사가 답했다. "전쟁을 하는 것은 아주 위험한 일이오. 조괄은 단지 종이(紙) 위에서(上) 병사를(兵) 논하는(談) 것이오. 만일 장군으로 쓴다면 전쟁에서 패할까 두렵소."

기원전 259년, 진(秦)나라 군대가 조나라를 쳐들어왔다. 조나라는 처음에는 염파(廉頗)를 장군으로 삼았으나 진나라의 이간계(離間計)에 말려 조괄에게 군대의 지휘를 맡기었다. 조괄은 병서에 있는 대로 작전을 구사했다. 그 결과 진나라 군대에게 포위되고 말았다. 양식은 떨어지고 군심이 흩어진 상황에서 40만 대군이 전멸하였고 본인도 화살에 맞아 죽고 말았다.

지상담병(紙上談兵)이라는 말은 문자로만 용병과 책략을 쓴다는 말인데, 실제 상황과는 관련 없이 공허한 논의를 하는 경우를 비유한다. 이러한 일은 큰 조직에서 흔히 볼 수 있는 일이다. 현장 지휘관들의 경험과 실제 상황은 무시한 채, 재무와 인사 같은 참모 부서의 논리적이지만 현실성 없는 주장이 더 설득력을 가지는 경우가 많다. 또한 사업이나 영업의 실전 경험은 하나도 없이 연구소나 대학 등에서만 근무하던 사람이 갑자기 사령관이 되어 지휘할 때, 조직은 혼란에 휩싸이고 시장의 신뢰를 잃게 된다.

종이 紙, 위 上, 말할 談, 병사 兵

58. 진충보국(盡忠報國: 尽忠报国: jìn zhōng bào guó)

남북조시대, 북주(北周)에 정직하고 충성스러운 대신이 있었는데 안지의(顏之儀)이다. 당시 북주의 선제(宣帝)가 1년도 안 되어 죽고 나이 어린 정제(靜帝)가 즉위하였다. 몇몇 조정 대신들은 대권을 장악하고 있던 외척 양견(楊堅) 장군이 승상이 되어 황제를 보좌하도록 하자면서 선제의 유서를 위조하였다. 그들은 다른 신하들이 찬성하지 않을 것을 걱정하여 충직한 안지의가 선제의 유서에 서명하고 발표하도록 하였다. 하지만 안지의는 서명하기를 거부하였다.

양견은 이런 상황을 듣고 아주 화가 났다. 유방(劉昉)으로 하여금 조서(詔書)를 안지의에게 보내게 하였는데 그는 "황제께서 돌아가셨고 어린 황제가 등극하셨다. 너희들은 황제의 은총을 받은 사람들로서 나라에 끝까지 충성(盡忠)하고, 보답(報國)해야 할 텐데 어찌하여 황실의 대권을 다른 사람에게 주려고 하느냐? 나는 죽기를 각오할 뿐이니 속이려고 하지 마라. 배신할 수 없다."

유방은 안지의가 굴복하지 않을 것임을 알고는 다른 사람으로 하여금 유서에 서명하게 하였다. 양견(楊堅)이 권력을 잡은 후에 안지의는 서역의 군수(郡守)로 좌천되고 말았다.

다할 盡, 충성 忠, 갚을 報, 나라 國

59. 창해쌍전(滄海桑田: 沧海桑田: cāng hǎi sāng tián)

이 이야기는 진(晉)나라의 갈홍(葛洪)이 쓴 『신선전(神仙傳)』에 나오는 이야기이다. 하늘의 선녀 마고(麻姑)와 신선인 왕방평(王方平)의 대화에서 유래하였다.

마고가 말하기를 "내가 득도하여 하늘의 천명을 받은 이래로 세 번이나 동해바다가 상전(桑田)으로 변하는 걸 보았다. 이번에 봉래(蓬萊)에 갔더니 그곳의 바닷물이 줄어들어서 반밖에 남지 않았던데 또 육지로 변하려는 것일까?" 왕방평도 탄식하면서 말하기를 "그렇습니다. 성인(聖人)들이 말하기를 대해(大海)의 물이 줄어들면 머지 않아 거기의 육지가 떠오른다고 합니다."

대해(大海)가 변하여 상전(桑田)이 되고, 상전(桑田)이 변하여 대해(大海)가 된다는 말은 세상의 변화가 아주 크다는 말이다.

푸를 滄, 바다 海, 뽕나무 桑, 밭 田

60. 초목개병(草木皆兵: 草木皆兵: cǎo mù jiē bīng)

동진(東晉)시대, 북방에 있던 전진(前秦)의 부견(符堅)이 쳐들어 왔다. 동진은 소수의 병력이었으나 군기가 엄정하고 훈련이 잘 되어 있어 대군을 막아내고 승리할 수 있었다.

어느 날 밤, 부견이 성루에 올라 동진 군사들의 진영을 바라보는데, 군사들의 진영이 아주 잘 정돈되어 있고 산에 있는 초목(草木)들은 전부 사람의 형상을 하고 매복하고 있는 것처럼 보였다. 결국 전진은 비수(淝水)의 대전(大戰)에서 패하였고 다시는 동진을 넘보지 못하였다.

초목개병(草木皆兵)은 미리 겁을 먹어서 스스로 놀라고 걱정하는 형국을 비유한다. 가끔씩 리더 중에는 초목개병처럼 미리 겁을 집어먹는 사람들이 있다. 부딪혀 보지도 않고 경쟁회사의 움직임에 위축되어서는 섣부른 철수를 명령하는 경우이다. 영업의 일선에서는 그런 전장에 나가기 위해 수년간의 노력을 기울였는데 정작 아군의 리더가 겁을 집어먹는 것이다. 상대를 얕보면 안 되지만 그렇다고 필요 이상으로 과대평가하여 겁을 먹을 필요는 더더욱 없는 것이다.

풀 草, 나무 木, 다 皆, 군사 兵

61. 타초경사(打草驚蛇: 打草惊蛇: dǎ cǎo jīng shé)

당나라 시절, 안휘성에 왕로(王魯)라는 부패한 관리가 있었는데 그는 재물을 아주 밝혔다. 뇌물 받기를 좋아하였으며 백성들을 속여서 재물을 탐하기도 하였다. 어떤 사람이 꾀를 내어 왕로에게 간접적으로 경고하였다.

여러 사람이 연명으로 편지를 쓰면서 왕로의 아랫사람인 주부(主簿)의 잘못을 쓰고 그를 벌하라는 내용이었다. 이를 읽은 왕로는 그 내용이 누구를 겨누는 것인지를 알았고 "당신들이 비록 풀을 치고 있지만 나는 이미 뱀처럼 놀랐다(汝雖打草, 吾已蛇驚)"라고 하였다.

이후 타초경사(打草驚蛇)는 "갑을 통하여 을을 깨우치게 하다" 혹은 "일처리가 치밀하지 못하여 계획이 누설되다"라는 의미로도 쓰이게 되었다.

칠 打, 풀 草, 놀랄 驚, 뱀 蛇

62. 태약목계(呆若木鷄: 呆若木鸡: dāi ruò mù jī)

장자(莊子)에 나오는 이야기이다. 주(周)나라의 선왕(宣王)은 특이한 취미가 있었는데 그건 바로 닭싸움(鬪鷄)이었다. 닭을 훈련시켜서 싸움을 붙인 다음 구경하면서 즐기고는 했는데 무적의 닭이 없다는 것이 불만이었다.

제(齊)나라의 기성자(紀渻子)란 사람이 닭을 잘 훈련시킨다는 말을 듣고는 그를 호경(鎬京)으로 불렀다. 기성자는 닭 한 마리를 골라 훈련시키기 시작했다. 열흘이 지나자 선왕은 궁금했다. 사람을 시켜 닭이 싸울 만하게 훈련되었는지 물었다. 기성자는 "아직 아닙니다. 매우 교만합니다." 다시 열흘이 지났다. 또 사람을 보내 물었더니 기성자가 답했다. "안됩니다. 아직도 무슨 소리나 움직임에 민감하게 반응합니다." 또 열흘이 지나자 선왕은 아주 조급했다. 이번에는 기성자를 불러서 물었다. 기성자는 여전히 말했다. "아직 아닙니다. 아직도 분노하고 기운이 넘칩니다." 선왕이 다시 물었다. "분노하고 기운이 넘치는 것은 용맹하게 잘 싸운다는 뜻이 아닌가?" "폐하가 길렀던 닭들이 모두 용감하고 잘 싸웠지만 항상 이기는 닭이 있었습니까?"

또 열흘이 지나자 이번에는 기성자가 직접 뛰어와서 말했다. "거의 다 되었습니다. 지금은 다른 닭이 울어도 반응하지 않고 아주 고요한 정신상태를 유지합니다. 마치 나무로 만든 닭(木鷄)과 같습니다. 다른 닭들이 보면 한 마리도 싸움 붙을 생각은 하지 않고 머리를 돌려 도망가기에 바쁩니다. 천하무적입니다."

목계는 나무로 만든 닭처럼 상대가 아무리 도발해도 평정심을 유지하면서 진정한 힘을 발휘하는 것을 비유하는 말이다.

어리석을 呆, 같을 若, 나무 木, 닭 鷄

63. 토사구팽(兎死狗烹: 兔死狗烹: tù sǐ gǒu pēng)

춘추시대, 오왕(吳王) 부차(夫差)는 오자서(伍子胥)를 대장으로 삼아 월(越)나라를 쳐서 이겼다. 월나라 대왕 구천(句踐)은 자살할 생각까지 했으나 범려(范蠡)와 문종(文種)이 말려서 실행하지는 않았다. 구천은 온갖 굴욕을 참고 견디며 복수의 칼을 갈았다. 때마침 오나라가 초(楚)나라를 침략하여 방비가 허술한 틈을 타서 오나라를 쳐서 이겼다. 복수에 성공한 것이다.

이때 범려는 문종에게 이르기를 "구천은 성격이 모질어서 환난(患難)은 같이할 수 있어도 부귀는 같이 누리지 못할 사람이오. 토끼(兎)가 죽으면(死) 사냥개(狗)는 삶아지고(烹), 적국이 망하면 모신(謀臣)은 망하며, 높이 날던 새가 죽으면 좋은 활도 필요 없어지는 법이오"라고 말하고는 초야로 돌아갔다. 그러나 문종은 범려의 말을 듣지 않고 그대로 있다가 구천에게 죽임을 당하고 말았다.

토끼 兎, 죽을 死, 개 狗, 삶을 烹

64. 파부침주(破釜沉舟: 破釜沉舟: pò fǔ chén zhōu)

진(秦)나라 말기의 일이다. 시황제가 죽자 각지에서 반란이 일어나 아주 혼란스러웠다. 진의 장수 장한(章邯)이 군대를 보내어 조(趙)나라를 치는데 20만 대군이 아주 빠르게 진격해 조나라 수도 거록(巨鹿)을 포위하였다. 조나라는 초(楚)에게 구원을 청하였다.

초나라는 즉시 송의(宋義)와 항우(項羽)로 하여금 2만의 군대를 동원하여 조나라를 구원하게 하였다. 군대가 출발한 후에 항우는 급히 행군하고자 하였으나 적군이 두려웠던 송의는 천천히 행군해도 된다고 주장하였다. 항우는 분노하여 송의를 죽이고 전군을 지휘하여 강을 빨리 건넜다. 강을 건넌 다음에는 병사들에게 군영을 불태우고 솥, 냄비, 그릇은 전부 깨트리고 강 위의 배는 부수어서 강물에 빠뜨리라고 명령하였다. 그리고는 병사들에게 3일간의 식량만 나누어 주었다. 병사들은 이 전쟁에서 후퇴가 없음을 알게 되었고 용기를 내었다. 거록에 이르자 병사들은 하나하나가 일당백(一當百)으로 피를 흘리며 분전하였고 진나라 군사를 이기고 승리하였다.

파부침주(破釜沉舟)는 솥을 깨트리고 배를 가라앉힘으로써 죽기를 각오하며, 결심한 다음에는 그 어떠한 것도 돌아보지 않고 오직 목표를 향하여 돌진하는 것을 비유한다.

깨뜨릴 破, 솥 釜, 가라앉을 沉, 배 舟

65. 포전인옥(抛磚引玉: 抛砖引玉: pāo zhuān yǐn yù)

당나라 시대, 유명한 두 시인이 있었다. 한 사람은 조구(趙嘏)라 하였고 또 한 사람은 상건(常建)이었다. 조구가 시를 너무도 훌륭하게 지었기 때문에 상건은 항상 탄복하면서 그에게서 배우는 기회가 오기를 기다렸다. 한 번은 조구가 소주(蘇州)의 영암사(靈岩寺)에 놀러 간다는 얘기를 듣고는 배울 수 있는 기회라고 생각하였다.

영암사에 먼저 도착한 상건은 지나가는 길 옆의 담장에 시의 전반부 두 구(句)를 써 놓았다. 나중에 조구가 영암사에 놀러 왔을 때 담장에 쓰여 있는 두 구를 보았고 나머지 두 구를 완성하였다. 조구가 완성한 시는 완전히 다른 시가 되었다. 전반부가 평범한 돌과 같았다면 조구가 쓴 후반부는 옥처럼 빛이 났다.

후세 사람들은 이를 가리켜 '포전인옥(抛磚引玉)'이라 하였는데, 벽돌을 던져서 구슬을 끌어낸다라는 뜻이다. 초보적이고 조잡한 의견에서 수준 높은 고견을 끌어낸다는 의미로 쓰이게 되었다.

던질 抛, 벽돌 磚, 끌 引, 구슬 玉

66. 한단학보(邯鄲學步: 邯郸学步: Hán dān xué bù)

춘추전국시대 조(趙)나라의 수도는 한단(邯鄲)이었다. 사람들의 걷는 모습이 우아하고 멋있어서 보는 사람들이 감탄하였다. 이웃 연(燕)나라에 한 젊은이가 있었는데, 한단 사람들의 걸음을 직접보고 배우려는 생각으로 한단에 갔다.

젊은이는 매일매일 이 사람 저 사람의 발걸음을 관찰하였는데 하루는 이 사람의 걸음을 배우고, 다음날은 저 사람의 걸음을 흉내내다 보니 나중에는 본인의 걸음걸이를 잊어 먹었다. 심지어 집으로 돌아갈 때는 기어서 갔다고 한다.

한단학보(邯鄲學步)는 기계적으로 다른 사람을 모방만 하다 보면 장점은 배우지 못하고 오히려 자신의 원래 기능과 장점마저 잊어버리게 된다는 뜻이다.

국제화가 되려면 영어를 잘해야 한다는 이유로 미국에서 공부하고 학위를 딴 사람들이 많이 각광 받는다. 물론 지금은 미국의 시대이기 때문에 그럴 수도 있다. 다만, 한국에는 한국의 걸음이 있고 미국에는 미국의 걸음이 있다. 실제 상황에 맞게 자기에게 맞는 전략, 전술을 구사해야 하는데 그렇지 못한 경우가 많다.

땅이름 邯, 조나라 서울 鄲, 의 之, 걸을 步

67. 행백리자반구십
(行百里者半九十: 行百里者半九十: xíngbǎilǐzhěbànjiǔshí)

전국시대 진왕(秦王: 秦始皇)은 실력을 바탕으로 원교근공(遠交近攻)의 연횡(連橫) 정책을 성공적으로 실행하였다. 6개 나라가 없어지거나 약해져서 통일이 거의 완성 단계에 오게 되었다. 어느덧 나태하게 되어 정사는 상국(相國)에게 맡기고 스스로는 궁중에서 음주하고 놀기를 즐기게 되었다.

어느 날 구십 세나 된 늙은 노인이 진왕을 뵙기를 원하였다. 진왕이 말했다. "어르신께서는 먼 길을 오시느라 아주 고생이 심했겠습니다." "그렇습니다. 열흘 동안 구십리(九十里)를 왔고 또 열흘 동안은 십리(十里)를 왔습니다. 처음 열흘은 전심전력을 다해 구십리를 왔는데 너무 피곤했습니다. 남은 십리는 점점 더 멀어지는 느낌이었습니다. 열흘 동안 십리를 와서 겨우 함양(咸陽)에 도착할 수 있었습니다. 생각해보니 먼저의 열흘은 겨우 반(半)쯤 온 것이었습니다." 노인은 이어서 말했다. "우리 진나라가 통일의 대업을 앞두고 있는데 이는 늙은이가 백리(百里)를 걸어온 것과 같습니다. 대왕의 사업도 이와 같을 것입니다. 지금까지가 반이고 앞으로 반이 더 남아 있다고 생각하시고 나태하지 말고 끝까지 대업을 완수하시길 바랍니다."

진왕은 노인의 충고를 받아들였고 나태하지 않고 전심전력을 기울여 육국(六國)을 통합하고 천하를 통일하는 대업을 이루게 되었다.

갈 行, 열 十, 마을 里, 놈 者, 반 半, 아홉 九, 열 十

68. 호가호위(狐假虎威: 狐假虎威: hú jiǎ hǔ wēi)

어느 날, 호랑이가 숲에서 여우 한 마리를 잡아서 먹으려는 순간이었다. 교활한 여우는 탈출할 좋은 꾀를 내고는 호랑이에게 말했다. "너는 나를 먹지 못한다. 왜냐하면 나는 천제(天帝)가 백수(百獸)의 왕으로 보낸 몸이기 때문이다. 만약 간 크게도 나를 먹어 치운다면 천제가 용서하지 않을 것이다."

호랑이는 "나는 너 같은 작은 놈이 백수의 왕이라는 걸 믿지 못하겠다"고 말했다. 여우가 다시 말했다. "나를 믿지 못한다면 숲으로 같이 가보자. 다른 동물들이 나를 두려워하는지 안 하는지 보자." 호랑이도 물러서지 않았다. "좋다. 네가 만약 나를 속인다면 한 입에 먹어 치울 것이다." 여우가 앞장서고 호랑이는 뒤에 서서 숲으로 갔다. 그들이 가는 곳마다 동물들이 도망가는 것이 아닌가? 호랑이가 놀라서 여우에게 말했다. "작은 형제여, 너 정말 무서운 놈이구나."

호가호위(狐假虎威)는 다른 사람의 세력을 빌려서 타인들에게 위세를 부리지만 실제로는 허약한 본질을 숨길 수 없는 상황을 형용하는 말이다.

여우 狐, 거짓 假, 범 虎, 위엄 威

69. 화룡점정(畵龍点睛: 画龙点睛: huà lóng diǎn jīng)

남북조시대 남조의 양(梁, 502~557)나라 때의 일이다. 장승요(張僧繇)라는 화가가 있었다. 금릉(金陵: 現 南京)에 있는 안락사(安樂寺) 벽에 용 네 마리를 그리게 되었다.

그런데 용은 다 그렸는데 눈을 그리지 않았다. 사람들이 그 연유를 묻자 "이건 정말 중요한 일이다. 눈을 그려 넣으면 바로 날아가 버리기 때문이다"고 했다. 사람들은 농담으로 생각하고 웃으며 눈을 그려 넣으라고 강권하였다. 장승요가 눈을 그리자 말자 벼락이 치고 벽이 무너지면서 용 두 마리는 하늘로 날아가 버리고 아직 눈을 그리지 않은 두 마리만 남았다.

화룡점정(畵龍点睛)은 글이나 말에서 관건이 되는 핵심적인 단어를 쓰면 생동감이 나고 완성되는 경우를 비유하는 말이다. 또는 일이나 사물의 완성을 앞두고 마지막 중요한 마무리를 하는 것을 비유하기도 한다.

그림 畵, 용 龍, 점 찍을 点, 눈동자 睛

70. 휼방상쟁(鷸蚌相爭: 鹬蚌相争: yù bàng xiāng zhēng)

어느 날, 민물조개 한 마리가 강가에 누워 일광욕을 즐기고 있었다. 햇볕이 따뜻해서 기분이 좋았는지 입을 벌려 노래나 한 곡 하려고 하는 데, 갑자기 도요새가 날아와 긴 부리를 껍데기 속으로 찔러 넣었다.

"나를 먹으려고? 절대로 안 되지." 조개는 즉시 껍데기를 닫아 도요새의 긴 부리를 꼼짝 못하게 물었다. 도요새는 엄청 화가 났다. "좋아, 그렇게 물고 있어라. 오늘은 비가 안 오고 내일도 비가 오지 않을 거야. 네가 말라 죽으면 내가 먹고 말겠어." 조개는 "오늘 풀어주지 않고 내일도 안 풀어주면 너는 굶어 죽고 말아." 이렇게 도요새와 조개가 싸우고 있을 때, 마침 어부가 지나가다가 두 마리를 동시에 쉽게 잡았다.

'휼방상쟁(鷸蚌相爭), 어옹득리(漁翁得利)'라는 말은 서로 서로가 양보를 하지 않고 싸우기만 하면 둘 다 손상을 입고 제3자가 이득을 보게 되는 상황을 비유하는 말이다.

도요새 鷸, 민물조개 蚌, 서로 相, 다툴 爭

참고문헌

『2023 중국통계연감』, 국가통계국, 중국통계출판사, 2024

『그는 어떻게 아시아 최고의 부자가 되었을까』, 왕펑 편저, 황보경 옮김, EIN Books, 2005

『마윈』, 류스잉·펑정 지음, 양성희 옮김, 열린책들, 2015

『사진으로 보고 배우는 중국문화』, 김상균·신동윤, 동양북스, 2022

『상식과 교양으로 읽는 중국의 역사』, 이유진, 웅진지식하우스, 2013

『성어고사(成語故事)』, 진병우(陳秉羽) 편문, 상해인민미술출판사(上海人民美術出版社), 2013

『쉽게 이해하는 중국문화』, 김태만·김창경·박노종·안승웅, 다락원, 2018

『슬픈 중국』 제1권, 송재윤, 까치, 2020

『슬픈 중국』 제2권, 송재윤, 까치, 2022

『인물세계사』, 내셔널지오그래픽채널 외 20인

『중국 문화 알기』, 한중인문학교류연구소, 시사중국어사, 2020

『중국 미디어와 대중문화』, 장희재·안창현, 한국방송통신대학교출판문화원, 2021

『중국개황 2020』, 외교부(www.mofa.go.kr)

『중국개황』, 왕순홍(王順洪)편저, 북경대학출판사, 2022

『중국문화산책』, 장호준·김영구, 한국방송통신대학교출판문화원, 2022

『중국사 다이제스트100』, 안정애, 도서출판 가람기획, 2012

『중국상식사전』, 이승진, 길벗, 2020

『중국상하오천년사』, 풍국초 지음, 이원길 옮김, (주)신원문화사, 2005

『중국의 붉은 별』, 에드가 스노우 지음, 신홍순 옮김, 두레 신서, 1985

『중국의 사회와 문화』, 김영구·장호준, 한국방송통신대학교출판문화원, 2016

참고문헌

『중국인문기행』, 장호준·김성곤·방금화·변지원·손정애·안병국·오문의·장희재, 한국방송통신대학교출판문화원, 2020

『중국인의 이유』, 류재윤, 당신의 서재, 2019

『중국현대를 읽는 키워드 100』, 박철현 외 23인, 국민대 중국인문사회연구소, 네이버 지식백과

『중화성어고사대전집(中華成語故事大全集)』, 김도(金濤) 주편, 백화주문예출판사(百花洲文藝出版社), 2011

『지금이라도 중국을 공부하라』, 류재윤, 서울셀렉션, 2017

『차이나 핸드북』, 성균관대학교 성균중국연구소, 김영사, 2018

『한 권으로 읽는 중국문화』, 공봉진·이강인·조윤경, 산지니, 2016

『현대중국입문』, 김영구·장호준, 한국방송통신대학교출판문화원, 2016